西部市场与金融发展

刘积余　著

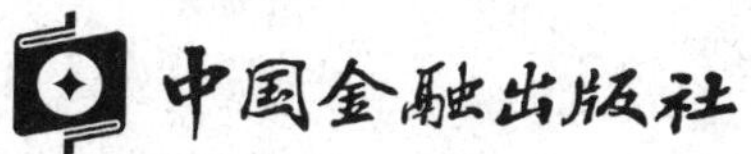

责任编辑：孔德蕴
责任校对：张志文
责任印制：丁淮宾

图书在版编目（CIP）数据

西部市场与金融发展（Xibu Shichang yu Jinrong Fazhan）/刘积余著．—北京：中国金融出版社，2008.5
ISBN 978-7-5049-4658-4

Ⅰ．西…　Ⅱ．刘…　Ⅲ．①市场—研究—西北地区②市场—研究—西南地区③金融事业—经济发展—研究—西北地区④金融事业—经济发展—研究—西南地区　Ⅳ．F727　F832.7

中国版本图书馆CIP数据核字（2008）第046181号

出版发行　中国金融出版社
社址　北京市广安门外小红庙南里3号
市场开发部　（010）63272190，66070804（传真）
网上书店　http://www.chinafph.com
（010）63286832，63365686（传真）
读者服务部　（010）66070833，（010）82672183
邮编　100055
经销　新华书店
印刷　北京松源印刷有限公司
尺寸　169毫米×239毫米
印张　12
字数　229千
版次　2008年6月第1版
印次　2008年6月第1次印刷
定价　26.00元
ISBN 978-7-5049-4658-4/F.4218

前　言

青海作为西北地区一个多民族聚居的国土面积大、人口少、资源丰富的省份，在西部大开发、实现经济又好又快的发展中有一定的典型性。研究青海经济社会发展中的金融支持问题对于西部发展具有重要意义。本书以一个学者和地方官员的视角，从金融与社会经济和谐发展的角度出发，采用实证分析的研究方法，通过记述性的研究，探索了西部市场发展与金融支持、西宁市场与西部农村金融服务的问题；通过对青海资源特色与优势、环境与历史文化以及西宁市场辐射功能的研究，探索了西部市场与金融发展的问题。第一章、第二章、第三章主要是背景描述；第四章、第五章、第六章、第七章、第八章主要是产融结合分析，重点研究农牧经济发展的金融支持问题，包括市场建设、发展机制、发展模式设计以及典型案例分析；第九章、第十章主要结合青海经济发展实际分析研究信用环境和市场环境建设的相关问题。

受中组部和中国人民银行的委派，2006 年 10 月至 2007 年 9 月，作为赴青海博士服务团团长，我在西宁市挂职副市长。西宁市是一个有 212 万人口、34 个少数民族的省会城市，是青海政治、经济、文化、科技、商贸、旅游中心，区位优势非常突出，把西宁建设成为青藏高原区域性现代化中心城市，服务全省、辐射全国、连通世界，任务非常艰巨。按照市长分工，我分管商务工作，联系六个垂直管理的职能局：食品药品监督管理局、质量技术监督局、工商局、烟草专卖局、邮政局和电信局。同时兼任西宁市第三产业领导小组副组长、西宁市食品安全协调委员会主任、西宁市整顿和规范市场秩序领导小组组长等，还临时兼任青海省口岸办领导小组成员、中国·青海郁金香节执委会副主任，青海经济结构调整和贸易洽谈会西宁执委会副主任等。日常工作与分管财经的常务副市长和分管工业经济的副市长互补。通过工作研究、参加各种会议和活动，积累了一些工作体会，对西部经济发展有了更进一步的认识。

青海在我的印象中是与贫困落后联系在一起的，到青海就是扶贫，在青海工作就是奉献。作为北京师范大学的优秀毕业生，大学毕业前，我曾参加了北京师范大学组织的学生社会实践，到大西北走访校友。虽然只有几天时间，但记忆是深刻的。我们的校友在简陋的工作条件下，生活艰苦而甘愿清贫，无论做什么工作，都是单位的骨干。与别的省会城市相比，他们必须面对高原对身体的挑战，适应高原的缺氧环境。我们的校友在那个年代响应党的号召到边远地区工作，无怨无悔地奉献了自己的青春，真正体现了一种“青海人”精神，实践了这样一种生活：献了青春献终身，献了终身献子孙。我对青海是熟悉的，也是陌生的，青海人的真诚与奉献已留在我的记忆中。

今天的青海处在新的成长期，已经今非昔比，经济发展很快。我把西部市场和金融发展问题作为我挂职期间的研究课题。这一年，我走过了青海省六州一地一市，从海拔2 261米的西宁市到海拔近5 000米的果洛、玉树；走遍了西宁市四区三县、国家级经济技术开发区和城南新区，更深入了西宁的多个集贸市场、百货商场和超市；先后到9个“整村推进”、“调庄移民”项目扶贫村，5所职业技术学校和脑山区多所希望小学，20多家重点企业和驻青部队调研，到偏远的10多个山村的农牧民和养殖户家里，体察风俗民情，主持市里的重大活动，组织重大节会活动，感受这种贫困和发展的脉动。这里的人民、这里的山水感动着我，这里的发展鞭策着我。通过调研、参加省市各种工作会议，主持研究西宁市场建设问题、商贸流通工作以及涉及民生等工作，协调解决分管部门的工作问题，我认真履行了一个副市长的职责。我想我有责任把自己的体会和研究成果记录下来，这不仅是我人生的轨迹，也是作为一名学者和地方领导干部应尽的职责。为做好商贸流通工作，我做了西宁市商贸流通市场状况专题调研，利用周末时间，考察了主要商场、集贸市场和超市；走访了几家重点商贸流通企业，阅读了有关西宁市场的历史资料和研究报告，比较清楚地认识了西宁在青藏高原、在青海的市场定位、特色、优势和发展问题。

作为金融学博士到青海挂职，我首先关注的是金融问题，特别是农村金融服务问题，为此，我开始了为期两个多月的农牧业产业化发展与农村金融服务问题的调研。在西部农村，农民发展生产资金缺乏，没有依靠。农村信用社几乎是唯一为农村提供金融服务的金融机构，由于体制改革、经济发展、信用环境等诸多因素的影响，农村信用社以存定贷，例如，你存入农村信用社1 000元，可以贷款800元，期限最长为1年。即使有政府财政贴息贷款，但由于政府财政支持的不确定性，贴息贷款一般都是政府和金融机构应时的短期行为，从而使一些农村信用社贷款成了不良贷款，而且贷款数量非常有限。在农牧区，农村信用社几乎是垄断性经营，利率只有上浮，没有下浮。即使这样，很多农民按农村信用社上浮的最高利率也贷不到款。金融服务由于金库安全问题，在地广人稀的地区金融机构少，金融服务产品单一，就连农村信用社也只有县城一家，这与内地的情况差别很大。

西宁是青海商贸流通的主要市场，社会消费品零售总额占全省的67%，除了一般意义上的市场功能外，作为对外开放的省会城市，西宁是青海市场信息中心、科技发展中心、商品集散中心、人才中心；是青海品牌和国内外品牌商品交汇地，引领着高原消费的潮流。为繁荣市场，我主持多次会议，研究西宁市重点第三产业项目，协调解决市场发展中的问题，提出了加快商贸事业发展必须优先做好商贸规划的要求，着力打造西宁城市形象品牌、宣传青海名牌，力争使西宁市场变得更有吸引力。

食品安全涉及卫生、商务、工商、食品药品监管、质监、农牧、民族宗教、公安等多个部门，职能交叉多、监管难度大，按照国务院要求，各级政府对食品安全负全责。作为市食品安全协调委员会主任，为让西宁市民吃到放心、安全的食品，用上安全的药品，我组织了全市食品生产、经营、销售市场各环节的安全大检查，完善了食品安全监督检查机制和责任，取缔了无照经营行为，规范了食品市场。在西宁实施了食品安全白皮书制度，完善各部门工作协调机制和监督检查责任，按季公布全市食品安全总体情况和各部门工作情况，使食品安全信息公开，让市民监督。这样做的目的是为青藏高原绿色无污染保健产品创造一个良好的市场环境，为青藏高原旅游事业的发展提供积极的支持。

从2002年开始，西宁每年都组织“中国·青海郁金香节”活动。作为郁金香节执委会副主任，2007年4月，我奉命负责组织“青海省名优特新产品展销会”和“中藏药、保健品交易博览会”。这是涉及省里有关厅局、西宁市十几个部门、国内外430多家企业参与的商贸活动。在企业参会、参展意愿不强的情况下，动员各个方面的资源，组织各部门之间的十多次协调会进行策划部署，到外地与主要领导沟通，说服企业老板参会、参展。经过努力，把全省龙头企业的名优特产品摆上了郁金香节展会的展台，同时还组织了“中藏药保健品产业发展”等5个论坛，促进了参会的30多个国家和地区的外商与省内企业家的交流，推介了青海品牌产品，活动取得了满意的成果。2007年6月，作为青海省结构调整暨投资贸易洽谈会（青洽会）西宁领导小组副组长，协调组织了以展示西宁新形象、改革开放新成果和发展变化为主题的商贸展示和投资贸易洽谈系列活动。

作为高原大都市，品牌市场建设是关键。西宁要规划形成各类规范化的、信息交流充分的、管理完善的中心市场。规划、工商、房产、食品药品、商务、卫生、物业、公安、消防、金融等部门协调一致，重点规划整治农副产品市场、汽车交易市场、小商品市场、产权市场、金融市场，研究建设西宁中心商务区步行街，进一步完善和突出西宁的商贸旅游中心地位，把青海民族文化展示和特色资源、特色产业、名优特品牌展示结合起来，突出了西宁的旅游商贸区位优势和龙头地位。

作为青藏高原绿色无污染保健食品基地和中心市场，西宁要重点规划建设各类农副产品市场，解决本地市场消费与品牌打造之间的价格协同与差异问题。2007年，农副产品价格上涨，西宁在全国省会城市中“名列前茅”（上半年排列第二，7~9月份排列第一），这种情况引起了省委、省政府领导的高度重视。我们国家实行的是米袋子省长负责制、菜篮子市长负责制，作为在省会城市负责市场和商贸流通的副市长，我深感责任的重大，在那一段时间，协助市长控制农副产品涨价成了头等大事，也成了我的中心工作。由于青海是牛羊肉主产区之一，省外销售占2/3左右；但猪肉、禽蛋本地生产不足，主要靠从邻省调入，而本次农副产品涨价是以猪肉为主的肉食品、食用油脂和禽蛋引起的，全国性的农副产品涨价给西宁带来了很大的压力。西宁市场采购这些商品的运费和其他消耗成本增加了，形成了CPI上涨在全国领先的局面。加强农副产品市场管理，跟踪重点商品（肉蛋、粮油、蔬菜）市场价格走向，研究对策是当务之急。为此，市政府组织商务、工商、农牧、发展改革委、统计局等部门进行了联合调研和市场监测分析，提出了增加市场供应、稳定猪肉价格的四项措施。从生猪收购、屠宰、批发、零售各环节稳定市场价格。要求定点屠宰企业组织货源，增加市场猪肉供应。发展改革委、商务局参与猪肉价格协定，工商局进行市场监督。商务和工商部门密切关注市场供需情况，严把猪肉及其制品入市关，严防未检疫和不合格猪肉进入市场，规范市场经营行为；对经营猪肉、牛羊肉的经营户建立健全监管工作记录，教育广大肉类经营者守法经营；进一步加大对养殖大户的扶持力度，鼓励发展标准化规模养殖；向省委、省政府建议给低收入群众临时发放肉食品补贴等。

西宁的市场正在发育阶段，省委、省政府、省人大、省政协以及西宁市委、市政府的主要领导关注西宁商贸流通和食品安全工作，并就有关问题批示、提案。例如，西宁市场建设规划问题、中心商务区投资建设问题、第三产业投资商之间资产转让纠纷问题、一家集体企业因内部管理和改制引起的多次上访事件、集贸市场监管局部脱节问题、批发市场建设和检测设备利用问题、无照经营问题、小餐馆食品卫生以及清真食品生产经营管理问题、私屠乱宰和检疫问题、一家著名食品集团公司的食品质量安全举报问题、屠宰企业之间的纠纷问题、省外著名企业之间争夺市场份额的纠纷问题等。通过处理市场发展中的问题，提升了高原都市的市场影响力。

作为博士服务团成员，为青海社会经济发展建言献策是我们的应尽职责。在青海工作期间，我先后为西宁市委中心学习组主讲了“金融支持农牧业产业化发展”；为中国人民银行西宁中心支行领导干部主讲了“当前的宏观金融形势和青海经济发展中的几个问题”；为青海师大、西宁市政府机关干部做了“农村金融服务的机制创新与未来方向”专题讲座。与博士团成员一起创办“博士论坛”，举办讲座。在省委书记主持的青海挂职干部座谈会上，我提了几个建议：第一，省委、省政府的各个部门应该为西宁市更好地发挥区位优势、辐射功能和龙头带动作用，创造更加宽松的环境。第二，集中精力，在西宁重点发展旅游、商贸、科技、金融、休闲娱乐服务业。第三，按照产业化发展的思路，整合资源，重点支持1～2个龙头企业的发展，充分发挥龙头企业的市场带动作用。第四，用特殊政策、专项资金组织科研攻关，推进特色名牌发展战略。第五，按照市场机制，以财政资金为主，建立农牧业产业化担保基金，撬动金融资金支持农牧业产业化发展。

在一年工作期间，我重点研究了西宁经济社会发展中的五个问题。一是研究“金融支持西宁经济技术开发区建设的指导意见”。按照西宁市在全省的经济地位，动员金融部门更好地支持西宁市的建设十分重要。在人民银行西宁中心支行和青海银监局领导的支持下，先后与几大银行、信用社、信用联社与金融机构的负责同志交换意见，协调关系，建立了各金融机构与西宁市政府更紧密的联系。由人民银行出台了“金融支持西宁经济技术开发区建设的指导意见”。二是专题研究“金融支持西宁市农牧业产业化发展的意见”，主要是西宁市城郊农牧业（奶业、肉牛羊）产业化发展的金融支持方案。我走访了人民银行、青海银监局、省信用联社理事会、西宁市城郊信用联社，与农牧局领导一起到三家龙头企业进行调研；多次主持召开金融部门、农牧局、县乡主管领导、养殖协会、养殖基地、养殖大户代表参加的座谈会；组织省有关金融机构专家专题研究“三农”金融服务问题；到养殖基地和养殖大户考察；查阅有关信贷统计资料、国际国内农业信贷研究资料，研究分析了部分省市金融支持“三农”的案例、青海省2001年以来“西繁东育”工程案例；听取有关方面意见，形成了“金融支持农牧业产业化发展”的思路和融资方案；提出通过建立健全行业协会，组建信用担保基金，推广小额贷款担保、农村信用协会等经验，探索解决金融支持县域经济发展问题。三是组织研究西宁市服务业发展的意见。为统一认识，解决服务业发展中的战略和指导思想问题，组织有关部门业务骨干对西宁市服务业状况进行调研，并派研究小组成员到国内服务业发达的城市取经，形成了以旅游和商贸为重点，结合多民族的文化、高原特色资源、特色产业、特色品牌，以龙头企业为主导，把品牌产品在不同特色街集中展示并融入市场，使西宁对外地游客有吸引力的思路。游青藏高原一定要游西宁，逛西宁一定要逛具有民族风情特色的步行街，玩一定要去高原温泉保健、歌舞演艺、民俗风情度假村，吃一定要去特色风味餐饮一条街。四是组织研究西宁市社会信用体系建设的意见。完善行业信用记录，推进行业信用建设，树立社会诚信意识。依托“金税”、“金关”等管理系统，完善纳税人信用数据库，建立健全企业、个人偷逃骗税记录。实行合同履约备案和重大合同鉴证制度，探索建立合同履约信用记录，依法打击合同欺诈行为。依托“金质”管理系统，推动企业产品质量记录电子化，定期发布产品质量信息，加强产品质量信用分类管理。加强金融生态环境建设，规范企业与个人信贷行为。加强金融同业配合和部门相互协作，打击逃废金融债务行为和银行卡犯罪行为。加快信贷征信体系建设，建立金融业统一征信平台，提高金融业信用管理水平，形成种类齐全、功能互补、依法经营、有公信力的信用服务机构体系。五是组织研究西宁市名牌发展战略的意见。以质量技术监督局为主，通过建立产品质量标准，推广青藏高原特色产品的高品质理念，努力打造高原品牌，突出高原特色，推进名牌发展战略的实施，解决一些制度性缺陷问题。

在与省市有关部门领导、干部、群众的工作接触中，我感受到了“青海人”精神。这种精神是甘于奉献、不怕吃苦、坚韧不拔、团结奋进的精神。在创造和谐、繁荣与发展的青海历史进程中，一代代支边的青海人奉献了青春和热诚，虽然生活和工作在青藏高原却没有享受到高原的优惠政策，虽然经济落后、生活不富裕，但“青海人”面对困难与艰苦环境依然乐观、勤奋工作，大局意识、发展意识、创新意识、忍耐精神值得我一生学习。市委、市政府主要领导鼓励我发挥优势，对不分管的工作也要积极提建议、提思路。无论是我分管的部门还是不分管的部门，在工作协调中，相关部门的领导和同志们都很配合和支持；市人大和政协联系我分管工作的领导同样支持我的工作。特别是人民银行西宁中心支行、青海银监局的领导成了我做好工作的坚强后盾和顾问，专门指派研究处的同志协助我的研究工作，帮助我整理资料。青海人好，这种兄弟姐妹般的关心与支持给了我信心和力量。作为省会城市政府领导，需要具备全面的协调工作能力、敏锐的观察力、果断的决策力和驾驭工作的能力，能够及时处理协调方方面面的工作，要依法行政、接受监督。面对媒体和市民、面对不同领域的领导（党政军、基层）和下属，市长要在调查研究的基础上做决策，从现实性和可操作性

插图　笔者在海东地区普通农户家进行调研

上去考虑如何把研究成果应用到政府决策中，特别是处理省市主要领导批示意见，人大及政协代表议案、提案中的难点热点问题。作为决策者必须了解前因后果，充分估计可能出现的问题，平衡各种利益关系，使决策效果最优。

作为西部的经济欠发达地区，青海有独特的吸引力。吸引力来自这片土地，更来自这里淳朴善良厚道的人民。无论是这里的少数民族还是近几十年来支边的第一代、第二代甚至第三代青海人，我时时为他们的淳朴和厚道所感动。我感受到了在西部和青藏高原，青年知识分子是可以有所作为的。作为在青海支持西部大开发的青年知识分子和在青海的省会城市挂职当了一年副市长的官员，那里的土地、那里的人民给了我智慧和勇气，我觉得有必要以我的视角把青海呈现给关注青海、关注青藏高原、关注西部发展的朋友们。在挂职期间，我走访了青海的许多地方，体验了这里的风沙与荒凉、美丽与神奇，看到了祖国辽阔、壮美的山河，勤劳与善良的人民。在与基层领导干部和贫困农牧民的接触中，我理解了什么是贫困，也感受到了一个知识分子肩上的责任。我要用“青海人”精神时时鞭策自己，并继续努力为青海做点事、为西部做点事。

作者

2008 年 1 月 18 日

目　　录

1　青藏高原——江河源头

1.1　在那遥远的地方

很多人知道青海湖但不熟悉青海。随着西部大开发的推进、青藏铁路的通车，青藏高原旅游成为新的热点，很多国内外的朋友来过的、没来过的都开始积极地关注青海。青海这片热土用她的歌、她的人民、她的辽阔土地、她的丰富资源吸引着四面八方的人们。

青海地处青藏高原东北部，是长江、黄河、澜沧江的发源地，被誉为“江河源头”。青海地域辽阔，总面积 72.2 万平方公里，约占全国总面积的 7.5%，居全国第四位（按省的序列算是全国国土面积最大的省）。全省总人口 547 万人，在全国各省区居倒数第二位，人口密度为 6.16 人/平方公里，相当于全国人口密度的 5.2%。青海是一个多民族聚居省份，而且有两个民族是青海特有的，一个是土族，一个是撒拉族。少数民族人口占总人口的 46.3%，在全国各省区中居第三位。

青海省境内山脉高耸，地形多样，河流纵横，湖泊棋布。巍巍昆仑山横贯中部，唐古拉山峙立于南，祁连山矗立于北，茫茫草原起伏绵延，柴达木盆地浩瀚无垠。长江、黄河的源头在青海，中国最大的内陆高原咸水湖也在青海。青海是人们去往西部旅游的必经之地，是登山者的乐园、勇敢者的天堂。青海有“世界屋檐”的美称。青海东部素有“天河锁钥”、“海藏咽喉”、“金城屏障”、“西域之冲”和“玉塞咽喉”等称谓，可见地理位置之重要。

青海的地形大势是盆地、高山和河谷相间分布的高原。它是“世界屋脊”青藏高原的一部分，称为青南高原。长江全长 6 380 公里，是世界第二大河，它的源头就是位于青海省南部的唐古拉山脉主峰格拉丹东大冰峰。1979 年发现长江的正源是沱沱河。长江源头的景观十分壮丽，雪山冰峰，无垠的草地，蓝天白云倒映在河水中，构成了令人心旷神怡的美景。黄河源位于青海的腹地。在腹地上有昆仑山脉的巴颜喀拉山、布尔汉布山；山下有盆地，大片沼泽，是高山雪水形成的花海子，称为星宿海。但它还不是河源。后再经深入的查勘，又发现了三源：一是扎曲，二是约古宗列渠，三是卡日曲。扎曲一年之中大部分时间干涸，而卡日曲最长，流域面积也最大，在旱季也不干涸，是黄河的正源。在青南高原东北部，日月山、大通山和起伏连绵的青海南山环抱着一个高原湖泊——青海湖。青海湖是我国最大的内陆湖泊，也是我国最大的咸水湖，面积4 400多平方公里，海拔3 260多米，比古城西宁还高出1 000多米。这里气候凉爽，即使在烈日炎炎的盛夏，日平均温度也一般都在15℃左右，是理想的避暑胜地。青海湖蒙语叫“库库诺尔”，意思是“青蓝色的海”，是青藏高原不断隆起后幸存下来的。2007年7月，赴青海博士服务团的团友一起到青海三江源地区考察，到了黄河源头。我们站上黄河源头纪念碑俯瞰壮丽辽阔的黄河源头——果洛州西陵湖区，湿地和湖泊连成一片，让人体会到了黄河之水天上来的另一番意境。

插图1-1 博士服务团团友在黄河源头的牛头碑前合影

1.2 西部市场中的青海优势

1.2.1 资源优势是特色经济发展的基础

青海省是长江、黄河、澜沧江的发源地，有“中华水塔”的美称，水能资源是青海能源的最大优势，蕴藏量达2 165万千瓦，可开发利用的为1 800万千瓦，年发电量770亿度。青海天然草原辽阔，是我国四大牧区之一，可利用草场面积5亿亩，发展畜牧业的物质基础雄厚。全省有经济动物400多种，野生植物1 000余种，具有贮藏量大、种类多、用途广、高原特色显著的特点。大部分可开发利用，药用价值极高。旅游资源也相当丰富，有"百鸟的王国"青海湖鸟岛、"高原的西双版纳"孟达自然保护区、藏传佛教著名寺院湟中塔尔寺、伊斯兰教西北四大清真寺之一的东关大寺、阿尼玛卿大雪山等，是登山、旅游的好去处。境内有巍峨高耸的山脉冰峰，有起伏不平的高原丘陵，有广袤平坦的草原，有大小不一的盆地，还有茫茫无际的戈壁、纵横交错的河流、星罗棋布的湖泊。原始、神秘、粗犷，为世人所惊叹。被人们称为"汉藏咽喉"的日月山和全国最大的人工水库龙羊峡、巴隆国际狩猎场、坎布拉森林公园等旅游景点将成为新的经济增长点。全省以西宁、格尔木市为依托，以兰青、青藏铁路为纽带，重点开发河湟流域和柴达木盆地，带动环湖和青南地区发展，形成西宁经济区、东部经济区、柴达木经济区、环湖经济区、青南经济区五大经济区域。粮食作物主要有小麦、青稞、蚕豆、豌豆等，经济作物以油菜子为主，还有花卉、反季节蔬菜等，畜产品主要有牛羊肉、羊毛、羊绒、牛毛绒、驼毛绒、牛奶等，工业主要产品有电力、原油、原盐、原煤、钢及钢材、铝锭、电解镁、纯硅、石棉、钾肥、金属切割机床、水泥、石棉制品、乳制品、纱、布、呢绒、毛线、毛毯、皮革等。

青海是世界上盐湖最集中的地区，有盐湖150多个，柴达木盆地的储量约为900多亿吨；青海湖是中国最大的内陆咸水湖，面积4 500多平方公里，青海湖的鸟岛是中国聚集鸟类最多的岛屿。特色经济是一个地区的经济结构的突出特点。特色经济与当地独特的环境、资源、条件及发展模式相联系。过去，青海以辽阔的草场资源为依托发展草原畜牧业，是我国的五大牧区之一。改革开放以来，青海在水电、石油、盐化工、有色金属等产业方面培育了新的经济增长点。西部大开发战略的实施，为青海培育地方特色经济带来了新的机遇。青海资源优势明显，不少资源不仅在国内而且在国际上都是独一无二的。以西宁国家级经济技术开发区建设为中心，按照一区多园的布局，引领青海经济新的发展。依托优势资源，青海已经形成了以水电、石油天然气开采为主的能源工业，以盐湖资源开发为主的盐化工业，以有色金属为主的原材料工业，以机床、工程机械制造为主的机械工业。依靠高原冷凉气候、天然草场和青藏高原可再生生物资源，青海要大力发展优质高效农牧业，促进反季节蔬菜、杂交油菜和豆、薯等农产品的产业化生产，开展中藏药种植生产加工业等。

丰富的能源、矿产资源竞争优势明显。青海资源丰富，开发潜力巨大。现已发现各类矿产123种，探明储量的有97种。在全国的总储量中，有51种的储量居前10位，11种居首位。已经国家审定上储量表的矿产有70余种，保有储量的潜在价值达81 200亿元。其中，盐湖资源具有突出优势的柴达木盆地，被誉为“聚宝盆”，共有33个盐湖，其中经济价值非常大的是全国独一无二的锂矿区——东台吉乃尔湖和全国最大的钾镁盐矿区——察尔汗盐湖。已初步探明氯化钠储量3 263亿吨，氯化钾4.4亿吨，镁盐48.2亿吨，氯化锂1 392亿吨，锶矿1 592万吨，芒硝68.6亿吨，上述储量均居全国第一位。其中，镁、钾、锂盐储量均占全国已探明储量的90%以上。而且，盐湖资源品位高、类型全、分布集中、组合好，开采条件优越。石油天然气资源目前共发现16个油田、6个气田。石油资源达12亿多吨，已探明2.08亿吨；天然气资源2 937亿立方米，已探明663.29亿立方米。金属和黄金资源矿种多，品位高，产地遍布全省各地。有色金属矿产有铜（储量180万吨）、铅（储量110万吨）、锌（储量153万吨）、镍、钴、锡、钼、锑、汞等。黑色金属矿产有铁、锰、铬、钛、钒等。另有贵重金属矿产金、银、铂；稀有稀土金属和稀散元素矿产有锗、镓、铟、镉、锶、铍等，保有储量占全国的63%。非金属矿产资源共发现矿产36种，有5种列全国第一，主要有石棉、石墨、石膏、溶剂石英石、石灰岩、白云岩、耐火石英岩、硅石、耐火黏土等，开发利用前景十分广阔。目前已发现的各种矿产占全国171种已发现矿产的73.1%；探明有储量矿产105种，占全国153种探明有储量矿产的68.6%；探明有储量的矿产潜在价值达17.8万亿元，约占全国的1/5。有些矿产是青海得天独厚的资源，不仅规模大、品种多，而且质量好，如钾盐、钠盐、镁盐、锂矿、锶矿分别占全国总储量的97.3%、80%、99%、83%和47%。在非金属矿产中，石棉、石英岩、石灰岩等均居全国首位，其中石棉占全国储量的40%多，驰名中外。在多种资源中，黄河上游的水能、柴达木盆地的盐类矿产、石油天然气和有色金属矿产，开发潜力巨大，具有较强的竞争优势。青海油气资源具有较好的成矿条件，已探明石油地质储量2.2亿吨，石油地质储量约为5亿吨，天然气地质储量1 575亿立方米，分别列全国第十位和第四位。青海已探明的有色金属主要有铜、铅、锌、镁、镍、钴、锡、钼、锑等，其中铜储量在全国居第三位，铅、锌、锑、铌、钽等居第十二位，黄金、钼居第十六位。从储藏量看，青海的有色金属矿产在全国并不具有竞争优势，但与丰富的水电相结合，青海发展有色金属工业仍会在成本上具有一定的竞争优势。由于青海的电价便宜，铝锭的生产成本较低。铝锭在国内市场的竞争能力较强，铝锭与国外产品相比仍然具有成本优势。从国内市场来看，水电的电价略低于火电，而青海水电的开发成本比全国平均水平约低40%左右，在实行铝电联营后，用电成本还可进一步降低，青海铝锭在全国仍然可以保持较强的竞争能力。青海有镁资源优势，原料成本较低，具有一定的规模效益，因而在国内市场具有一定的竞争能力。

青海水力资源丰富，开发条件好、成本低，建设同样规模的水电站造价只相当于国内其他地区造价的3/5到2/3，而且居民迁移方面的费用很少。青海还有丰富的天然气资源，可利用它建设若干天然气发电厂，同水电工业结合起来，就能形成有青海特色的“清洁能源”产业体系。青海是黄河、长江、澜沧江的发源地，三条江河直接供应并影响着流域地区的经济建设、人民生活以及生态系统。青海地处“江河源头”，生态地位十分重要，党和国家对青海的生态建设非常重视，已投入大量资金实施江河源头地区自然保护区生态工程——三江源自然保护区。发展水产业，开发自然矿泉水、绿色保健矿泉水前景广阔。

青海的盐湖资源具有储量大、品位高、类型全、组合理想、易于开采等特点，适宜进行大规模开发利用。现有 33 个盐湖中，氯化钠、氯化镁、氯化钾、锂盐、锶矿、芒硝等的储量均居全国首位。青海是全国唯一钾盐储量丰富的地区，目前保有储量约 4 亿多吨，占全国总量的 98% 左右。随着氯化钾反浮选冷结晶生产工艺技术的开发成功，青海钾肥在质量、品位、外形、肥效上都接近了进口钾肥，市场竞争能力显著增强，年产量也提高到了 50 万吨左右。我国氯化钾年实际需求量约 500 万吨左右，进口量大约在 350 万吨左右，巨大的市场需求为青海钾肥工业提供了广阔的发展空间。

1.2.2 高原生物资源、农牧业

青海特殊的地理位置和独特的自然环境为发展具有高原特色的生态产业提供了得天独厚的优越条件。青海光照充足，草原广阔，是天然、绿色、无污染、无公害农畜产品的最佳生产地。马牙蚕豆在日本、韩国、阿拉伯联合酋长国及一些欧洲国家久负盛名，长期出口；青海生产的胡萝卜中的 β 胡萝卜素为国内最高，出口剧增；用沙棘果开发研制的沙棘饮料、沙棘酒、沙棘果醋、沙棘黄酮粉等高科技生物制品已成为现代人们的高档保健品和食品药品添加剂。近几年，青海利用高原冷凉气候、天然草场和高原可再生生物资源的优势，大力调整传统的种植业、畜牧业结构布局，初步形成了独具特色的农牧业体系。通过开发“绿洲农业”、改造传统的“旱作农业”生产方式，大力发展反季节蔬菜、杂交油菜以及高原薯类、豆类等优势作物的产业化生产。通过三江源地区移民和退牧还草工程、畜种改良、畜疫防治、西繁东育等，充分利用现代科技手段再创青海畜牧业新的优势。青海畜牧业生产主要集中在海拔 3 000 米以上牧业地区，牲畜生存的自然环境污染较少，因此其肉质细腻，口感爽滑，具有天然的野味及低盐、低糖、低脂肪、血红蛋白高等特点，符合城乡居民对绿色环保食品的食用需求，深受广州、深圳等沿海城市居民的青睐，在农业部的食品安全质量检查中被誉为“最安全的肉食品”；青藏高原绿色肉食品有限公司生产的“海拉里”牌牛羊肉制品成功打开国际市场，远销中东国家和地区，产品供不应求；青海的牛羊肉属天然饲养的绿色产品，由于地处高寒缺氧的特殊环境，其生物活性成分及营养成分较高，在国内外享有盛誉，有比较稳定的市场销路，特别是牦牛的毛、肉、骨、血等产品，市场需求巨大，青海的牦牛产品在运输成本方面明显低于西藏，在市场上几乎处于独占的地位；畜牧产品的市场竞争能力逐步提高。

青海独特的冷凉自然环境和资源，形成了垂直立体分布特征的多样性农牧业生态环境，为青海发展高原特色农牧产业提供了良好的基础条件。例如，青海的油菜生产以春油菜为主，在全省海拔3 200米以下的农牧区都适宜种植，生产的油菜子出油率高出全国平均水平7个百分点，具有得天独厚的优势。青海的马铃薯是全国马铃薯生长发育最适宜的地区之一，生产的马铃薯薯型大、产量高。鲜薯平均亩产比全国平均亩产高500多公斤。马铃薯生育期较短，一般在110～160天，可以有效地避开春旱危害，是青海山区群众的主要避灾作物，农民种植积极性较高。初步形成了省、县、乡三级脱毒体系，即建立了以青海省农科院生物技术中心为龙头的、具有先进水平、占地3 500平方米的马铃薯脱毒中心，以民和、乐都、平安、湟中、互助、大通等县为核心的县级原种繁育基地和80个乡级繁育基地的三级脱毒马铃薯种薯繁育推广网络。青海生产的蚕豆粒大、质优、色艳，豆类病虫害少，是我国春蚕豆、豌豆的最佳生态适宜区。蚕豆产量较高，正常年份蚕豆亩产210公斤，比全国平均水平高50公斤。

1.2.3 野生动植物资源

青海野生动植物资源种类多，分布广，有鸟类200多种，兽类50多种，分别占全国的1/4和1/3，其中国家一类保护动物有野骆驼、野牦牛、野驴、藏羚羊、白唇鹿、盘羊、雪豹、黑颈鹤8种。有25类33属1 000多种植物，其中具有高原特色的虫草、贝母、大黄、雪莲、蕨麻、鹿角菜、发菜、三刺等资源十分丰富。青海地处青藏高原东北部，具有高原常年积雪、高寒缺氧、气候多变、干燥多风、日照时间长、紫外线强、昼夜温差大、空气纯净度高、光合作用好等独特的高原自然条件，从而使得青海中藏药材具备有效成分多、生物活性强、低毒、无污染等特点，在祖国传统医药中占有得天独厚的优势。目前已经大量种植的板蓝根、大黄、甘草、党参、当归、西洋参、黄芪、枸杞等，市场销路较好。4 000多年前，藏医藏药起源于青藏高原，在特定的地理环境下，博采祖国和世界传统医学之长，形成了完整的民族医学体系。近几年来，作为民族文化的一部分，藏医药逐渐被人们所接受和重视。藏药开始走出传统手工作坊式的生产模式，向现代化迈进。而在这一过程中，藏药产业链条得到不断完善，显示出了广阔的发展前景。依托西宁国家级经济技术开发区的生物科技产业园，建立了中藏药产业发展的平台；按照优化布局、增强行业集中度的要求，根据生物产业园区基础设施完善、服务体系健全、创业投资活跃等特点，充分发挥园区科技孵化、资金引进功能，利用现有的药品资源，联合省内外科研院所，培育了一批中藏药高新技术企业，形成了中藏药产业集群，从而加快了中藏药产业化发展。目前，全省中藏药生产企业已发展到20多家，其中藏药生产企业7家，三普药业、金诃集团、晶珠药业、大地药业、久美药业已形成一定规模。特别是金诃集团已形成了集资源基地、医院、药物研究、藏医教育、药品生产和市场营销为一体的集团型发展体系，成为青海中藏药产业发展的骨干企业。医药生产企业依托青海丰富而特有的大黄、虫草、塞隆骨、红景天、藏茵陈、花锚等资源，加大开发力度，逐步推出了一批有市场、附加值高的中藏药产品，基本形成了治疗心脑血管、肝胆、消化系统、风湿、妇科疾病五大类产品。其中的大黄茶、虫草口服液、七十味珍珠丸、乙肝健、红景天胶囊、藏茵陈片、肝泰舒等一批中藏药产品已走向全国，部分还进入了国际市场。

1.2.4 独具特色的高原旅游业

莽莽的昆仑山，神奇的可可西里，高峻的巴颜喀拉山，冰雪接天的唐古拉山。在山峰与广袤的草原之间是浩浩荡荡的蓝天白云。“在那遥远的地方，有位好姑娘，人们走过她的毡房，都要回头留恋地张望……”王洛宾先生的歌唱出了青海的美丽。青海是“世界屋脊”的重要组成部分，境内有众多的山脉、辽阔的天然草原、浩渺的江河湖泊、独特的丹霞地貌、雄奇的雪山冰川、多样化的高原生物种群，形成了神秘莫测的独特高原自然景观。青海是历史悠久的昆仑文化发源地，留下了众多的文物古迹，稀世珍品；青海又是多民族、多宗教地区，绚丽多姿的风俗民情和古朴浓郁的宗教活动，形成了青海一大特色人文景观。2007 年，青海省委、省政府召开了第二次旅游业发展大会，动员社会各种资源，努力使旅游业成为推动青海发展的新的经济增长点。青海是黄河、长江、澜沧江的发源地，素有“中华水塔”之称。境内荟萃湖泊、大山、大草原、大雪山、大盐湖、大寺庙、动物乐园，青海湖、鸟岛、塔尔寺风光无限。作为多民族聚集的省份，青海民族风情独特。随着西部大开发的实施和青海交通条件的改善，特别是青藏铁路的全线贯通，格尔木、玉树机场的建成通航，青海的旅游业已成为新的经济增长点。西宁和海西是青海经济的两个引擎。西宁是市场中心、海西是资源中心。被誉为“聚宝盆”的柴达木盆地，不仅以丰富的矿产资源闻名，而且以其独特的自然生态、历史文化和民族风情越来越多地吸引着中外游客。2007 年 4 月 2 日，格尔木市进入中国县域旅游品牌百强市；昆仑山、察尔汗盐湖进入中国百强旅游区；3 月和 6 月，雅丹地貌被确定为青海十大景区；8 月 18 日，海西州进入中国自驾车旅游品牌目的地，在全国排名第十二位；9 月，青藏线风情游、丝绸之路风情游被评为“十大著名旅游线路”；“青海天湖”、“云里雪山”风景区开发也引来了国内外有关部门的关注。在此基础上，集中力量建设昆仑文化旅游区、都兰历史文化旅游区、察尔汗盐湖、哈里哈图、金子海、布哈河草原、可鲁克湖、外星人遗址、国际狩猎场等景区，全力打造青藏高原汽车探险游、马可波罗探险游、青藏铁路游等线路，逐步形成从旅游资源优势向产品优势的跨越。青海特色经济发展尚处于初级阶段，作为西部市场的典型代表，资本要素市场还处在发育阶段，需要做的工作很多。

青海旅游有着特殊的魅力。笔者的女儿到青海看望笔者，参加了青、藏、川、滇四省比邻地区每年一次的草原盛会——“赛马节”。她才思敏捷，参观勒巴沟后写了一篇《勒巴沟——亘古不变的虔诚》，后来刊登在了《西北旅游》杂志2007年第六期上，现摘录部分文字如下：

世界上有这样一个角落，承载着成千上万颗心中不可磨灭的信仰，漫山遍野，皆是我对你的虔诚。提到玉树，我第一个想到的不是那人声鼎沸热闹非凡的赛马节，也不是那些金碧辉煌神秘莫测的寺庙，而是勒巴沟。看它的名字，定是在某座大山深处角落的一个神秘的地方，令人望而生畏。查阅的资料上说，勒巴沟距结古镇30多公里，海拔3 700米，沟深20公里，是一条高山深谷。这样的一个角落，要到那里去的路途必然是艰辛的，甚至是艰险的。我们的吉普车逐渐开出城镇，进到山林深处。就像寻找世外桃源，循着那些开成一串一串的紫色的小花，我们走进了另外一个世界。

这片山谷里，挤满了不知名的高原花朵。它们以最倔强的姿态在无人知晓的地方静静开放，开得是那样美丽动人。这不是看厌了玫瑰、牡丹的都市人回过头来去赞美油菜花的淳朴逼真，而是欣赏群芳之时偶然发现的稀世珍宝。艳丽华美的词语是不能强贴在她们身上的，她们就像卸了妆的脱俗美丽女子，比着妆的凡尘女子还要动人。在这样一个令人魂牵梦萦的山谷里，远方缭绕的云丝让它成为一个仙境。

辗转，这样的一条勒巴沟，就呈现在了眼前。几千年前文成公主进藏时在这里留下了她对佛的虔诚，几千年后藏传佛教徒跋山涉水来到这里留下他们的虔诚。几千年前它躺在这里，几千年后它仍然静静地躺在这里。千百年来，人们的雕刻使这条山沟渐渐变成了一个虔诚的佛教徒，他在自己的额头、脸颊、鼻子、嘴巴、手、脚以及身体的每一个地方都刻上了这六个字：唵嘛呢叭咪哄。只要他还活着，他就还会在自己的身体上雕刻，永不停息。因为这些字不是因为雕刻而铭记，而是因为铭记才雕刻。

可是，为什么要雕刻？我问同来的人，他们说这是一种宗教习俗，我想这未免显得牵强。这样地历尽千辛万苦，这样地呕心沥血，难道仅仅用“习俗”二字就可以解释吗？我又查阅资料，上面说，由于文成公主进藏时思慕故乡而在这里留下雕刻，后人为纪念她而去铭刻，这未免也太过于夸大文成公主了。宗教不是一个人的，宗教是一群人的信仰，如果不是信仰这个宗教，又怎么会去雕刻六字真言呢？剩下的流传的解释，又都是一些佛教传说故事，可是我坚信，雕刻六字真言，绝不是神话传说能真正诠释的，因为这其中蕴涵了太深太深的情感，太坚定的信仰。走在山林间，我暗自惊讶，世界上竟然有这样一个角落，承载着成千上万颗心中不可磨灭的信仰，漫山遍野，每一块石头上都在替教徒们念诵这六字真言。无论是在清流急湍间，还是在重岩叠嶂间，在陡坡碎石间，还是在跌宕山谷间，无不有兀立的巨大石块，密密麻麻地写满了这六个字。

为了找寻心中疑问的真正答案，我找了一根稍平滑的木棍，一步一步，拄着它上山。这座山，看起来不高，可因为它不像许多名山那样修筑有阶梯和安全铁链，有一种不可侵犯的高高在上的神圣感，所以爬山的路途是十分艰苦的。

插图1－2　勒巴沟风景

奇怪的是，越是陡峭的地方，就越能见到那些洁净的玛尼石。

我的足迹，重叠着先人的足迹，向上，向山顶那个神圣的地方前进。只因那遥远的山顶是有神灵的痕迹的，是有我心中疑惑的答案的。木棍领着我攀爬，有时候山路陡峭不平，光秃秃的路上尽是细碎的沙土和碎石，必须用近乎贴在山上的姿势，一脚一脚小心地爬过。鞋子碰到的地方，时常有石子加速滑下，让人的心忽地一紧，担心自己会不会就像那些石子一样忽然滑下。又转念想，不会的，毕竟是在近乎朝圣的路上，尽管藏民们相信在转山途中死去是莫大的幸福。

这样的路似乎永远没有尽头，神山兀立，威严地审视我，在我需要的时候它给我一根树枝，一块平地，一块稳石。终于好像在体恤我已面红耳赤，赐给了我一段临近山顶的缓坡。

临近山顶。这一段似乎生长了更多的草木，绿意盎然，深邃美丽，只是美丽的同时又多了几分僻静与神秘。林木比在山脚时高大许多。这时我才发现，在山顶，只要有大石头，竟然就刻满了六字真言。回想起我拄着木棍爬山的情景，竟如苦行僧般艰辛，但因那艰辛的同时是带着憧憬的，所以这两种情感搅拌，是一种成就感与乐趣。

或许这也是千千万万藏民们的想法。他们一路攀爬，享受的是精神上的快乐。试探着崇敬地欣赏四周。这是山上一片小小的开阔地，文成公主曾留下虔诚。除了兀立的玛尼石堆，那些高耸的岩壁上，全部刻满了真言。这些藏文有大有小，有疏有密，可无论文字是以怎样的形式呈现出来，内心都是一样的。像一个盲人，闭上眼去触摸这些经文，感觉那些凸凹不平，触碰那些曾经爱抚过它们的虔诚的藏民的手，随着流畅深邃的笔画，是否就能触摸到神灵的指尖。蓦地，线条变得不一样而狭窄。忽地睁眼，嘴角流露一丝微笑。

是白塔呢。是雕刻在一块平滑岩壁上的白塔。而且不止一座，这些神圣的白塔，排列整齐，据说整条勒巴沟像这样的白塔整整有108座。白塔在藏族人心目中是圣洁虔诚的象征，这些白塔，据说是自显白塔，是日久天长因为有佛泽润所以显现出来的图案。说实话，我是不相信的，这样的解释，在这样一个崇尚科学的年代似乎不太合理。

总该有人雕刻上去吧。我就这样反反复复地在这个神圣的地方徘徊了许久，有时看看那些摇曳的柔弱的花朵，有时坐在石头上发呆（前提是上面没有经文），有时又远远望着那些崖壁上的白塔、经文沉思。这个地方就好像一个无人知晓的密室，被无数虔诚的心轻轻围起，看着那些玛尼石，我的心中前所未有地平静安详。这是神灵给我们凡夫俗子带来的一些安慰吗？

神灵是这样的美好，雕刻石块是为了纪念神灵吗？不是吧。一瞬间，似乎是哪一块神圣的石头掠过我的心灵，落下，荡起层层涟漪，打开了心里的一扇紧闭的门。

我明白了。不是为了尊敬，不是为了悼念，不是一个虚幻的传说。答案就在我自己写下的字里。是因为铭记而雕刻。是因为那六字真言即使是天天念，月月念，甚至年年念，嘴里呼之而出的语言文字也仍然是犹如气泡一样，终会在空气中消散，消失得无影无踪，让人无法触碰。而雕刻在石块上的六字真言“唵嘛呢叭咪吽”会永远存在，随着石头的存在而存在。

而石头的寿命有多长呢？那或许是生生世世永生不灭的永恒。是因为从此信仰便有了形态，有了永存的形态。

是为了让心中的信仰永存。

永存。

转瞬间，漫山遍野，铺天盖地，皆是我对你的虔诚。

1.3 西部大开发：市场的机遇与挑战

1.3.1 经济基础薄弱，市场处在发育阶段

从经济发展水平看，2006 年青海省 GDP 为 641.05 亿元，人均 GDP 为 11 753 元；农牧民人均纯收入 2 358 元，城镇居民人均可支配收入 9 000 元；进出口额 6 亿美元。财政一般预算收入 83.04 亿元，比上年增长 31%，其中，地方一般预算收入 42.24 亿元，增长 24.9%；中央一般预算收入 40.80 亿元，增长 38%。财政一般预算支出 214.64 亿元，增长 26.4%，其中，公共管理类支出 117.12 亿元，增长 21.1%；经济建设类支出 49.02 亿元，增长 35%；社会保障类支出 24.04 亿元，增长 31.4%；政策性补贴等其他支出 24.46 亿元，增长 32.5%。从经济总量和结构上看，青海经济发展速度在近几年超过了全国平均水平，经济发展的主要问题是矿产资源的初加工比重大，技术密集型和高新技术产业的比重过小。工业品附加值低、技术含量少，市场竞争能力不强。由于生活条件差，人才短缺，工业技术进步缓慢，技术创新能力不足。农业发展存在的主要问题是农业结构不合理，农业产业化发展缓慢。种植业所占比重高，而具有优势的畜牧业产值不高。农牧产品大多以原料和初级加工产品形式销售，深加工程度低；大部分农牧产品的生产、加工、销售还停留在以产品买卖关系为基础的低层次产销合作上。农牧业产业化发展是一个薄弱环节；农牧业龙头企业与养殖基地农户、农业生产合作组织、养殖大户还没有真正形成生产—加工—销售的链条；社会化服务不配套，农副产品交易市场小而分散，缺少带动力，辐射力强的龙头企业缺乏技术创新能力，品牌培育能力不足，市场化发展滞后。服务业市场缺乏完整的体系。旅游景点分散，交通不便，旅游淡季漫长；高素质的旅游专门人才缺乏，旅游促销手段少，对外宣传不够；旅游缺乏拳头产品；旅游资源的开发建设不足，旅游点景观建设薄弱，有很多景点处于潜在或半开发状态。

1.3.2 以资源为基础的特色产业发展面临新的挑战

青海虽然是一个资源富省，但许多资源优势未能转化为产业优势，有些矿产品位不高，分布险远，开发技术不成熟，储量不集中，自然条件严酷，基础设施和城市依托条件较差，限制了资源的开发和建设。旅游业的发展，受到气候、季节、景点分布、交通不便的制约。盐湖资源开发，受地理位置、自然环境、首次投入以及运输成本的影响，降低了产品的盈利性。中藏药的规模扩大日益受到原料和资源的限制，特别是有关中藏药的技术标准制约了产业化的发展。边缘、偏远，区位条件较差，不利于特色经济的发展。青海深居我国西部内陆，区位偏远，降低了其市场竞争力，外向型经济发展受到制约。基础设施薄弱，交通运输尚未形成现代化的交通运输体系，难以适应青海发展特色经济的新要求；自然条

件严酷，生态环境脆弱，发展特色经济受到影响。青海自然条件差，植被覆盖率很低，水土流失面积大，草地退化、土地沙化和碱化严重，水资源的短缺和时空分布不合理，这既是青海生态环境的主要矛盾，也是青海发展的主要障碍。青海自然条件严酷，高寒干旱，生态环境十分脆弱。全省每年流入长江、黄河的泥沙平均达1.046亿吨，每年新增水土流失面积0.21万平方公里，全省受风、水、冻融侵蚀的水土面积已达到33.4万平方公里，沙漠化面积以每年13万公顷的速度扩大，全省沙漠化面积已达1 252万公顷，占全省总面积的46%；全省中度以上草场退化面积已达到总面积的20.1%；水源减少，湖泊水位下降，河流萎缩；物种分布区缩小，生物多样化受到威胁。恶化的生态环境导致自然灾害频繁发生，严重影响着未来青海特色经济的发展。

三江源地处青藏高原腹地，独特的生态环境造就了世界上高海拔地区独一无二的大面积湿地生态系统，使得在地势高寒、大气储水能力甚差的半干旱气候区内可以储存生命之水，加上高原大地形成的抬升，强化了三江源区的局部降水。长江、黄河、澜沧江三大河流每年向下游供水630亿立方米。同时，青藏高原独特的地理环境和特殊气候条件，也孕育了三江源地区独特的生物区系，被誉为高寒生物自然种质资源库。2003年1月，国务院正式批准三江源自然保护区为国家级自然保护区，2005年1月，批准实施《青海三江源自然保护区生态保护和建设总体规划》。规划实施后，到2010年，三江源自然保护区将完成退牧还草9 658万亩，落实生态移民搬迁户10 140户、55 773人，解决13.16万人的饮水困难，建住房45万平方米、暖棚21万平方米，天然草地减畜318.4万只羊单位、治理黑土滩552亩、封山育林（草）452万亩、退耕还林近10万亩、沙漠化防治66万亩、森林覆盖率提高7%、草地植被覆盖度提高20%～40%、增加水源涵养量13.2亿立方米，生态环境恶性循环的趋势基本得到遏制。到2020年，经过进一步治理，三江源地区退化草地得到全面恢复，保护区生态环境开始走上良性循环轨道，水土保持、水源涵养能力明显提高，青南地区面貌发生显著变化，基本实现山川秀美、经济发展、人民富裕、民族团结的总目标。随着三江源自然保护区生态保护和建设工程进展，生态环境将会有很大改善。

1.3.3 人才短缺，资金缺乏，特色产业发展受到制约

青海是全国科教最不发达的地区之一，也是劳动力素质相对较低的地区。青海特色产业大多是资源开发型，属于技术资本密集型产业，所需投资数额大，投资回收期长，招商引资相对困难。2006年，全省共有各类专业技术人员9.23万人，其中，工程技术0.9万人，农业技术人员0.78万人，科学研究人员0.06万人，卫生技术人员1.8万人，教学人员5.69万人。每万人中有工程技术人员16人，农业技术人员14人，卫生技术人员33人，教学人员104人。加上地域辽阔，人口居住分散，科教事业发展落后，人才短缺问题突出。从人才结构上看，

工程技术人员主要集中在重化工业领域，缺乏高科技开发人员、投资创业人员、教育人才、信息人才、旅游开发人才和中高级企业经营管理人才等。同时，由于青海自然环境恶劣，条件艰苦，科技基础设施落后，研究与开发经费稀缺，难以吸引和留住人才，人才流失十分严重，不少地方出现了人才断档现象。干部职工的实际收入同全国其他地区相比，差距较大，导致干部队伍不稳定；基础教育、民族教育落后，文盲、半文盲率较高。现有的劳动力素质和人才结构不适应特色经济发展的要求，科技力量薄弱，严重制约特色经济的发展。青海有一批有资源、有市场、有效益、能吸引外来资金的好项目，但由于关键技术未能过关，影响了资源开发的进程和特色产业的发展。在特色农牧业方面，缺乏优良品种和技术。例如，三江源生态保护和建设工程是一项复杂的社会工作，也是一项科技工程。鼠害、虫害、沙漠化防治、草原植被恢复、水土保持、人畜饮水、人工增雨、草种畜种优化、生态监测、中藏药材种植、野生动物保护等都需要科技和资金的投入。按照自然规律的要求改善生态环境，就需要深入系统地研究这一地区的水文、气候、地质、土壤、植物、动物、湿地等变化规律，探讨大自然的生态修复功能以及提出如何利用的措施等；在利用遥感技术监测草场退化与治理方面，需要建设一个密度适宜、布局合理的生态监测网络，动态监测各个区域的生态环境状况及相应变化，积累数据资料，并建立生态环境数据库、信息查询、评估与决策支持系统，为政府决策提供科学、客观的基础数据。这里，科技资金保障、科技人才培养、加强与高水平的科研院所合作、专家咨询和技术交流、多学

插图1－3　笔者在格尔木经济技术开发区天然气发电厂调研

科的融合以及科技成果的宣传和推广应用，是保证三江源生态保护与建设工程顺利开展的重要途径。

青海是一个经济穷省，财政困难。2006 年，全省财政一般预算收入 83 亿元，是典型的吃饭财政。长期以来，基础设施建设、生态环境建设、科技教育投入、人民生活水平改善等欠账很多，加上地方经济自我积累能力弱，严重影响了资源开发的规模和特色经济的发展。因此，必须培养新一代农牧民，在生态保护建设移民中，要在中央政府支持下，提高农牧民的自我生存能力，通过发展职业技术教育、劳务输出、三江源生态保护移民中的草场管护培训来提高农牧民素质。

1.3.4 建设国际高原生态旅游区

丰富的资源，勤劳、勇敢、善良、淳朴的青海人以“青海人”特有的精神，在建设新青海的伟大事业中最能吃苦、最能忍耐、最能奉献、最能战斗、最能团结。以旅游业为龙头，以西宁为中心，建设国际高原生态旅游区。旅游业是清洁产业，作为“中华水塔”，生态保护是第一位的，青海必须寻求可持续发展的思路，既要符合国家整体发展战略对青海的要求，又能充分发挥青海的资源优势。笔者认为，青海产业发展战略要以矿产资源开发为基础，以高原特色旅游业为龙头，按照“整体规划、创新品牌”的要求，坚持高层次规划，瞄准中国和世界 500 强企业招商引资、引智、引人才。充分利用自然风光、历史文化和民族风情资源，突出高原生态旅游，努力把青海建设成为国际高原生态旅游区。重点打造环西宁“中国夏都”旅游圈、环青海湖民族文化体育旅游圈、青藏铁路世界屋脊旅游带、黄河水上明珠旅游带和三江源生态旅游区，精心培育世界级、国家级精品旅游品牌，促使旅游业的快速成长。青海湖被评为中国最美五大湖泊之首，西宁市被评为中国最令人向往的旅游胜地，不仅是夏都出名，以藏羚羊为原型的福娃“迎迎”被选做北京奥运会上的吉祥物后，“迎迎”的故乡——可可西里也成为人们心中的旅游胜地。青海正在围绕青藏线、青海湖、三江源的品牌创造，通过举办一系列节会提高青海和西宁的知名度和美誉度，开拓市场。

2　青藏高原的魅力大都市——西宁

2.1　中国夏都，天路起点

2.1.1　魅力西宁

西宁市是青海省省会城市，是全省政治、经济、文化、教育、科技、交通、金融和商贸中心，是古丝绸南路和唐蕃古道上的重要历史文化名城，有着 2 100 多年的悠久历史。早在 5 000 年以前就有人类在这块土地上生产、生活，繁衍生息。公元前 121 ~ 前 111 年，西汉在西宁设立了西平亭，西宁及其周边地区在政治、经济、交通和军事上的地位越来越重要。公元 222 年，魏在西宁市修筑了西平郡城。公元 265 年，西晋在今湟水流域设置西平郡，辖西都（今西宁市）等地。公元 445 年，北魏灭鄯国，改西平郡为鄯善镇（今西宁）。公元 526 年（北魏孝昌二年），又改鄯善镇为鄯州，辖西平（今西宁市）等地。公元 607 年（隋炀帝大业三年）又改鄯州为西平郡。公元 1104 年，北宋改鄯州为西宁州，隶属于陇西都护府，从此，“西宁”这一名称一直沿用到今天。公元 1227 年，元太祖成吉思汗率蒙古军队南渡黄河攻占西宁州，西宁并入元朝统治。公元 1373 年（明洪武六年），西宁州改为西宁卫（今西宁）。公元 1913 年（中华民国二年），北洋政府改革清代建制，废西宁府，保留西宁道，西宁是道府所在地。1927 年，撤西宁道，设西宁行政区长官。1929 年，南京政府设立青海省，以西宁为青海省省会。1949 年 9 月 5 日，西宁解放，9 月 8 日，中国人民解放军西宁市军事管制委员会、市人民政府同时成立。1950 年 1 月 1 日，青海省人民政府成立，西宁市为青海省省会。

西宁位于青海省东部、湟水谷地，海拔 2 260 米，是全省的政治、经济、文化和交通中心。在历史上，西宁曾是西汉将军赵充国屯田的基地，是丝绸之路青海道的通衢，是沟通中原与西部边地的重要城镇。今天的西宁市为兰青铁路的终点、青藏铁路和青藏公路的起点，依然是通往青藏高原腹地的交通要冲。周围群山环抱，冬无严寒，夏无酷暑，气候宜人，年平均温度 6 摄氏度左右。夏季清风习习，凉爽如秋，是天然的避暑胜地，总面积 7 649 平方公里。全市总人口约 212 万人，其中城市人口 109 万人，是一个有汉、回、藏、蒙古、满、土、撒拉

插图 2－1　天路一景

等民族聚居的城市，少数民族占全市总人口的 23%。西宁市现辖城东、城中、城西、城北四个区，大通、湟中、湟源三个县，一个国家经济技术开发区和两个正在建设中的新区：城南新区和海湖新区。西宁平均海拔两千多米，高原医学研究证明，海拔 2 000 米至 2 500 米的地区有利于人类身体健康，调节身体机能，增强人体耐力，增加体内微血管能量，加强心肺活力，在不伤害身体的同时达到减肥功能。因此，在进入西藏之前，游客要在西宁停留调理，品尝西宁的特色小吃，游览周边的名胜古迹。现在，西宁不再是一个名不见经传的小城，而是吸引无数游客流连忘返的旅游集散地。西宁主城区是休闲购物的综合游览区，包括东关清真大寺、青海省博物馆等。湟中拥有藏传佛教格鲁派创始人宗喀巴大师的诞生地——塔尔寺，以宗教文化旅游资源开发为主线，发挥塔尔寺的旅游品牌优势，结合多巴国家高原体育训练基地、药水滩、南佛山等景点，打造湟中宗教文化游览区。湟源以日月山旅游为中心，以“唐蕃古道”、“茶马古道”为重点，结合记载古代西北地区最大贸易市场，具有很高文物保护和历史文化价值的明清老街，以文化旅游为主，集自然观光、农家乐为一体，发展历史文化旅游区。大通回族土族自治县依托大通国家森林公园，进一步挖掘整合和提升县域旅游资源，突出生态休闲旅游区。

西宁实施高原绿色无污染食品计划，实行食品安全白皮书制度，现有种植、养殖企业 93 家，13 处农畜产品产地获得无公害农产品产地认定，通过无公害认定面积达 31 946.9 公顷，生产加工企业 295 家。作为旅游中心城市，西宁市实施食品放心工程，建立健全食品安全监管协调机构，加强食品安全监管工作，规划建设高原绿色、保健、无污染食品品牌市场，建立新的市场机制，逐步改造规模小的小作坊生产状态，通过科研攻关，形成高原品牌产品，带动全省食品生产上档次、创名牌。把监管和培育食品生产品牌企业相结合，加大农产品种植、养殖环节整治，从源头上防止农产品污染。积极开展无公害农产品的产地认定和产品认证工作，通过开展农药残留、禽畜产品违禁药物滥用和动物屠宰检疫专项整治，规范种植、养殖行为；全面实施食品质量安全市场准入制度，强化食品生产加工环节的监管，使西宁成为全国绿色无污染、保健食品中心。

2.1.2　唐蕃古道

从西宁到玉树的唐蕃古道，现在叫214国道，沿途路站和海拔高度为：西宁（2 265 米）——日月山（3 520 米）——倒淌河——共和——河卡——鄂拉山（4 490米）——大河坝——温泉（4 460 米）——花石峡（4 580 米）——玛多（4 660 米）——大野马滩（4 330 米）——小野马滩——野牛沟——查拉坪——巴颜喀拉山口（4 842 米）——清水河——歇武镇——通天河——结古镇（3 700米）——拉萨，全程2 095 公里。这是当年（公元638 年）文成公主远嫁所走的唐朝与吐蕃的主要道路。唐蕃古道原本是作为政治和军事目的而存在的，后来，随着商贸活动的频繁，从明代到清代，其经济价值不断增强。青海湖是中国海拔最高、面积最大的内陆湖。它是大陆上升、海水退却时遗留下的女儿，因此，它有着大海的辽阔与恬静，气质非凡。在藏语里，青海湖叫“雍措

插图2-2　日月山景区——牧区与农区、黄土高原与青藏高原的分水岭

赤雪嘉姆”，意思是“碧玉湖赤雪女王”。它与西藏阿里的玛旁雍措、山南的羊卓雍措、藏北草原的拉姆纳措共称藏区的“四大圣湖”。相传，很久很久以前，青海湖附近是一片茫茫草原。草原上有一眼神泉，神泉的神奇在于只要取完水后用一块石片盖住泉眼，泉水就永远不会枯竭。神泉滋养了整个草原，让这一片土地水草肥美、牛羊成群，人们过着天堂般的生活。居住在祁连山上的赤雪女王嫉妒人们的幸福生活，偷偷取走了石片，致使神泉水涌形成大海，淹没了好大一片草原。藏地民众请莲花生大师降妖，莲花生大师从印度搬来玛哈代瓦山，压住泉眼制止了灾难，这就是如今矗立在青海湖中的海心山。

2.1.3 “西海屏风”、“草原门户”——日月山

登上日月山，又是一重天。从西宁出发，最先到达的是日月山。日月山是西宁和青海湖之间的一道隘口，距西宁 90 公里，属祁连山支脉拉脊山的一部分，垭口海拔 3 580 米。山的南北各有一个乳峰，藏语称“尼玛·达哇”，即“太阳”和“月亮”的意思，日月山因而得名。日月山山顶有红色的砂岩裸露，古代汉地人也称之为“赤岭”。关于日月山，汉藏两地都流传着一个以文成公主为主角的传说。相传，当年文成公主远嫁吐蕃，唐皇太宗赐赠一柄可以显见愿望的神奇宝鉴，嘱她到了雪域如若想家就可以拿来一照。这一天，送亲队伍来到日月山，文成公主登高远望、思绪万千，便拿出唐太宗所赐的镜子观看故土长安。宝镜上现出“八水绕长安”的美景和皇宫中富丽堂皇的舞榭歌台。公主不禁珠泪涟涟、柔肠欲断。护送大臣李道宗见公主悲戚忧伤，力劝她以国家社稷为重，不要儿女情长。公主听从劝告，为斩断情丝，毅然将宝镜掷于山下。宝镜落地分为两半，分别化做现在的日月二峰。公主继续西行，仍泪流不止，泪水汇聚成河，晶莹透明、涓涓绵长，由东向西流入青海湖。这里其他的河流都是由西向东走向，唯独这条河反向而行，故取名“倒淌河”。美丽传说终究有着虚构的成分，但有一点我们可以从中体会，即日月山是一个标志性的地方，山两边的风物与景致一定迥异，才值得汉家公主如此触景伤情。实际上，日月山是我国自然地理上一条非常重要的分界线。它是我国外流区域与内流区域的分水岭，也是季风区域与非季风区域、黄土高原与青藏高原，以及青海东部农业区和西部牧业区的自然界限。站在山顶你会有一个神奇的发现，山麓东侧是村落点点、麦浪滚滚、梯田阡陌的农区，西侧是广袤苍茫、一望无际、天高云低的草原，中间就像有一条连绵不断的线，沿山脊将两边截然划开。自然之神对大地有着奇妙的主宰力，它在不同的地域呈现出不一样的物产和景致，以此为笔墨色彩，描画出神奇壮美的大地画卷。驻足日月山上可以看到以西宁为中心的海东地区，因其海拔在 2 500 米以下，算青藏高原东麓一个稍浅一点的“盆地”，从蒙古和西域迁居过来的蒙古族、回族、撒拉族、土族在这里过着畜牧加农耕的生活。藏文明是世界多元文明中最神奇的一种，它有着深邃而丰富的内涵、繁复而神秘的形式，它的自足与强

韧的生命力，它的包容与难以被更改，它的兀自存在和兀自神圣，无不给人以强烈的吸引力，令人着迷。这其中，藏文明特殊的地域性和独特的民族性，是最醒目的两个特点。

插图 2－3 塔尔寺的“三绝”之一：酥油花

2.2 实施青藏高原名牌产品发展战略

2.2.1 青藏高原的魅力都市——西宁城市品牌

西宁是青藏高原唯一一座人口数量超过百万的城市；西宁市场占全省的2/3，有着深厚的商贸文化积淀，在青海的区位优势突出；在青海发展战略中突出西宁的城市品牌，省级各部门和全省人民的支持使西宁更具高原城市魅力。西宁已经成为中国优秀旅游城市、中国自驾车旅游十大城市之一、2006 年中国旅游竞争力百强城市，获得“中国最令人向往景区”金牌称号。

西宁文化是 2 100 多年来由农耕文化与游牧文化交汇而形成的以儒家文化为核心的传统文化、以藏传佛教为核心的藏传佛教文化、以伊斯兰教为核心的伊斯兰文化的交会地。悠远厚重的历史文化积淀，形成了西宁独特的文化资源优势。藏毯节、郁金香节、青洽会、环青海湖国际公路自行车赛的节会活动使中国夏都西宁的知名度更响。因此，要发挥西宁在青海的区位优势和龙头带动作用，推动产业结构调整，通过市场机制来优化资源配置，提高企业的自主创新能力和产品质量水平，增强青海产品和企业的竞争力，引导消费，推动企业开展争创名牌产品活动，不断提高产品质量和企业核心竞争力。按照西宁在全省的功能定位，以企业为主体，以名牌为龙头，以市场为导向，以科技创新和体制创新为动力，综合运用经济、法律、行政、市场等手段，培育、发展、宣传、保护、扶持青海名牌产品，促进产品结构、产业结构和企业组织结构优化升级，提高特色资源产品的知名度和市场占有率，增强青海经济的整体素质和市场竞争力。发展循环经济，延伸产业链，提高高原特色产业聚集度，把资源优势转化为经济优势，使青海名优特色产品、中藏药实现专业化生产、产业化经营，使西宁成为青海特色优势产业化发展的市场平台，成为消费者走进青海、走进青藏高原寻找青海制造和青海名牌的大市场。

2.2.2　天路起点，西宁的名字更加响亮

青藏铁路是世界上海拔最高的铁路，无论从地理科学的角度还是站在这条铁路线旁的视觉感受。西宁到拉萨铁路线全长1 956公里，西宁是起点，拉萨是终点。从旅游的角度讲，游完起点再到终点是最好的安排，况且，西宁有旅游者很多不可不停留的理由：天路起点的意义还在于旅游者在高原都市西宁有一个走向海拔更高地区的适应期，西宁是夏都，冬无严寒夏无酷暑，在每年5~10月天气较热的时期，西宁必须盖被子睡觉；作为高原明珠、唐蕃古道重镇，西宁有2 100多年的历史文化，多民族、多宗教、多种文化在这里汇集，青藏高原土特产从西宁走进内地和国际大市场。打造西宁的城市品牌要在继续丰富各种节会内容和突出西宁高原城市特点的基础上，进一步营造高原都市环境，宣传夏都形象，增强开放意识和市场意识。名牌是具有较高知名度和市场竞争力的产品。名牌的实力和水平是企业科技水平、管理水平和核心竞争力的综合体现，是一个国家或地区经济实力和国际竞争力的重要标志。名牌不仅可以带动一个企业的发展，同样也可以带动整个国家或地区经济的腾飞。实施名牌战略，对于提高西宁都市产品质量、服务质量和企业整体素质，实现资源的合理配置，促进产品结构、产业结构和企业组织结构的优化、重组和升级，有效提高西宁都市经济增长的质量和效益，具有重大而深远的意义。根据青海资源优势和西宁的区位优势，要以骨干企业为重点扶持对象，重点培育肉制品、沙棘系列产品、马铃薯、乳制品、白酒、啤酒、中藏药、土特产品、水泥、明胶、量具刃具、冶金、机床、特钢等优势产品，为企业营造争创“西宁市名牌产品”、“青海省名牌产品”、“中国名牌产品”的社会氛围。经过不断努力，形成一批具有相当规模的名牌产品生产企业群体和企业集团。

2.2.3　西宁在青藏高原的市场定位

青藏铁路的开通给青海带来了新的机遇，为青海名优特色产品、中藏药产业

的发展提供了新的有利条件；增加了青海的人流、物流和信息流；内地的朋友和国际友人能够有更多的机会体验高原文化，了解青海的名优特色产品、中藏药、保健品；经贸、文化交流为青海经济发展注入新的活力。发展循环经济，延伸产业链，提高高原特色产业聚集度，把资源优势转化为经济优势，使青海名优特色产品、中藏药实现专业化生产、产业化经营。在历史上，西宁一直是青藏高原与中原的交通中转站、东西商贸大都会。目前，西宁有大中型商场和专业市场31个、连锁企业3户，其中，大中型消费品市场33个、生产资料市场15个。西宁的朝阳物流园区、仁杰粮油批发市场、海湖路蔬菜瓜果批发市场已经形成规模。根据西宁市的区位优势，西宁从2007年开始实施名牌发展战略，通过多种途径支持企业建立质量标准体系、推出自己的品牌产品，通过专家指导、消费者评价、市场推广等多种途径树立品牌意识、名牌意识；加强现代商业区 、商贸中心、特色街和专业市场建设。以特色商业街建设为基础，加强青海品牌推广力度，加快培育和发展商贸龙头企业；把特色商业街和品牌推广结合起来，引导流通企业大力发展特色化、专业化、品牌化经营，发展老字号流通企业，培育一批经济实力强、运营规范、发展潜力大、有知名品牌和自主知识产权、业绩突出、核心竞争力强的大型流通企业。创名牌的基础在企业，要支持和鼓励优势企业通过兼并联合、资产重组、参股、控股、上市等方式实现规模扩张，做大做强。充分利用资本市场，优先支持符合条件的大中型名牌企业，通过联合重组、合资合作、股票上市、股权置换、债转股等多种方式加快名牌的创建工作；重点抓好资源整合工作，建设公共服务支撑平台。通过各部门、全社会的大力协作，为企业打造产业集聚、产业配套、产品集散、技术支持、资金支持和人才保障的综合平台，加快建设核心竞争力强、可持续发展的特色产业基地。充分利用国家对有关品牌产品出口的扶持和发展政策，鼓励企业品牌产品出口，促进企业加快开拓国际市场。这里，关键环节是消费市场定位，要重点开拓大城市和国外的高端市场，培育高端消费群体，让西宁继续承载青海的美丽与梦想，通过市场开拓、资源整合来实现青海的品牌创造，这是西部大开发赋予西宁的使命。以西宁市场为基地，用特殊政策、专项资金组织科研攻关，推进特色名牌发展战略。创名牌的关键是技术创新，因此，要发挥西宁的人才、信息、技术、资金市场优势，按照产业分工，建立几支科研队伍，用特殊政策、专项资金、市场机制引进一些外地专门人才，内外结合，按照科研攻关的组织方式，分别对藏医药、高原保健品、乳品、肉牛羊、太阳能、青稞酒等特色优势资源产业进行专题攻关；为特色产业中的1~2家龙头企业提供科技支持、融资支持，政府与企业联手解决特色产品问题。这里，重点工作是技术研发、资源整合、资金支持。关键环节是按照产业化发展的思路，通过市场的资源整合（基地资源、技术研发和资金），支持龙头企业的发展，充分发挥龙头企业的品牌创造和市场带动作用。引导企业把提高技术创新能力、提高产品质量和完善企业管理作为创名牌的重要基础工作和根本途径。推动企业建立现代企业制度，引进现代管理思想，采用先进管理方法，建立科学、规范的管理制度和运行机制，提高企业经营管理水平和品牌经营能力；鼓励企业积极采用科学质量管理方法，大力推行 ISO9000 等先进的质量管理和质量保证体系，并结合企业实际推行全面质量管理方法，建立和完善质量改进的激励机制；建立健全科学先进的产品标准体系，积极采用国际标准，支持企业按照国际标准组织生产。为研究和跨越国外技术性贸易壁垒，企业要积极采用科学的计量管理方法和先进的计量检测手段，完善计量检测体系，开拓国际市场，推进名牌产品的国际化进程。

2.2.4　创造高原大都市良好的市场环境

维护经济秩序是政府推进名牌战略的重要组成部分。政府要制订切实可行的措施，对假冒伪劣要依法严打、标本兼治，从创名牌产品、名牌市场做起，杜绝扰乱市场经济秩序的行为发生。在目前市场监管职能细分的情况下，质量技术监督、工商、食品药品监管、卫生、农牧、商务、公安等部门要按各自职能分工，进一步完善统一的打假协调机制，严厉打击各种假冒名牌产品和侵害知识产权的行为，加大对名牌产品的保护力度，为企业推进名牌战略建立一个良好、公平、公正的竞争环境。充分发挥新闻媒体的作用，广泛宣传有关名牌效应，推动名牌战略的实施；指导和帮助企业做好品牌宣传策划，扩大西宁市名牌的知名度和影响，引导群众识别和抵制假冒伪劣产品，设立西宁市名牌专栏，重点介绍名牌战略、名牌产品、名牌政策、名牌信息和名牌企业网站，集中宣传青海品牌。打击假冒伪劣，制定扶持政策，营造市场环境，激发企业的内部动力，弘扬民族精神。在重点建设投资、科技和教育投资、基础设施建设、地区经济圈的形成等方面创造实施名牌发展战略的优良环境，制定名牌战略，组织和协调名牌产品的评价、确认和名牌产品的管理工作；推荐中国名牌和青海名牌产品，营造创名牌的舆论环境，大力宣传名牌产品，树立正确的舆论导向；利用国家、省、市现有政策，给争创名牌的企业以政策支持，制定名牌产品奖励计划，提供争创名牌活动的经费支持，为名牌产品企业提供科技咨询服务，为企业产品研发和其他科研活动提供人才和信息支持；为企业购买“发明专利”或“专有技术”提供政策支持和服务，促进“高科技”、“高成长性”名牌产品的迅速形成。对西宁市名牌产品实现税收指标的监控与考核，要按照国家有关政策给予争创名牌的企业以政策支持。政府有关部门要收集名牌产品的市场反馈信息，为企业对名牌产品的宣传提供政策支持，监督和保护名牌产品及商标，为名牌产品参加国内外展会提供政策支持，促进名牌产品走出国门，更多地参与国际市场竞争。倡导和促进绿色、生态、环保产品的形成和发展，着力打造农牧产品加工龙头企业。发挥各行业商会、异地商会、协会对名牌产品的扶持与各类信息的反馈作用，通过行业协会的信用评价功能，利用财政和其他社会资金建立龙头企业和产业基地农户贷款担保机制，用担保基金撬动金融资金，为企业创青海名牌提供金融支持。

2.3　西宁的郁金香节

2.3.1　西宁举办郁金香节的来历

青海是郁金香的故乡。两千多年前，郁金香由青海传到了地中海沿岸和中亚细亚。16世纪，一位驻土耳其的奥地利使者，将其带入欧洲，由此郁金香风靡全球。1977年，荷兰女王贝娅特丽克丝访问中国时，将郁金香赠送给了中国人民，从此，郁金香又回到了中国。从1989年西宁举办郁金香展开始，郁金香已经成为与西宁市的市花——丁香齐名的赏花品种。从2002年开始，每年5月的第一个星期，西宁都要举办一次为期一周的中国·青海郁金香节，由青海省人民政府主办，西宁市政府承办。郁金香节坚持“构建和谐青海、和谐西宁，以花为媒，广交朋友，突出特色，集聚人气”的指导思想，以“塑造‘天路’起点新形象，宣传青海，宣传西宁，提高中国夏都知名度”为目标，高唱“高原之花、中国夏都”的主题，通过开展旅游、商贸、文化、娱乐等丰富多彩的大型活动，展示高原丰富的矿产、中藏药资源，独特的旅游资源、风土民情、地域文化，促进经贸合作，推动旅游、文化、商贸、特色产业的发展。

插图2-4　西宁盛开的郁金香

2.3.2 郁金香节是展示高原文化、繁荣西部商贸的大舞台

青藏高原是一个令人神往的地方，西宁是东方郁金香的故乡，高原独特的气候环境为郁金香的生长繁育提供了优越的条件。五月，郁金香在这片神奇的土地上独显优势、大放异彩，色彩缤纷的郁金香将装扮夏都最艳丽的春天。第一，突出展示青藏高原丰富的物产，体验高原文化。青海地处青藏高原东北部，具有高原常年积雪、高寒缺氧、气候多变、干燥多风、日照时间长、紫外线强、昼夜温差大、空气纯净度高、光合作用好等独特的高原自然条件，从而使得青海的动植物资源具有得天独厚的优势。第二，突出西宁商贸中心地位，促进经贸合作。在历史上，西宁一直是青藏高原与中原的交通中转站、东西商贸大都会。如今，西宁作为内陆开放城市、青藏高原唯一一座人口超过百万的中心城市，移民城市，多民族聚居、多宗教并存的省会城市，旅游城市，园林绿化先进城市，其地位更加突出。第三，突出特色旅游资源，组织丰富多彩的花节活动。郁金香节除举办大型文艺演出外，还在西宁国际级经济技术开发区的生物园区、城南新区、市区中心广场、新宁广场以及东川工业园中心广场等多处地点举办各种精彩的文艺演出和特色文化活动。同时，盆景奇石展、玉树藏族歌舞表演、黄河艺术团表演及多项群众文化活动也将在花节期间竞相上演。郁金香节已经成为全市人民欢乐的节日，广大市民更加热爱自己的城市，自觉维护这座城市的形象，美化这座城市的环境，宣传这座城市的品牌，共同营造这座城市的和谐，增强这座城市的活力和魅力。通过多年连续举办郁金香节，郁金香已成为西宁的形象代表，是西宁与世界沟通的桥梁和世界了解西宁的名片。郁金香节已经成为展示青海人精神的窗口，成为青海扩大开放、促进对外交流的舞台。第四，宣传西宁的城市品牌。青海郁金香节借助中央直属媒体、中国主流媒体、海内外重要媒体的力量，通过电视、网络、报刊等专题采访报道，宣传了青海、宣传了西宁，进一步提高了西宁城市品牌的知名度和美誉度。各大公园、绿地广场、主要街道、十字路口、沿街门店、临街企事业单位、车站、飞机场及各主要宾馆酒店花坛景观的布置，绿化、美化、亮化等装点工程，使五月的西宁色彩纷呈。2007 年郁金香节期间，西宁市各主要景区共种植了郁金香花 140 多万株。在全市各大公园、广场、主要街道 60 余处摆放大型盆花景点作品，在西宁市城区主要大街摆放 1 000 多个造型别致的木制工艺花盆，花草 100 多万盆，营造十几条花街。一般年份，郁金香在 5 月 1 日至 10 日可达到盛花期，夏都·西宁在这个时候会成为郁金香花的海洋，变得多彩亮丽。

2.3.3 郁金香节期间的各项活动丰富多彩

西宁市各旅游观光景区和商贸活动专区、西宁国家级经济技术开发区的生物园区、城南新区、中心广场、新宁广场等地都有精彩的文艺演出和其他文化盛会。如 2007 中国·青海郁金香节开幕式在西宁经济技术开发区（国家级）生物

科技产业园区藏医药文化博物馆广场举行，以“相约夏都”的大型文艺演出拉开中国·青海郁金香节的帷幕；5月6日，在西门口体育场举办郁金香节闭幕式，由中央电视台为郁金香节举办大型录播歌会演出——“欢乐中国行”。与此同时，依托青海特色资源优势，5月1日到4日，在城南新区国际展览中心举办青藏高原中藏药品、保健品交易博览会和青海地方名优特色产品展销会；同时，举办“中藏药、保健品产业以及地方名优特色产品”论坛和企业家座谈会，举办项目洽谈活动、签约仪式等，开展商贸活动，拓展西宁市场。有30多个国家和地区的商贸代表团参加郁金香节的两个展会；国内兄弟省市政府代表团、商贸代表团、旅游团以及青海省六州一地和青海周边地区的政府代表团、商贸代表团同时参会、参展。为让国内外的朋友认识青海、了解西宁，展会把西宁市和全省的各类龙头企业的主要产品摆上郁金香节的展台，重点国家级龙头企业特装展示。在国内外享有良好声誉的青海藏羊集团公司生产的手工藏毯，融合了中国、印度和尼泊尔的宗教艺术精华，形成了具有独特藏族艺术风格的珍品，不仅弘扬了藏民族文化，促进了藏毯产业的发展，也推动了中国地毯业走向国际市场。青海雪舟三绒集团生产的牛绒、羊绒、驼绒制品远销海外。青海天露乳业有限公司、青海江河源农牧科技发展有限公司、青海裕泰食品有限公司、循化天香辣椒公司、青海开心源食品有限公司等一批知名企业都参加了郁金香节的展会。2007年的两个展会共有440多家国内外企业参展。在东川工业园区组织以“车贷宝，演绎精彩生活”为主题的车展；在省博物馆举办房产交易会和城市规划展示。推出青藏铁路顶级旅游线路和其他精品旅游线路。在主要景区景点开展丰富多彩的文艺、体育、娱乐等活动，如大型群众摄影展、民间曲艺、皮影、湟中农民画展、广场文化等。市内各大宾馆、饭店推出地方风味美食展和优质服务活动。在花节期间，不仅可以看到绚丽多姿的郁金香，而且还能欣赏到民族歌舞、民族服饰表演；品尝地方特色小吃，体验高原美食文化。节会期间，还组织了系列商贸洽谈活动，推出一批涉及青海和西宁农牧业产业化、特色资源开发利用、城市基础设施建设、第三产业发展等方面的项目。青海人以“成就您的事业，建设我们共同的夏都”为理念，在这个时候盛装欢迎国内外客商观光考察，在青海这片热土上寻找商机。

2.3.4 突出特色旅游资源，组织丰富多彩的花节活动

郁金香节已经成为展示青海人精神的窗口，成为青海扩大开放、促进对外交流的舞台。西宁正处于加快发展、富民强市、全面建设小康社会、构建和谐西宁的关键时期，西宁需要进一步扩大开放，以更快的步伐走向世界。青海人真诚地欢迎海内外的新老朋友们，走上高原，走进夏都，在天路起点，领略高原郁金香风韵。勤劳、善良、淳朴、豪爽的青海人，热情奔放的高原小伙子和美丽的草原姑娘手捧洁白的哈达、醇香的青稞美酒、载歌载舞，欢迎国内外宾朋的到来。五

月上旬，只要你来到高原都市西宁，你就会在郁金香花的海洋里、在民族歌舞声中尽情地品味、感受“夏都”的神韵、不一样的风情。

插图2－5　西宁郁金香节

3　支撑名牌发展战略的西部区域市场

3.1　创造自己的品牌

名牌产品是企业的巨大财富，凝结了企业职工甚至企业几代人的心血。拥有名牌，就意味着拥有别人所没有的市场份额。在消费者心目中，名牌就是最好的质量承诺。创造一个名牌，将意味着同时创造出一个品牌、一个明星企业、一座明星城市；品牌既是企业的名片，也是地方的名片。树立新青海意识，抓品牌建设，实施青海名牌发展战略，是青海经济起飞的必由之路。

什么是名牌？名牌＝知名度＋信誉度＋科技含量＋市场规模。

一个产品没有品牌，也就没有消费者层面的心理感受，企业获取竞争优势的唯一手段就是价格。在产品出现“同质化”的时候，只好采取降价策略，降价的结果是永远没有创品牌的基础。青海的许多特色资源产品存在这种危机。市场上杀价的结果意味着企业只能进行低水平的简单再生产，或者“贴牌”生产赚取加工费，这样利润很薄，很难持续经营。西部很多资源性产业的产品大多处于这种状态。创名牌的基础在企业，涉及的问题很多。世界上只有一个青藏高原，高原特有的资源和产品特有的品质为青海品牌发展奠定了基础。发挥西宁市的市场优势和龙头带动作用，可以支撑青海名牌发展战略。

以企业为主体，运用各种扶持政策引导和培育名牌产品。企业是创名牌的主体，要立足于企业的发展和提高综合竞争力，积极引导企业进一步增强品牌意识，充分认识创名牌的意义，把实施名牌战略摆上议事日程，全面分析自身创名牌工作的现状，以市场为导向，从企业的实际出发，灵活运用品牌延伸战略、借船出海战略、优选集中战略、核心技术战略、品牌全球化战略等创新品牌。要推动企业技术进步，在名牌的宣传、培育、评价中，着力引导企业提高技术含量，加大研发投入，提高自主创新能力和核心竞争力。同时，要发挥行业协会的作用，做好创名牌的基础工作。一是建立健全行业协会，发挥行业协会的产业规划、信息交流、信用评价和市场引导作用。结合行业特点，以行业内具有一定规模效益的企业为主要成员，组织发动行业内的企业，认真总结、分析行业发展趋势，通过项目联合、技术引进、技术开发、技术改造和质量管理等手段，研究制定名牌产品培育发展计划。二是引导企业狠抓企业的基础管理工作，积极引导和推动贯彻实施 ISO9000 质量管理和质量保证国际系列标准，每年制定并组织企业实施“宣传质量标准、完善计量检测和落实质量管理”的计划，加强对实施“计划”企业的咨询服务和指导。三是根据政府的有关产业政策，组织业内企业分析生产状况和市场动向，研究本产业发展重点，协助企业提出和落实名牌产品的规划，为企业在产前、产中、产后和营销等方面做好配套化的信息与技术服务，增强企业技术开发能力，为企业创名牌产品注入新的技术活力。推进特色名牌发展战略要借鉴兄弟省市和品牌企业的成功经验。在品牌建设中，不能急于求成，更不能依靠行政机制由有关部门、地方政府组织评选名牌。各级领导在公务接待活动中要选用青海特色品牌产品，亲自向内地和国外朋友宣传青海特色品牌产品。

3.2　让西宁形成具有高原特色魅力的品牌城市

3.2.1　打造西宁旅游中心和商贸中心城市品牌

在缺乏产品品牌的情况下，全力打造西宁的城市品牌，使西宁更具高原都市的魅力。中国城市品牌的打造有两种模式：一是打造品牌城市，塑造城市整体形象。通过城市经营、规划、管理，进一步优化城市环境，再以良好的城市形象推动城市经济发展。例如，大连把经营城市作为突破口，将城市作为最大的产品来规划、设计、建设和经营，营造城市最佳投资环境和最宜人的居住环境，以城市的知名度吸引国内外商家来投资，吸引国内外游客来观光、游玩和购物，从而为城市的发展争取到足够的资金，带动了整个城市的经济发展。这种模式的发展需要有城市的区位优势和环境优势为前提条件。二是以城市生产的著名品牌产品为基础打造品牌城市，即先培育城市的知名品牌产品，再通过这些知名品牌产品打造品牌城市。例如，过去，青岛市工业名牌产品的声誉远远大于青岛的城市形象品牌。青岛啤酒通过青岛国际啤酒节努力寻找和塑造城市的个性。在有了企业名牌产品之后，青岛开始建设城市品牌，通过发展工业项目来吸引投资，通过产品的输出来获取收入，从而带动城市的基础设施建设和经济发展。这种模式可称为城市产品品牌经营模式，见图 3－1。

西宁是青藏高原唯一一座人口超过百万的城市，是消费者走进青海、走进青藏高原寻找青海名牌的市场平台。西宁在青海的区位优势明显、商贸文化积淀深厚。为充分显现高原城市魅力，在青海发展战略中让西宁先走一步，在省级各部门和全省人民支持下，唱响西宁，意义重大。为突出西宁在青藏高原旅游中心城市的地位，要对西宁进行旅游化改造，把西宁建设成为真正的夏都、高原开放之都、娱乐之都、多民族文化之都。

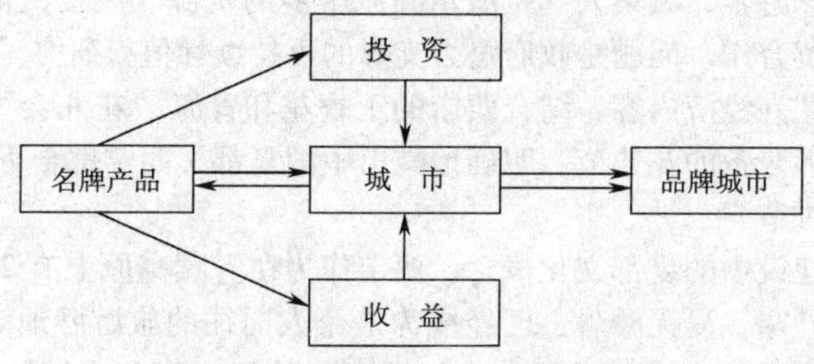

图 3-1　城市产品品牌经营模式

插图 3-1　西宁城市景观一瞥

3.2.2　唐蕃古道——西部市场的商贸品牌

“天路”起点的旅游替代：作为青藏铁路的起点，西宁已成为长途游客休整和逗留的理想目的地。“天路”直接连通青藏高原上最重要的两大城市。困扰“天路”的问题是票难买，不便利；铁路、航空运力不足，在旅游旺季，西藏的接待能力也有限。青海有丰富的藏区旅游资源，如果能进一步挖掘黄果树（黄南、果洛、玉树）、三江源旅游资源，就可以实现一定程度的旅游替代。关键是要进一步建设西宁的旅游市场，进一步畅通旅游交通，丰富旅游信息，引导旅游消费。

郁金香节作为一种花会经济发展模式，通过开展旅游、商贸、文化、娱乐等大型活动，招徕游客，聚集人气，展示高原丰富的资源、风土民情和地域文化，促进地区间经贸合作。问题是政府财力支撑的可持续性值得研究。如何进一步丰富郁金香节的花卉经济内容，结合西宁的丁香花和青海“花儿会”，把郁金香节变成有形与无形兼备的花儿节，明确地喊出中国夏都·西宁郁金香节，而不是中国·青海郁金香节。

旅游市场建设中的夏都文化概念：西宁作为在青藏高原上有 2 100 多年历史的古城，冬无严寒、夏无酷暑，已经成为最令人向往的旅游胜地。在此基础上，还要进一步丰富夏都内涵，强调古“丝绸南路”和“唐蕃古道”重镇概念，突出显示属于世界文化遗产的塔尔寺“艺术三绝”——酥油花、壁画、堆绣，藏汉团结、文成公主进藏的历史见证，中国黄土高原和青藏高原的分水岭——日月山等概念。

高原都市文化：西宁文化由农耕文化与游牧文化交汇而形成三大文化体系。即以儒家文化为核心的传统文化、以藏传佛教为核心的藏传佛教文化和以伊斯兰教为核心的伊斯兰文化。悠远厚重的历史文化积淀，形成了西宁独特的文化品格和与此相适应的市场内涵。土族是青海独有的少数民族，而互助土族自治县被誉为“彩虹的故乡”，有七彩互助的说法。因为，土族女性的服饰色彩艳丽，尤其是袖子，是用红、黄、蓝、绿、紫、黑、白 7 种颜色分段缝制而成的，分别代表太阳、大地、蓝天、生命、宇宙和阴阳，称为七彩袖。而土族的轮子秋是土族民间传统体育活动的代表。关于轮子秋，还有一个美丽的传说。在远古时候，土族祖先上天抓龙，想让它驾金犁，失败了；又攀上石山捉野牛套银犁，还是失败了；最后，只有驯服了黄牛，开荒耕地，种出了金子一般的青稞。在最后一车青稞捆拉到打碾场时，车翻了，车轮转个不停。两个娃娃忽然出现，唱起丰收歌。于是，土族在秋收结束后，形成了跳舞、唱歌庆祝丰收的习俗。去过互助土族风情园的游客在回忆时，都会自豪地说，我看到了轮子秋，我接到了土族阿姑的香包。“提起我的家呀，我家在循化，白汗褟青夹夹，名叫个尕撒拉。”一方水土养育一方百姓，这是循化撒拉族人的自白。撒拉族婚礼是国家非物质文化遗产，撒拉族的歌谣在他们婚礼上得到了充分的体现。撒拉族的“哭嫁歌”叫做“撒赫斯”，意思是解开辫子，改变方式。姑娘边唱边哭，缓缓退出大门，在门前的场院绕行三圈才骑马离开，情景凄婉动人。新娘到夫家后，送亲一方也要唱婚礼赞词，希望家庭和睦美满。源自生活的语言，真切的感情，听一听，都能直抵每个人的心窝。

环湖赛品牌：环青海湖国际公路自行车赛每年 7 ~ 8 月在青海举行。每年有来自世界五大洲的 20 支左右的运动队，100 多名运动员参加，比赛总距离 1 300 公里，平均海拔 3 000 多米，赛程 9 天。为使这项国际赛事健康发展，必须进一步丰富它的内涵：不把它只作为单纯的赛事，要在青海青少年中培养自行车车

插图 3－2　多民族文化

手，在中小学提倡自行车运动，形成青海独特的自行车运动文化。同时，在全民健身中倡导自行车运动，组织有群众广泛参与的联欢晚会，不断培育赛事的群众基础。

花儿会："花儿"是山歌型情歌，多是在田间劳动、山中放牧、赶车上路、河里淘金时，即兴顺口编唱的。在各地传统的群众性歌唱集会——"花儿会"上，你可以几天几夜尽情地去唱。"花儿本是心上的话，不唱时由不得个家。"青海各地的"花儿会"比较多，有的相传已有百年以上的历史。六月六的"花儿会"是民间的狂欢节，是汉、回、藏、土族等多民族共同参与的盛大民族节日，有很强的群众性，是以歌唱传播友谊和爱情的节日。"花儿"作为一种珍贵的民间文化遗产，具有浓郁的乡土气息和地方特色。“花儿”历史悠久、形式多样、曲调优美，是青海各族人民群众文化生活中不可或缺的艺术。如何使“花儿会”走进西宁现代娱乐市场，需要专业人士的策划和导演，走与其他节会结合之路，寻找现代歌会感觉。

多巴国家体育训练基地品牌：围绕多巴国家体育训练基地开展丰富多样的体育运动。开发体育健身服务市场、体育竞赛表演市场，大力扶持体育用品市场，积极发展体育旅游产业。这里需要通过引进各类专项运动队以及国家级运动队，丰富基地体育项目设施，拓展多巴国家高原训练基地知名度，引导体育走向市场化、产业化，形成高原体育品牌。同时，扩展基地体育休闲和体育娱乐建设，完善体育休闲和体育娱乐服务，提供以体育竞赛观赏、竞技比赛、电子竞技、各类体育专题吧、体育博彩以及极限体验等为主的体育娱乐服务和以运动后体能恢复、身体保健为主的运动康复、运动疗养等服务。挖掘和整理具有民族特色的传统体育项目，结合高原民族文化，推出高原特有体育运动。

3.3　以旅游和商贸为重点的现代都市市场体系

3.3.1　现代西宁的市场内涵

以旅游和商贸为重点，在商贸、餐饮、高原文化娱乐、信息技术服务、教育文化、藏医药保健等领域需要扶持业内龙头企业，打造以特色品牌为支撑的商业街，以地方特色小吃为支撑的餐饮街，以高原文化和开放城市理念为支撑的特色歌舞娱乐城。重点建成集大型演艺、餐饮、文化娱乐设施为一体的青藏高原艺术展示中心，集娱乐、演艺等为一体的大型综合娱乐场所。规范和引导市区的文化酒廊、咖啡茶座、酒吧等场所集中发展，让游客充分领略高原都市风情。关键问题是：作为旅游中心城市建设，要重点招商引资，打造龙头企业，不能小规模分散经营；要进行市场细分（本地市场和外地市场、本地消费者和旅游者），分不同消费群体、不同品位进行龙头企业建设。目前，本地居民休闲娱乐的农家乐市场发育很好；而内地和国外的旅游者更关注青海的自然风光与特色资源、民族风情与民俗文化体验。因此，需要做三件事吸引游客、留住游客：一是打造有规模的，能把有特色的民族风情歌舞、地方特色风味餐饮文化融为一体的餐饮娱乐中心和特色风味餐饮街。二是开发温泉保健资源，建设高原温泉保健、中藏药洗浴保健、大型民族歌舞演艺、民俗文化表演相结合的高原民俗文化度假村。三是要集中打造中心商务区，在中区核心地段建设民族文化商业步行街。作为旅游中心城市，要以商务与特色文化氛围的营造为重点，要把多民族的文化、特色产业、特色品牌产品在步行街集中展示并融入市场，使西宁对外地游客更有吸引力。

插图 3－3 西宁集贸市场：水井巷市场外景

3.3.2 丰富步行街商业文化

现代都市文化中的步行街概念在国内外著名城市建设中已经深入人心。建设步行街需要一定的消费人口基数和消费水平，要有人文历史的积淀和商业传统，与城市的商圈情况、经济发展状况、辐射力度和范围息息相关，因此，对市场基础、消费容量、消费水平进行分析非常重要。作为城市商业的窗口，步行街一个很大的功能是商业观光、地方名牌展示、购物和旅游，因此，要突显城市的地域文化、城市特色、商业文化、建筑文化、饮食文化。西宁步行街要以青海各民族文化为背景，以艺术长廊为创意，并以民族饰品精品展示厅为街区商业主题，多方式、多层次、多角度地展现丰富多彩的青海历史文化。联结大什字商圈和西门口商圈，建设西宁步行街，展示销售具有民族特色的手工饰品，带动民族饰品的生产和商贸交流，让世界感知西宁文化旅游产品的独特魅力。以特色商业街建设为基础，加强青海品牌推广力度，加快培育和发展商贸龙头企业。把特色商业街和品牌推广结合起来，引导流通企业大力发展特色化、专业化、品牌化经营，发展老字号流通企业，培育一批经济实力强、运营规范、发展潜力大、有知名品牌和自主知识产权、业绩突出、核心竞争力强的大型流通企业。

3.3.3 发挥西宁人才、科技、信息、资金优势，推进名牌发展战略

西宁具有人才、科技、信息、资金的市场优势。要使好的资源得到很好利用，技术创新是关键。要按照产业分工，建立几支科研队伍，用特殊政策、专项

资金、市场机制引进一些外地专门人才，内外结合，按照科研攻关的组织方式，分别对藏医药、高原保健品、乳品、肉牛羊、太阳能、青稞酒等特色优势资源产业进行专题攻关。创名牌的基础在企业，应该支持和鼓励优势企业通过兼并联合、资产重组、参股、控股、上市等方式实现规模扩张、做大做强。按照产业化发展的思路，通过市场的资源整合，重点支持1~2个龙头企业的发展，充分发挥龙头企业的品牌创造和市场带动作用。我们已经进入金融经济时代，可是，西宁的金融实力非常弱，政策依赖度比较大，市场仍然处在发育阶段，除国有控股的四大银行外，西宁至今没有一家股份制商业银行。保险和证券市场更是这样。在西宁城市品牌打造中，重点工作是吸引金融机构在西宁设立分支机构，政府的主要工作之一就是努力建设良好的金融生态环境，搞好社会信用体系建设。

3.3.4　品牌产品的市场化

从西宁市的市场结构来看。目前，在批发业中，大型企业占市场份额的76%，中小型企业占市场份额的24%；在零售业中，大型企业占市场份额的41%，中小型企业占市场份额的59%；在住宿业中，大型企业占市场份额的13%，中小型企业占市场份额的87%；在餐饮业中，大型企业占市场份额的19%，中小型企业占市场份额的81%。从商品销售的品种来看，旅游饰品等的份额微乎其微，具有很大的空间可以开发。在产品开发中，目前所谓的龙头企业太多太烂。省、市、区县、乡镇都在招商引资，都拥有特色资源，都在开发建设，作为龙头企业又都可以享受到某种形式的政策优惠。招商引资数目多了，真正的龙头企业就少了，也发挥不了龙头企业的品牌创造和市场带动作用。品牌产品的市场化涉及市场的承载能力问题，西宁本地居民的收入水平低，导致消费水平较低，本地市场价格低，生产加工技术较弱，缺品牌、没有名牌，好东西卖不了好价钱。关键问题是本地市场与本地购买力（收入水平）因素限制了品牌产品的价格空间，只有走出本地市场，开拓国内外高端市场，才能找到青海品牌的真正价值。

3.3.5　产业化发展中的资源整合

特色名牌产品发展战略中最关键的是资源的整合。资金支持下的资源和基地（科技）+龙头企业（研发）+市场开拓（内部和外部市场）是行之有效的品牌发展模式。重点工作是技术研发、资源整合、资金支持。抓好资源整合工作必须建设好公共服务支撑平台。通过各部门、全社会的大力协作，为企业打造产业集聚、产业配套、产品集散、技术支持、资金支持和人才保障的综合平台，加快建设核心竞争力强、可持续发展的特色产业基地；开发高端消费群体市场，让西宁继续承载青海的美丽与梦想，通过市场开拓、资源整合，实现青海的品牌创造，这是西部大开发赋予西宁的使命，也是科学发展观在青海的具体实践。

插图 3-4 西宁国际展览中心

3.3.6 建设西宁城市经济圈

城市经济圈是现代经济中的一个概念，由法国地理学家戈特曼首创。国内学者在 20 世纪 90 年代开始研究推广城市经济圈的理论。经济学意义上的“城市经济圈”是由一个具有较高首位度的中心城市和与中心密切关联且通过中心辐射带动的若干腹地所构成的环状经济区域。各周边城镇发挥自身的比较优势，按照市场分工和各地的资源禀赋，强化中心城市与周边城镇的经济联系，经济发展辐射到农村地区，带动农村地区的发展，实现城乡经济发展一体化。在充分发挥资源优势和经济优势的基础上，通过经济圈内城市和农村经济运行，实现资源共享、优势互补、共同发展，形成整体优势。城市经济圈按经济圈组织经济活动，有利于发挥中心城市的作用和综合优势，有利于企业实行跨地区、跨行业的专业化协作，使整个区域的整体功能得到很好发挥。西宁城市经济圈的建设应当走“市场主导，政府推动”型的发展道路。城市经济圈的形成和发展是市场化的过程，要遵从市场经济规律，以市场为导向调整各种利益关系。西宁城市圈的建设一方面要注重中心城市市场本身对经济圈建设的龙头带动，同时也要在一定程度上保持各周边城镇的经济独立性。西宁城市经济圈是以西宁为龙头，由周边两小时车程范围内的平安、互助、民和、化隆、贵德、海晏、门源、大通、湟中、湟源 10 城镇构成的一个青藏高原城市圈。它实行以利益为纽带、以经济区域为单元，促进区域经济共同发展的思路。它不仅仅是地域面积的扩大，而是通过以市场为导向、以利益为纽带、以民间为主体、由政府积极协调推动的模式，使得各城镇协调分工，整合区内资源，解决同一产业的无序发展、同一资源的分散使用、同一品牌的相互模仿而形成的低水平重复发展问题，共同做强龙头产业。以市场为纽带，优化资源配置，重点抓好区域发展带动力强的资源型工业、服务业、旅游业，这对区域经济的发展壮大具有实质性的意义。以矿产资源、水资源、农牧业资源等为支撑，把周边城镇组合成城市经济网络，实现中心城市和周边地区经济协调发展，提高整体的市场竞争力。

依靠市场机制实施名牌发展战略，必须依靠西宁作为青藏高原区域性、现代化中心城市的龙头带动，充分挖掘西宁的市场资源，引导工业和农牧业的发展。西宁市场的龙头地位离不开金融支持，必须形成比较发达的金融市场体系，使市场参与者能够便利地利用特色优势资源和金融资源。发挥政府财政资金的带动作用，依靠中央政府支持，积极发展农牧业保险、养殖担保，引导社会各路资金建设西宁各类市场。以品牌市场建设为核心，实施名牌发展战略。第一，充分发挥行业协会在行业自律、信用评价、自我服务、市场开拓、融资担保等方面的作用，探索各种形式的融资担保机制，引导金融机构的网点建设和信贷投放。通过公平竞争，提高企业经营管理水平和品牌经营能力，鼓励企业积极采用科学质量管理方法，建立和完善质量改进的激励机制。省、市政府要通过行业协会的信用评价机制，加大对龙头企业的金融支持，积极创造条件，设立青海特色优势产业发展基金，为龙头企业品牌创造提供资金支持。第二，推进特色名牌产品发展战略，借鉴兄弟省市和品牌企业的成功经验。领导亲自向内地和国外朋友宣传青海特色最直接、最有效力。因此，各级领导在公务接待活动中必须选用青海特色品牌产品。第三，在品牌建设中，不能急于求成，更不能依靠行政机制评选名牌。名牌是在激烈竞争中成长，在市场上久经消费者考验的产品，有市场的良好评价和消费者的认同，而不是由有关部门、地方政府组织评选的。名牌评选制度容易受条条块块和各自利益的干扰，从而使评选出来的名牌可信度大打折扣，我们要从众多评选名牌产品的案例中吸取教训。

3.4 建设西宁青藏高原区域金融中心

3.4.1 西部区域金融中心

西部大开发与金融发展对青海来讲，就是要努力把西宁建设成为青藏高原区域金融中心。当前，西部大开发的资金渠道主要包括：长期建设国债、中央财政转移支付、国家专项投资、国家预算内资金、政策性银行资金、商业性银行资金、直接融资资金、政府对口支援资金及企业合作资金、外商直接投资、地方财政性资金。现有西部大开发资金渠道的局限性在于西部地区基础设施短缺、生态条件脆弱和社会事业落后的状况仍没有得到根本改变，渠道窄，缺口大，现有资金渠道中中央财政性资金投入大约占全部资金投入的43%，其他资金渠道投入比重较低。在西部地区财政存在大量的赤字、效益较好的企业不多的情况下，自筹资金的能力和利用银行贷款的能力有限，金融机构为了控制风险，总是力图缩短贷款期限。近年来，国有银行纷纷提出“双大”、“双优”和“中心城市优先发展”的信贷战略，大型商业银行逐步从西部地区削减营业网点，股份制商业银行、外资银行和地方金融机构在西部地区的分支机构很少，这就难以满足不同规模和信用水平企业的融资需求，抑制了西部地区企业发展。西部地区企业上市的速度将越来越慢，与中东部地区的差距越来越大。西部地区由于距离港口远、基础设施条件差等多种因素，对外资吸引能力弱。区域金融中心首先是区域经济中心、信息中心和人才中心。从市场的角度来看，要有产权交易市场、金融市场、商品交易市场、农副产品市场、人才市场等多个市场体系。香港之所以是世界金融中心之一，其中一个重要原因就是香港是国际性银行代表机构最集中的地方。西安、成都、重庆以及兰州、呼和浩特都在打造各自的金融中心，都为自己的城市提出了成为西部金融中心的目标。实际上，西部金融中心是在经济改革与发展的过程中，结合本地优势，不断整合资源而形成的。把西宁建设成为青藏高原区域金融中心，第一，要有建立金融中心的战略目标规划，吸引各类金融机构在西宁设立分支机构和营业网点，在现有的条件下，积极争取股份制商业银行、证券公司、保险公司、信托公司和其他金融机构在西宁设立分支机构。第二，要整合地方金融资源，把发展地方金融机构作为金融业发展的重点，大力培植地方金融机构成长，加快西宁城市商业银行重组，力争在较短时期内打造一个立足青海、面向西部的地方股份制商业银行，促进以西宁为中心的区域性金融中心的建成。同时，要积极改革和发展好农村信用社，抓好农村金融组织创新，在改善农村金融服务上取得新突破。农村信用社要不断完善产权制度、组织形式和内控机制，逐步形成对农户和农业企业的投入，发挥好农村金融服务主力军的作用；积极做好农村地区银行业金融机构准入试点工作，争取在农牧业基础良好的县乡设立新的金融机构，提高农村金融服务水平。第三，加快金融生态环境建设，改善投资环境。加快推进信用担保体系建设，在有效缓解中小企业融资难上取得新突破，包括建立和完善全省信用担保体系，成立省中小企业再担保机构，省财政从相关专项资金中调剂部分资金，增加政府注资，壮大担保实力。建立中小企业风险补偿基金，重点支持中小企业担保公司的发展。建立青海产业发展基金，完善中小企业融资服务体系。由于东西部经济发展的不同特点，西部地区商业性金融机构可用资金较少，获利空间较小，经营金融业务的成本高于东部，因此，在统一的利率政策下，其边际收益低于东部。这样，商业性金融机构不愿进入西部。相对而言，西部投融资项目周期长、资源开发的基础条件不如东部地区，金融机构的盈利性受限制，商业性金融和外资进入的内在动力不足，因此，要积极争取中央政府财政投资和政策性金融投资，加强扶贫贴息贷款管理，引导商业金融和外资发挥作用，包括在西宁探讨实行东西部有差别的存款准备金政策、扩大再贴现和再贷款业务、实行东西部差别贷款利率、降低西部金融机构的市场准入条件等。要区别政策性金融、商业性金融和财政资金的不同性质，建立相应的财政金融支持机制。第四，发挥市场优势、信息优势，提升利用资本市场发展青海经济的水平。

3.4.2 西宁建立青藏高原区域金融中心建设的基础与条件

西部大开发离不开资金的支持，对于西部的农民、农业和农村问题而言更是如此。如果没有一个有效率的融资机制来动员资金并形成资本，西部经济就很难发展。西部大开发给青海带来了机遇，也为青海带来了新的希望。充分利用国家对西部经济社会发展的优惠政策，落实科学发展观，提高人民的物质文化生活水平是关注青海的有识之士的共同使命。资源开发是发展青海经济的基础。

插图3-5 西部风情，黄河源头的纪念碑——牛头碑

在寻求有效率的、具有西部特点的融资机制过程中，政策性金融发挥着十分重要的作用。通过国家对重点项目的投资和政策性银行的信贷引导，商业金融同样是可以有所作为的。如果没有政策金融的引导，没有有效的融资机制，在现有体制和商业金融运行规则面前，各金融机构就不愿意在西部、在农牧区开展业

务。对“三农”问题而言，放松管制是农村金融发展的必由之路；商业化改革解决不了西部农村金融服务问题；农村金融服务的发展前景只有依靠农村金融的自主创新，依托于农村经济发展的内在需求，根据各具特色的农村经济运行机制的特点，依靠农民的创新精神、尊重农民的自主意识，才能找到新的发展方向。

设计农村金融服务模式不能照搬国外的理论和模式，也不能依据计划经济思维搞“一刀切”，必须因地制宜，结合本地农业生产和农民生活的实际，让农民参与设计改革路径。农村金融服务的改进只有农民的参与，按照中国政权组织形式和农村合作经济组织方式，进行金融制度、金融机构组织、金融服务产品的创新，农村金融才会有光明的前景。

农村金融的供给方和需求方的市场错位说明农村金融服务存在基本的制度缺陷，西部大开发迫切要求金融服务的制度创新。

青海经济基础薄弱，非常需要金融支持。2006 年年末，青海金融机构本外币各项存款余额 903.72 亿元，比年初增加 166.71 亿元。其中，企业存款余额 278.66 亿元、城乡居民储蓄存款余额 409.84 亿元，分别比上年年末增长 25.9% 和 16.2%。人民币储蓄存款余额 406.27 亿元，比上年年末增长 16.4%。金融机构本外币各项贷款余额 729.83 亿元，比年初增加 88.81 亿元。其中，短期贷款余额 210.89 亿元、中长期贷款余额 499.13 亿元，分别比上年年末增长 11.8% 和 14.8%。短期贷款占金融机构全部人民币贷款的余额比重较低，与全国短期贷款占全部贷款的比重相比，青海在平均水平之下，资金供需矛盾十分突出。金融机构应该在改善基础设施建设，支持特色优势产业发展，支持几个重点龙头企业的产品和技术研发、市场开拓、品牌创造上下工夫。

从青海保险市场来看，2006 年保险公司保费收入 8.72 亿元，比上年增长 11.0%。其中，寿险收入 3.82 亿元，增长 6.2%；财产险收入 4.27 亿元，增长 15.1%；健康险和意外伤害险收入 0.63 亿元，增长 15.6%。年内各类保险赔付额 3.12 亿元，比上年增长 0.3%。其中，寿险给付 1.07 亿元，下降 3.3%；财产险赔款 1.85 亿元，增长 4.8%；健康险和意外伤害险赔款和给付 0.2 亿元，下降 15.7%。可以看出，青海本地的金融资源十分有限，建设西宁区域金融中心必须依靠本地资源优势，吸引外部资金的投入，包括国家重点投资项目的建设投资等。

2006 年以来，我国资本市场进入了一个新的历史发展阶段，西宁应当抓住这个机遇，利用市场优势、信息优势，提升利用资本市场发展青海经济的水平。从青海资本市场的发展水平来看，目前还处在初级阶段，全省只有 11 家上市公司。由政府联合其他资金设立产业发展基金，鼓励和支持中小企业、民营企业上市融资。当前重点是要整合优势资源，加大上市资源培育力度。特别是要正确处理局部利益与全局利益、眼前利益与长远利益、个人利益与国家利益的关系，坚决摆脱既得利益的束缚。帮助已上市的公司并购重组、定向增发，实现产业整合，提高公司质量。形成国内外多种所有制金融机构共同发展、功能互补、覆盖广泛、竞争有序的金融组织体系；基本建成货币市场、资本市场、保险市场和产权市场协调发展，间接融资和直接融资互补，融资功能和服务功能相统一的金融市场体系；基本建成高效开放，创新活跃，与全省经济相互促进、共同发展的现代金融体制和运行机制；基本建成信用征集、评估、担保等功能完善的社会信用体系。完善和发展金融组织体系，使西宁的高原都市市场对金融机构有吸引力，对企业有吸引力，对创业者有吸引力，对资金有吸引力。努力吸引国内外知名金融机构到西宁设立分支机构，积极培育和鼓励民营经济进入金融服务业。完善和发展证券公司、保险公司、信托投资公司、租赁公司、财务公司等各类非银行金融机构和典当行、担保公司、评估机构等各类金融中介组织。培育和发展地方资本市场，加大培植本土上市公司力度，推进金融创新，重点拓展项目融资、企业债券等业务。引进和发展金融咨询服务公司，促进银行、证券、基金、信托、保险、融资、租赁等现代金融服务业科技水平的提升，提高资金周转速度和资金使用效率。建议国家有关部门对在西部欠发达地区开设金融机构减免税收，并借鉴美国《社区再投资法》的做法，对经济欠发达地区银行业金融机构的资金使用进行法律约束，如规定在欠发达地区吸收的资金必须按照一定的比例通过贷款或其他形式返还给欠发达地区，避免将欠发达地区的资金通过上存、拆借等形式转移到发达地区。通过体制创新，形成以政策性金融和商业性金融为基础、农村合作金融和地方金融为主体、民间金融为补充的新的农村金融体制；通过机构创新，形成适合农村经济发展特点的新的金融机构体系。积极发展地方性中小金融机构，延伸服务区域和范围。深化农村信用社改革，逐步组建农村合作银行和农村商业银行。拓展农村金融服务领域，加强国家开发银行与地方政府开发性金融合作，拓宽政策性银行业务品种，推动政策性银行更大程度地参与地方经济建设。在这一环节上，青海已经迈出了可喜的步伐，特别是国家开发银行加大了对青海重大基础设施建设和重大项目的支持力度。加大金融服务力度，还要借助政策性金融机构的金融支持，进行金融创新，引导其他各类金融机构加大对重点产业、行业、企业、项目的支持和服务，通过政策性金融的资金引导，协调好其他商业银行资金跟进。这种协调机制的建立是十分必要的，需要龙头企业、地方政府、金融主管部门、政策性银行、商业银行共同付出积极的努力。

建立西宁金融服务协调机制，提高金融服务水平。为此，必须做好三项工作：一是建立由人民银行西宁中心支行牵头、各家商业银行分管行长参加的西宁金融支持西宁经济发展协调领导小组，研究解决西宁金融市场发展中的重大问题和相关政策措施，制定金融支持高原都市的特殊信贷政策，引导金融机构的信贷投入。二是建立由政府牵头、各家金融机构参加的联席会议制度，加强地方与金融机构的沟通与联系，通报地方产业发展与金融服务、信贷管理的情况，研究金融服务和信贷支持方面的问题。定期组织金融机构和企业参加的“银企项目推介会”，密切金融机构与企业的联系。金融机构向企业介绍金融服务产品和知识，金融机构了解企业新项目、新技术、产品开发、技术改造以及生产经营等情况，共同研究企业生产经营中的信贷资金问题，使金融机构确立“以客户为中心、以市场为导向、以效益为目标”的资金营销理念等。三是创新金融服务产品和金融服务手段，适当扩大企业融资授信的范围和额度；结合客户实际进行金融辅导和融资信用培训，向企业介绍金融政策法规制度、金融新业务、信贷政策等，为企业提供个性化的金融服务；积极进行资产评估、收购兼并、资产重组、项目策划及项目融资、投资理财、基金信托、金融咨询、代理、银行卡、保管箱等中间服务；改进金融结算服务手段和方式，加快金融服务基础设施建设，加快资金清算速度，推广商业汇票和个人支票业务，为企业提供灵活多样、高效便捷的金融服务。

作为西部区域金融中心建设，应在以下几个方面作文章：第一，争取国家的政策支持，降低在西部设立分支机构或投资新建金融机构的门槛。第二，继续发挥政策性金融对西部金融的支撑作用，依靠政策性金融的引导，商业金融机构跟进。第三，在乡村银行试点基础上，发展农牧民互助合作性质的金融服务，引导农村的民间金融活动。第四，积极支持金融中介组织的发展。第五，为鼓励商业金融机构的进入，国家可考虑对在西部地区设立的金融机构减免税收，使其在西部运作同样有利可图，并且使西部资金不外流，能为西部所用。第六，在西部地区改进金融管理，把现有的人民银行县支行、银监办事处以及相关机构合并成农村金融服务管理局，负责县域金融服务的发展与监管。

3.4.3 西宁金融安全区建设

创建金融安全区实际上是社会信用建设的一个体现，其精髓就是树立个人和企业的信用观念。良好的社会信用不仅是建立规范的市场经济的保证，也是现代经济和金融正常运转的根基，更是衡量一个地区投资环境的重要标志。创建金融安全区是维护社会信用，促进市场经济健康发展的重要保证，也是改善社会投资环境、增加资金投入、加快经济发展的重要途径。实现经济的又好又快发展，离不开资金的有效投入，而增加投入需要有良好的投资环境。创建金融安全区，可以改善社会信用环境，规范金融秩序，消除金融风险隐患，从而形成良好的投资软环境。通过建设金融安全区，金融监管部门将进一步更新监管理念，严格监管制度，改进监管方式，强化监管手段，全面提升监管水平；金融机构将进一步深化改革，加强经营管理，改进金融服务，提高内部控制能力和自我防范风险的能力。同时，金融安全区建设也是提高社会诚信意识的重要载体。建设西宁金融安全区要发挥人民银行、银监局、保监局、证管办的职能作用，更新监管理念，创新监管方式，落实金融债权，宣传金融法规制度。充分发挥“银行信贷登记咨询系统”的作用，加强对贷款企业的信用状况和资金运营情况的监控，对企业进行合理公正的信用评级，维护西宁金融秩序。设立公开、公正、公平的信用等级评估机构，完善中小企业贷款担保体系和个人信用体系，增强全社会的信用意识，为青海发展创造良好的金融环境。争取国家投入、企业参与，动员社会资金加入，设立特色产业发展投资基金。

4 金融支持农牧业产业化发展的途径

4.1 设立青海产业发展投资基金

金融支持特色产业发展的途径有二：一是争取国家有关部门的支持，设立青海特色产业投资发展基金，如青藏高原旅游投资发展基金、柴达木循环经济投资发展基金、中藏药投资发展基金等。二是进行金融制度创新，通过金融机构的信贷支持特色产业发展。无论是矿产资源的开发与加工、水电资源的充分利用、旅游资源的重整和品牌打造，还是中藏药与农牧业的开拓与发展，必须走产业化发展的道路。产业化发展有着自己独特的规律，涉及的问题很多，有产业集群发展带动关联产业发展问题，有龙头企业带动发展问题，有城市经济带动发展问题。

4.1.1 产业投资发展基金

产业投资发展基金可以以青海的名义，也可以以某一个特色产业的名义。产业投资基金是与证券投资基金相对应的一种基金模式，产业投资基金是一种利益共享、风险共担的集合投资制度。产业投资基金在国外通常被称为风险投资基金，或是私募股权投资基金。一般是指向具有高增长潜力的未上市企业进行股权或准股权投资，并参与被投资企业的经营管理，在所投资的企业发育成熟后，通过股权转让实现资本增殖。产业投资基金起源于 19 世纪末，一些私人和银行家将富余的资金投资于石油、铁路和钢铁等行业。这种投资是以信托的方式出现的，这是产业投资基金最早的雏形。第二次世界大战后，美国、日本、德国等国家和地区相继出现了集合投资制度的产业投资基金。其中，以美国最为典型和发达。在民间投资欲望的强烈推动下，1958 年，美国通过了《中小企业投资法案》，建立了中小企业投资的投资公司制度，创业者通过此项制度可以获得资金，产业投资基金迅速发展。产业投资基金一出现，就迅速成为推动美国经济发展的“助推器”，大批企业，如微软、雅虎等知名企业通过产业投资基金的支持和培育而迅速成长为国际知名企业。青海有丰富的特色资源，但缺少资金，设立产业投资基金是一种明智之举。

产业投资基金有两种形式：（1）公司型产业投资基金。它是以股份公司形式存在的，基金的每个投资者都是基金公司的股东，有权对公司的经营运作提出建议和质疑。公司型产业投资基金是法人，所聘请的管理者权力有限，所有权和经营权没有彻底分离，投资者将不同程度地影响公司的决策取向，一定程度上制约了管理公司对基金的管理运作。（2）契约型产业投资基金。它是以股份公司形式存在的，投资者不是股东，而仅仅是信托契约的当事人和基金的受益者，无权参与管理决策。契约型产业投资基金不是法人，必须委托管理公司管理运作基金资产，所有权和经营权彻底分离，从而有利于对产业投资基金进行长期稳定的运作。由于管理者拥有充分的管理和运作基金的权力，因此契约型产业投资基金资产的支配不会被众多小投资者追求短期利益的意图所影响，符合现代企业制度运作模式。

产业投资基金是一种借鉴发达市场经济规范的“创业投资基金”运作形式，通过发行基金受益券募集资金，交由专业人士组成的投资管理机构操作，分散投资于不同的实业项目，投资收益按资分成的投融资方式。作为投资基金的一个种类，它具有“集合投资，专家管理，分散风险，运作规范”的特点。产业投资基金一般以实业投资为主，但也做一定比例的证券投资，以保持基金资产的流动性。产业投资基金区别于“行业基金”，其投资方向一般是跨行业、综合性的，要符合组合投资原则并且避免蜕化为某个行业的行政附属物。产业投资基金在我国西部资源富集地区可以发挥作用的范围很广，凡是符合国家鼓励发展并具有较好回报的产业，均可以运作产业基金这种形式进行投融资运作，解决开发资金问题。因此，发展产业投资基金在青海具有较强的现实意义。第一，有利于推进青海基础产业的快速发展。加快基础设施建设，是促进我国经济发展的必由之路，这带来巨大的资金需求，而目前国家财力和银行信贷难以满足。从世界发达国家来看，实现基础设施融资的证券化，特别是利用产业投资基金为基础设施发展融资是一条行之有效的途径。产业投资基金聚小为大，使基础产业的民众投资成为国家财政投资的有力补充，就可以配合国家投资，改变我国基础产业滞后的局面。同时，由于基础产业和基础设施是一种劳动密集型产业，因此可以吸纳大量的产业工人，缓解下岗职工的就业压力。第二，有利于促进高科技产业和新兴产业的发展。目前，转变经济增长方式，主要是依靠科学技术而不是依靠扩大规模来实现经济增长。高科技产业是充满风险的产业，依靠银行贷款来支持高科技产业有很大的局限性，而以创业基金的形式支持高科技产业是发达市场经济国家的通行做法。创业基金具有风险共担、收益共享的优势，是支持科技发展事业、提高产业领域的科技含量、实现经济集约化发展的有效途径。第三，有利于推动产融结合。由于青海缺乏资金，特色资源开发和优势产业发展难以做大做强，从而使得青海丧失再发展的市场机会。如果能借青海资源优势，并在产业基金的推动下再入市场，就可以焕发出巨大的生机和活力。第四，有利于优化资本市场结构，强化产权约束功能。在资本市场上，产业投资基金可以以股权形式为未上市企业提供融资，改善未上市公司的产权制度与内部治理结构，从而在青海依托资源优势，培植具有上市前景的股份公司。产业投资基金与证券投资基金的区别在于：前者以直接投资为主，主要投资于实业项目和非上市公司股权，通过对投资项目进行资本运营使基金资产增值；后者则是以上市公司股票和国债为主要投资对象，属于间接投资。当然，为了保持基金资产的流动性，产业投资基金也可以进行一定比例的证券投资，主要投资对象是流通性比较好的国债和金融债券，但一般都有比例的限制。产业投资基金能够提供新的股权融资的方式，减少部分资金密集型行业因对银行债务的高依赖而形成的风险。从市场影响看，产业基金主要投向特定行业的优秀企业，就必须有系列评判公司经营战略、专业水平、财务状况、核心竞争力和投资项目优势的指标。产业投资基金实施专业的管理和独立的决策，这对于建立和完善公司治理结构、引导企业的行为十分有益。产业投资基金既可以直接投资于好的项目获得投资收益，又可以随时介入多个项目保证主业的稳定增长；既可以进行全程投资，又可以进行阶段性投资，获得阶段性运作的收益；既可以对项目进行整体收购，又可以进行杠杆收购，以高财务杠杆效益来获取股权投资收益；既可以对特定行业的一级市场进行参与，又可以介入二级市场的交易；在资金空闲时期还可以投资于短期资金市场或进行证券投资，保证资金的安全性和流动性，从而体现资金的时间价值并实现收益的最大化。

4.1.2 青海特色经济的发展必须走产业化发展的道路

利用传统融资渠道，从金融机构获得信贷资金支持产业经济发展，必须进行金融创新。这里，笔者仅从金融的视角研究青海农牧业产业化发展的途径问题。毋庸置疑，青藏高原农牧业有着独特的自然条件，世界上只有一个青藏高原，根据国家产业政策，结合高原特色农牧业发展的实际和市场发展前景预测，青藏高原农牧业将会有一个良好的发展前景。但是，农牧业龙头企业不强不大、市场机制不健全、市场主体抗风险能力弱、金融支持受阻等制约了高原农牧业的发展。

农牧业产业化发展的思路是形成龙头企业（牵引市场）—养殖基地（连接市场）—种养殖户（面向市场）的产业链。为什么这个产业链在一些地方行之有效，而在另一些地区就不成功呢？从青海的实际状况来看，金融支持农牧业产业化发展的条件是具备的，青海的金融机构并不是没有资金，国家产业政策并不是不支持农牧业，西部大开发政策以及农村金融发展的方向是明确的，为什么农牧业贷款还这么难？问题出在哪里？金融支持高原农牧业发展的出路在哪里？究其原因是多方面的。笔者仅从农村金融服务的角度，结合青海经济发展实际，通过对国内外典型案例分析来探索我国西部经济发展中的问题，从而寻求农村金融服务的改善和制度再造。

4.2 农牧业产业化发展的基础和条件

4.2.1 农牧业的产业基础与特色

根据国家产业政策、高原特色农牧业发展的实际和农牧产品市场发展前景预测，青海省委、省政府提出了明确的农牧业产业化发展计划，充分利用国家支持农牧业发展的政策，通过奶业基地、肉牛羊基地和特色农产品基地建设，在政府引导、财政投入、金融支持、龙头企业带动、种养殖户参与下，发展订单农牧业，形成产业链。基于多年的农牧业生产经验，青海发展农牧业面临着天时、地利、人和的机遇。

国家金融政策鼓励金融机构向农牧业加大投入，并有一些优惠措施；商业银行的流动性过剩与农牧业发展资金短缺同时并存，建立资金良性循环机制的条件已经具备；向国家申请专项资金、财政支持奶业和肉牛羊基地资金、龙头企业配套资金、市区县财政配套资金、财政贴息资金和种养殖户贷款担保资金、市发展改革委和农牧局给种养殖户贷款担保的资金等作为风险基金（总计 3 000 万元左右），支持养殖基地建设。因此，立足西宁，以全省农牧业基地为依托，通过产业化经营引领青海现代农牧业的发展是根本出路。从农牧业产业化发展相对较好的西宁地区来看，近几年已探索出了切实可行的路子，积累了一些可资借鉴的经验。

4.2.2 西宁市城郊农牧业产业化发展基础良好

通过考察城郊农牧业产业化发展的基础情况，可以看出，西宁市辖区湟中县、湟源县、大通县、城北区农牧业发展基础良好，但缺乏金融支持。湟中县特色农作物种植基地基础良好。湟中县为加快农牧业产业化发展，近几年不断加强特色农作物种植基地建设、调整布局、优化种植业结构。2006 年，全县种植蚕豆 15.3 万亩、马铃薯 13 万亩、油菜 24.88 万亩、蔬菜 4.67 万亩，优势特色农作物种植比例达到 70.3%。建成了脑山地区杂交油菜、浅山及半浅山地区马铃薯、川水地区蚕豆和以多巴、拦隆口、李家山地区为主的蔬菜特色优势农作物种植基地。为引导农牧业生产经营走进西宁大市场，政府着力培育龙头企业，引导种养殖户和龙头企业签订单，解决产品的市场出路问题，推动产业化发展。加强农业生产和农产品加工企业之间的相互促动。全县共培育农牧业产业化龙头企业 57 家，其中，国家级 1 家、省级 4 家、市级 17 家、县级 35 家。与此同时，政府通过抓科技引进与创新、搞示范，提高良种化比例，积极建设千元田、科技示范区。加强科技培训，引进推广优新品种，努力提高良种化比例。以项目带动产业，以示范户带动一个村。增加投入，以项目建设为支撑，加强奶业基地、肉牛羊基地建设。

湟源县加强对奶业和肉牛羊基地建设。为鼓励农牧民养殖，以县乡政府担保的形式，加大对养殖户资金支持的力度。2006 年，全县农村信用社共投放养殖贷款 5 788 万元，投放农户 3 577 户。当年全县良杂奶牛存栏 3.2 万头，其中奶牛 1.96 万头，日产鲜奶 18.6 万公斤，年收入约 3 438.5 万元，贷款加农户投资总回报率达 59%。全县扶持牛羊贩运育肥户 4 589 户，投入周转资金 7 784.7 万元，累计贩运育肥牛羊 66.44 万头（只），实现收入 5 250.59 万元，贷款加农户投资总回报率为 67%。2004 年市、县财政共支持 200 万元，作为财政担保贷款的贴息。2005 年信用社投放养殖贷款 400 万元，支持 180 个养殖户，两年共贴息 8 万元。2005 年县财政拨款 21 万元（5 万元用于种植优良饲草籽种补贴；7 万元用于良种奶牛基地建设；9 万元用于畜疫防治）。2006 年县财政拨款 27 万元（8 万元用于畜种改良、冻精、液氮及器械补贴；19 万元用于防疫），解决养殖户关心的牛羊疫病防治等问题。

插图 4－1 青海万元工贸公司在湟中县的奶业基地的奶牛养殖场

制约农牧业产业化发展的问题：一是养殖企业和养殖大户多，但养殖龙头企业少，经营规模普遍小，缺乏带动区域经济的规模效应和实力。二是奶业和肉牛羊基地建设缺乏市场支撑，仅靠养殖户自身实现农牧业产业化非常困难。农牧业产业化发展需要政府、金融机构、龙头企业共同扶持养殖户。三是农业中介组织发展滞后，养殖业产业化发展的基础薄弱。湟源县有各类农村合作经济组织和专业协会 57 家，但大多数属于专业技术协会，一部分协会属于松散联合，发挥不了带头作用。四是龙头企业与农民的利益联结机制不够完善和规范。大部分龙头企业与农民的购销关系仅停留在“合同订单”形式上，对养殖户缺乏应有的技术指导、产销服务、共担风险机制。由于没有形成利益一体化，往往“奶贱伤农”，挫伤养殖户的积极性，养殖不稳定。这是制约奶业和肉牛羊基地发展的基本因素。

从以上的考察我们不难发现城郊农牧业产业化发展的经验与教训。分析得出的结论是：

第一，农牧民有强烈的发展生产的愿望，但自我发展能力不足，期望商业银行、农村信用社提供简便、快捷的贷款服务。现在养殖贷款额度户均在 5 000 ~ 10 000 元左右，不能满足奶牛养殖和肉牛羊生产在崽畜和饲料购买方面资金周转的需要，户均贷款额度应在 2 万 ~3 万元为宜；养殖户期望多提供低息或贴息贷款，现在的养殖贷款年利率为 9. 62%，每贷 1 万元，一年要支付近 1 000 元的利息，养殖户难以承受。

第二，农牧民期望与龙头企业建立利益共享、风险共担的契约机制。期望政府在扶持养殖户的同时，壮大养殖协会和龙头企业的实力，设立政府基金，减轻养殖户的负担。西宁市城北区二十里堡建有一个奶牛养殖基地、一个牛羊育肥带。2006 年奶牛存栏 1 762 头，鲜奶产量 2 683 吨；年育肥牛 1 236 头，生产牛肉 136 吨；年育肥羊 3 912 只，生产羊肉 178 吨；全镇奶牛养殖头数达 5 头以上的规模户有 50 户，育肥羊 50 只以上的规模户有 15 户。全镇养殖业有一定的基础，养殖户积极性也高，主要困难是资金问题难以解决。目前，养殖业发展资金主要以银行贷款和自筹为主。据不完全统计，截至 2006 年 3 月末还清贷款的有 183 户。贷款未还清的主要原因是：养殖业以家庭为主，规模小而分散，高风险，低效益，影响了还贷的积极性；畜产品价格市场不稳定，投入高，产出小，难以还贷；龙头企业收购牛奶款 4 ~5 个月才能结算，导致无法还清贷款；信用社实行“不还原贷，不放新贷”的方法，缺少了资金支持，无法还贷；养殖业贷款利息高，从 2005 年起，政府不再贴息，无法还贷；冬季牛奶销量大，供不应求，夏季销量不大，易变质，难存储，农户夏季收入低，影响还贷；部分贷款户不讲诚信，只贷不还，恶意拖欠。如湟源县申中乡庙沟村养殖协会，2002 年，政府实施西繁东育项目，政府支持力度大，农业银行、信用社也加大了支持力度，全村养奶牛 400 余头，另外还搞牛羊育肥。近两年，还款信誉度降低，农村信用社放贷力度减弱，无财政支持，加之市场因素，养殖业形成恶性循环。农业银行放贷资金周期 10 个月，年前正是收购牛羊的良机，却要还贷，3 ~4 月份放贷却错过了收购牛羊的最好时期。又如湟源县申中乡，该乡原是三级联保的试点乡，畜牧业发展较快，现在畜牧业收入在该乡农民人均纯收入中的比重占 50% 以上。现在农村信用社贷款手续繁杂，若当年 10 月办理的贷款，来年 3 月左右才能放下来。贷款周期短，与养殖业发展不相匹配。群众对贷款利率高的问题反映不大，主要是时限问题。政府三级联保中，县、乡、村层层办理手续也拉长了放贷时限。县上实行三级联保中出现的问题是，一涉及政府担保，群众的依赖性就大了，还款信誉度反而降低了。如湟源农村信用社2006年放贷7 000万元，50%收回，不良贷款占18%。又如大通县贷款利息10%，收益和利息比不合理。应放大贷款规模，简化贷款手续。大通县2006年支农资金1.3亿元，由于畜牧业基础差，规模小，品种单一，粗放式养殖，少复合饲料，缺乏周转资金。政府贴息无长效机制，贷款信用机制主要是大户抵押，设有协会但不起作用，主要是实行5户联户担保。

第三，养殖户对龙头企业的要求。湟源县申中乡庙沟村养殖协会与天露公司协调，建立公司与养殖户间的关系，建有2个挤奶站，天露收购鲜奶价格每斤0.85元，每斤低于市场价格0.50元，养殖户没有积极性。湟源县申中乡原来牛羊育肥、贩运做得大，但现在无市场，大部分都在做奶牛的文章，应该大力发展龙头企业，乡上还没有政府支持的龙头企业。大通县对农民提供优质复合饲料。鲜奶收购在最低保护价的基础上上浮。应以龙头企业和协会为载体，解决种养殖户贷款难的问题，继续实行5户联保的贷款担保机制。

第四，基层政府和养殖户对牛羊品种改良的要求。湟源县财政自筹难度大，支持力度就小，2006年所列支的60万元当中，还要顾及品种改良、优良品种的引进。良种奶牛购进应该是政府支持一块，金融贷一块，群众自筹一块，否则，养殖户风险承担能力太弱。金融机构贷款期限不合理，造成农村信用社贷款的沉淀。农村信用社贷款的期限通常为10个月，这与牛羊育肥的周期很不匹配，贷款周期较短。在贷款的同时，农村信用社发放贷款还存在政府干预的行为，贷款资金并没有发放到真正需要生产周转资金的农户那里。贷到款的农牧户不从事经营行为，无法如期还款，造成农村信用社贷款的沉淀。为推动畜牧业的发展，保障信贷资金足额投放，在牛羊育肥、贩运和养殖业中全面推行三级信用联保贷款。三级信用联保农业银行或农村信用社贷款由县政府、乡（镇）政府、村委会领导集体为农户西繁东育、自繁自育等效益较好的养殖和牛羊贩运所需贷款提供三级政府信用联保和借款户联户担保，每个借款户既是借款人，又是其他人的担保人，共同承担连带保证责任，即风险共担、利益共享，并承担连带保证责任的贷款。育肥贩运养殖短期贷款在运行过程中必须坚持“放得出、管得住、收得回、有效益”、“专款专用、稳健经营”和“有借有还、到期归还”的原则。贷款本金和利息由借款户按期足额向金融部门归还，县政府和有关部门在有可能情况下，争取资金，予以适当补贴贷款利息。

4.2.3 高原农牧业产品天然无公害，在全球市场有资源优势

青藏高原在国际上的地位是特殊的、神秘的，人们对它的认识在逐步加深。作为我国主要草原畜牧业生产基地之一，有可利用天然草场5亿多亩，发展农牧

业有得天独厚的条件。青海乳品和牛羊肉属天然饲养的绿色产品，在世界上是独一无二的。我们还没有挖掘出其真正价值，农牧产品的高品质与它在市场上的价格极不相称，好东西卖不出高价钱，结果是“一流的产品、二流的包装、三流的品牌、四流的价格”。西宁作为青藏高原省会城市的地位赋予它打造龙头企业、开拓国内外市场的使命，按照市场经济原则，扶持重点龙头企业，打造青藏高原天然无公害绿色农牧产品的优质驰名品牌。龙头企业在西宁有省内和国内外广阔的市场运作空间，目前已经有一些企业开始这种实践，如青藏高原绿色肉食品公司的“海拉里”牛羊肉畅销中东，并成为优质驰名品牌；天露乳业的“天露”乳品品牌价值逐年上升；循化辣椒、互助青稞酒等品牌的涌现已经展示了这方面的优势。

金融支持农牧业产业化发展要重点解决几个问题。一是要重点支持主要龙头企业发展。农牧业产业化发展的根本动力来自于龙头企业，它位于产业化发展链条的最上端，承担通过品牌创造消费市场、开拓市场和牵引市场发展的功能。目前，青海农牧业产业化发展的龙头企业规模小而分散，深加工利用程度低，社会化服务不配套，与产业化的要求差距大。奶牛和肉牛羊的品种亟待优化，养殖技术亟待提高，而这些问题靠一家一户的养殖户和众多的养殖小企业是解决不了的。以奶牛为例，一头进口花白牛，年产奶可达 8 吨左右，而一头当地牛只产奶 2 吨左右。对重点企业重点支持的含义一是指政府在制订规划和措施集中对生产加工同类产品的 3～5 家企业提供支持，既能保证同类产品的竞争性，又可鼓励其对小企业的兼并态势，二是政府组织人才和科研资源的重点公关，帮助企业进行技术研发和市场开拓。

二是要设计好金融支持农牧业产业化发展的有效机制。在西部地区，金融机构流动性过剩与农牧业龙头企业、种养殖户贷款难同时并存。一方面，国有商业银行信贷资金流向大中城市和能够迅速产生利润的领域，而农牧业是弱质产业，附加值相对较低，龙头企业不强不大，抵押担保贷款难。另一方面，银行业金融机构的商业化经营加剧了农村信贷资金的供需矛盾，特别是农村信用社的改革，由于历史欠账，一些农村信用社贷款呆账多、资金运用受阻，不得不使用中央银行再贷款，而贷款利率偏高，又增加了种养殖户的负担。贷款难与资金不能良性周转严重制约了农牧业的发展。因此，必须设计好金融支持农牧业产业化发展的有效机制。通过信用机制再造，对农牧业产业化各利益主体进行信用评价、设立担保基金、健全农牧业产业化发展中介组织，形成龙头企业、种养殖户、担保基金、商业银行、农村信用社（乡村银行）、保险公司和中介组织共同参与的融资机制和风险控制与缓释机制，支持养殖基地和龙头企业的发展。

三是要有财政资金的连续投入，不能断断续续。财政预算以一年为单位，而且涉及财政投入的决策机制以及决策人的更替，而产业化发展是一个长效机制。

这种长效机制与财政投入机制及地方政府的短期行为是有矛盾的。这种矛盾很容易造成产业链的断裂。在青海某地区“西繁东育”工程中，由于政府对种养殖户的3年贷款贴息计划实际上只执行了一年就减少了数额，有的地方甚至停止了地方财政的贴息贷款，结果导致提供贷款的金融机构（主要是农村信用社）40%的养殖贷款成了不良贷款。在财政配套资金的落实中，财政收入的缺口和不确定性，财政补贴以及财政配套资金不到位，财政贴息政策不连续，造成市场价格波动，出现部分养殖户杀奶牛、卖奶牛的现象，这是产业链条断裂的惨痛教训。县、乡、村三级政府信用担保往往很脆弱，如果政府信用担保无法兑现会严重损害政府信用。另外，政府出面担保也给一些贷款户造成了错觉。一些贷款户对自己的贷款到期能拖就拖，能赖就赖；有的把三级政府信用担保贷款当做扶贫贷款，借钱不还，政府的信用担保成了一纸空文，造成政府信用丧失。因此，必须设计一种机制，把财政资金的直接支持转变为间接支持，按照市场机制，通过财政资金来撬动金融支持资金，减少政府的直接信用担保。

案例4-1：青海“西繁东育”中的融资问题

青海省“西繁东育”项目工程重点扶持省内34 806户农牧民从事“西繁东育”、“自繁自育”、育肥贩运，促进了农业结构调整和农畜产品品质提高，为农业增产、农民增收打下了基础。“西繁东育”是通过政府引导、政策支持，在青海西部牧区大量进行牛羊繁殖，牛羊下崽后转移到东部农业区进行饲料育肥的养殖工程，是加快农牧业发展的好项目。农业银行发放扶贫贴息贷款和政策性扶贫贷款22.53亿元，支持解决了72 027户贫困人口的温饱问题。农村信用社积极推行小额信用贷款和农户联保贷款。建立农户经济档案24.16万份，评定信用村141个，受益农牧户12.19万户，累计发放贷款15.79亿元。2002年“西繁东育”向13个县和海东、西宁、海北、海南、黄南5个州（地、市）铺开。各项目所在县、区共落实贷款22 217.53万元（其中农业银行贷出5 778.59万元），完成贷款计划的150.77%。从数字上看，“西繁东育”应当是受广大农牧民欢迎的，发展前景很好。但通过对项目实施地区的现场考察发现，由于政府行为的主导，使得该项目运作形式单一，有些地方操之过急，在“西繁东育”中出现的融资问题使这一项目大打折扣。主要原因如下：

一是饲料价格不断上涨，养殖户利润下降，农牧户养殖积极性不高。自2004年下半年以来，全国饲料价格进行了5~7次调价，而青海的饲料生产企业在政府的要求下，为了扶持近年来逐步发展起来的养殖业，企业通过采取内部挖潜、增收节支、节能降耗和调整优化饲料配方等措施，充分消化吸纳原料暴涨的不利因素，力争保持饲料价格相对稳定，只进行了2~3次的调整，调整的幅度较小。但是，各种配合饲料价格上涨13%~25%，平均上调18%左右。饲料价格上涨使众多中小农户的收益下降，归还银行贷款难度加大。因粮食和饲料的涨价，特别是牧区牧民的承受力有限，购买饲料进行贮备，保护牲畜安全越冬过春受到影响。受到冲击的主要是没有饲料生产基地、靠配合饲料从事牛羊育肥的专业户和规模相对较大的奶牛养殖户。“西繁东育”户的育肥牛羊数量减少、规模下降，有些地方出现了宰杀或变卖奶牛的现象。

二是政府财政贴息撤销，造成银行贷款呆账增加。在还款方面，农业银行提供的是扶贫贴息贷款和政策性扶贫贷款，政府承担了一定的贴息和政策担保。这种贴息和担保与政府的财政预算和收入紧密相连。2003 年，青海省安排财政专项贴息资金 700 万元实施“西繁东育”工程。全年牛羊贩运育肥规模达到 220 万头（只）。“十五”期间，青海省计划每年安排 500 万元贴息资金在化隆、平安、循化、互助、民和、湟中、大通、湟源、门源、贵德等县实施。但是，从 2004 年起，在“西繁东育”项目中，政府的财政贴息就没有兑现，省、市两级政府仅提供了第一年的政府贴息，这对银行和农牧户无疑是釜底抽薪，加大了养殖成本。失去了政府的财政保障，农牧民养殖贷款缺少担保，贷款成本增加，难度加大，结果造成农业银行大量的坏账。

三是要把产业化发展与新农村建设、扶贫贷款相区别。金融扶持的重点是养殖基地和有规模的种养殖户，不是所有农户（产业化发展能够带动农牧区新农村建设）。龙头企业与基地种养殖户（协会）的订单关系要有约束机制。在实地调研中，笔者发现省财政支持的部分肉牛羊基地和奶业基地不在产业链上，产业发展资金实际上变成了扶贫资金或支持大户发展资金，这种现象在海南、海西地区和西宁市都存在。农牧业产业化发展必须以龙头企业的市场运作吸纳收编零星养殖个体户作为基础，因此，政府必须扶持龙头企业和养殖户，规范和引导龙头企业，形成有效的市场利益机制，以产业化带动农业经济发展。如果政府支持的养殖基地没有与龙头企业联结，没有规范化的市场，那么这种支持就无法形成产业链，政府投入就变成了当年效益，仅仅解决了几户或一个村的当年致富问题，第二年必须重新定点投资才能有效。这种定点投资只能做首长项目，产生即时的宣传效应。

四是农牧业产业化发展要完善配套措施。一方面是政府支持农牧业产业化发展的政策（包括专项资金、财政扶持、贷款贴息等）必须着眼于产业链的某一个环节上，而不能仅仅考虑一时的扶贫增收。例如，支持发展肉牛羊基地，要有良好的机制使这些牛羊成为龙头公司的主要原料来源，不能成为市场随意出售的牛羊。另一方面是农牧技术推广、种牛羊引进、卫生防疫要有外围配套。例如，饲料加工业要与养殖业协调配套发展，政府的持续性产业关怀要用一定的资金平衡。

因此，通过市场建立产业化发展链条上的利益主体的利益机制是关键因素，政府要通过自己的政策引导建立和平衡这个利益机制，这样才能保障项目的可持续性。

案例4-2：福建三明市金融支持养殖业产业化发展模式

1. 国家开发银行福建省分行与地方政府签订贷款合作协议。作为开发性金融合作模式，国家开发银行向当地投资经营公司发放批发式贷款（开发性贷款），转而委托中小金融机构向经贷款评议委员会评审的龙头企业发放贷款，投资公司负责贷后管理及统借统还，承担最后还本付息责任。贷款到期时由实际用款的龙头企业和养殖户还款给投资公司，投资公司向银行归还贷款。该模式设置了三重担保机制：一是实际借款人（企业和养殖户）联保或财产抵押；二是养殖业信用协会会员按贷款额20%的比例设立贷款互保金作质押；三是地方财政出资设立农牧业产业发展风险准备金作为偿债资金补充担保。这一模式的优点是依托地方政府，集地方政府组织优势及国家开发银行资金优势于一体，带动了社会信用体系建设。该模式设置了多重担保，故信贷风险较小。缺点是手续较为烦琐，需要地方财力作后盾。

2. 行业性担保公司模式。养殖业行业性担保公司为养殖业龙头企业和农户贷款提供担保，同时要求龙头企业和养殖户以养殖资产或财产作为反担保，以此防范被担保人即借款人的道德风险。该种模式手续简便，易于被贷款户、担保公司、商业银行所接受，但担保公司的规模有待于进一步扩大。

3. “龙头企业+基金+农户”模式。这种模式由龙头企业、农户共同出资组建产业发展担保基金（其中农户以信贷保证金形式出资，因此基金总规模将随着农户贷款规模增减而扩张或收缩），龙头企业分别与农村信用社和农户签订贷款担保协议，农村信用社按基金额度的1~3倍向协议农户发放贷款。这种贷款模式的推广，有利于促进养殖业产供销一体化，延伸产业链。

4.3　金融支持农牧业产业化发展的途径

4.3.1　农牧业产业化发展模式

产业化发展理论是从经济学的角度研究产业化组织形式、提高农牧业竞争力和农牧民组织化程度，适应市场竞争的规律，实现农业的区域化布局、专业化生产、企业化管理。经过多年的理论探索和实践，我国各地农村根据本地区的生产特点和经济发展环境，形成了“龙头企业+养殖基地（合作社、农民协会）+种养殖户”、“公司+专家（合作社、农民协会、科技推广）+种养殖户”、“公司+协会+种养殖户”、“市场+种养殖户”等几种典型模式。

青海要在总结“龙头企业+养殖基地协会+种养殖户”发展模式经验的基

础上，借鉴国际国内农牧业产业化发展的经验，完善、创新农牧业产业化融资机制。“公司 + 农户” 是 20 世纪 80 年代出现的农牧业产业化发展的最初模式，经过 20 多年的发展，现已形成“公司 + 种养殖户、合作组织 + 种养殖户”、“公司 + 合作社 + 种养殖户”、贸工农一体化、产供销一条龙等农业生产经营模式。不管哪种模式，这条产业链的关键要素是龙头企业、产业基地（农民协会、合作社、技术协会)、种养殖户、资金与市场等。以利益为纽带，以风险共担为基础，将农牧业生产经营、加工、市场开拓按其自然联系整合在一起，一头连接千家万户，一头连接国内外市场，在政府相关支农惠农政策的支持下，有效抵御外部交易风险。2006 年年底，青海有各类农牧民专业化生产合作组织 227 家，会员 6 万多户，这些农民的经济合作组织带动 35 万农户。从实际效果来看，加入农民经济合作组织的农户收入较没有加入的农户高。在农牧业产业化发展中，产业链各利益主体之间形成了相互关联的利益机制。按照产业化发展理论和中国各地农村的实践，结合青海的特点，有效的农牧业产业化发展应该形成这样一种利益联结机制，各利益主体的投入—产出在同一个市场中能够动态平衡。

图 4 –1 是一个农牧业产业化发展流程图，这个流程图可以解释为：（1）龙头企业在政府政策引导下，通过产品品牌创造建立市场，并有实力并购同类小企业，做大做强，形成市场带动力，牵引市场；通过种养殖协会以订单形式向养殖基地的种养殖户订购农牧产品，种养殖户通过基地向龙头企业按略高于市场价格

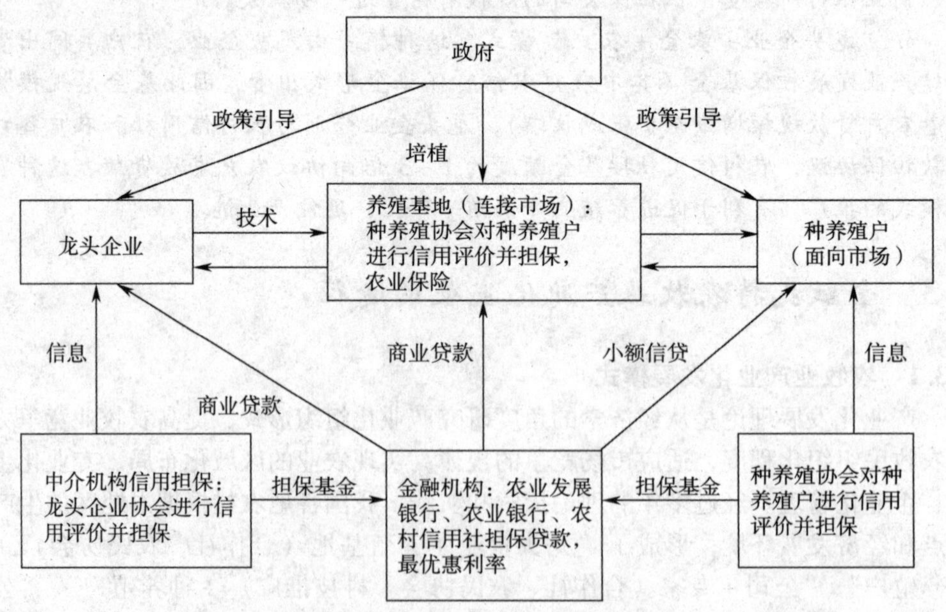

图 4 –1 农牧业产业化发展流程图

出售一定符合质量标准的牲畜和产品。（2）政府通过政策引导，按照市场经济原则组建农牧业产业化信用担保基金（信用担保公司或农牧业投资公司），对龙头企业和种养殖户的贷款进行担保，把财政资金的直接投入变为间接地通过市场撬动金融资金，放大金融资金投入量。财政资金撬动金融资金要通过信用担保和风险分担机制进行。在这种制度安排下，与金融机构谈判的筹码是扩大金融资金投入、风险比例分担并实行优惠利率政策。优惠利率实际上等于过去的财政贴息，从而减少龙头企业和种养殖户的融资成本。（3）龙头企业协会和种养殖协会承担信息交流、信用评价及部分担保的功能。2004 年以来，中央 1 号文件每次都提出了鼓励发展各类农民专业合作组织的具体政策，积极推进有关农民专业合作组织的立法工作；各级财政安排专门资金支持农民专业合作组织开展信息、技术、培训、质量标准与认证、市场营销等服务；有关金融机构支持农民专业合作组织建设标准化生产基地、兴办仓储设施和加工企业、购置农产品运销设备，财政可适当给予贴息；深化供销社改革，发挥其带动农民进入市场的作用。根据农业部统计，目前，全国有 15 万多个农民专业合作经济组织，会员农户 2 365 万户，带动非会员农户 3 245 万户，两类农户只占农户总数的 23. 3%。专业协会是一种比较松散的合作经济组织形式，多数专业协会在民政部门登记，注册为社团组织。专业合作组织与农产品行业协会是两种不同的组织。这两种组织既有区别，又有内在的联系。它们的区别在于：组建的主体不同，专业合作组织以农民为主体组建，行业协会以生产、加工、购销企事业单位（包括专业合作组织）为主体组建；组织性质不同，专业合作组织从发展趋势看是经营性、企业性法人，行业协会是经济类社团法人；职能作用不同，专业合作组织重点是合作经营、合作加工，行业协会重点是协调和自律。它们的内在联系是：专业合作组织和农产品加工购销企业的充分发展，为行业协会的产生奠定了基础；行业协会的组建更加有利于专业合作组织和农产品加工购销企事业的拓展和延伸。专业协会约占专业合作经济组织总数的 85%。专业协会每年向会员收取一定数量的会费，以提供技术、信息、运销服务为主。大多数专业协会不直接为会员销售产品，没有销售收入。

专业合作社是一种管理比较规范、与社员联系比较紧密的合作经济组织形式。农村合作经济组织可以提高农民素质。农户的技术支持主要依靠自学以及亲朋邻里间的传播。组建农业合作社后，农村合作经济组织成为农业科学技术广泛进入农民家庭的重要载体。农民合作意识淡薄，顾虑多，在自给自足的自然经济条件下，农民形成了一种以农耕为基础的封闭、守旧、安于现状的小农意识。家庭经营制度的确立养成了分散经营的习惯，这种传统，在一定程度上把家庭经济的发展局限在家庭成员的努力劳作上，合作往往是暂时的、不情愿的选择。农民专业合作经济组织是由一定数目的农民自愿组织起来共同完成同一经济目的的组织。它以农民为主体。其他所有制的机构和组织，都不是农民经济组织的主体部分。农村专业合作经济组织的活动和结果都归农民所有。该组织的经济目的只限于农民生活或生产活动中的“经济”因素，不设其他社会目标。农民自愿组织在一起，形成正式的合作协议和组织结构，并遵守一定的规章制度。这个组织是以某种农产品的生产、加工、销售为纽带，把农民组织在一起，对农民进行技术培训，帮助农民进行生产、加工、销售活动。目前，新型农民合作组织普遍存在规模不大，发展速度不快，管理制度不健全，改组、解体过于频繁，稳定性较差等问题。大多数农民专业合作经济组织在没有法律保护的环境下运作。

目前，在一些西部地区，农民专业合作经济组织内部治理结构残缺不全，缺乏有效的制度约束，突出表现在以下三个方面：一是没有建立起社员所有的产权制度，存在产权不清的问题；二是没有形成社员控制的决策机制和利益分配机制，内部人控制合作社运作，普通社员的参与度低，积极性受到影响；三是政府干预较多，许多合作社经营对政府的依赖性过强。

建立新型农村合作经济组织是实现农业家庭经营与大市场对接的有效途径。家庭经营的局限性最突出地表现在单一农户与市场的关系上。农民作为农产品的生产经营者，必须同时面对买方和卖方两大市场，小生产与大市场之间的矛盾使农民在市场竞争中总是处于不利地位。建立新型农业合作社，开展专业化合作，使单个农民互相联结成有力的群体，获得协作的生产力，形成足以抗击市场风险和自然灾害的竞争力。依托合作社进入市场，能够降低交易成本。“公司＋农户”的产业化模式虽然在一定程度上可以解决农产品卖难，但由于企业和农户是各自独立的利益主体，企业难以自觉地让农民分享其利润，绝大多数与农民只是一种“买断”关系，一旦出现市场波动，就会导致双方利益受损。在农产品附加值的分配上，农民除了可以获得部分加工劳务收入外，其他收益几乎全部被公司独占。因此，在“公司＋农户”的产业化模式中，农民仍然处于一种弱势地位，农民的权益难以得到有效保护。农牧业产业化与农民合作经济组织的对接，可使农民形成规模种养殖业，批量加工，解决“小而散”的制度缺陷问题，也有利于现代科学技术和大规模农业机械的应用和推广。农村合作经济组织通过与龙头企业的对接，成为龙头企业稳定的优质原料生产基地或生产加工车间，依靠龙头企业的品牌优势、信息优势和销售渠道，提高农民合作组织进入市场的能力。农业合作社与农民社员之间的关系，不是外部市场交易关系，而是一种不以营利为目的、为了共同利益形成的合作与联合的关系。农民社员通过合作社不仅能够稳定地实现农业生产的价值，优先进入农产品加工企业获得劳务收入，还可以获得股利和按交易额进行的二次返利。加上专业合作社与其他公司或农业产业化龙头企业通过投资参股进行对接，从而使龙头企业、专业合作社、农民社员之间形成利益共享、风险共担的经济共同体，实现真正意义上的农牧业产业化经营机制。

4.3.2　农牧业产业化发展中的财政资金

农牧业是一个弱质产业，中央政府每年采取多种方式制定支农惠农政策，有大量专项资金投入农业生产经营领域，产生了积极的效果。问题是一些政策和项目资金只产生当年的效应，无法形成良性循环的产业化发展机制，应该说起到的是事倍功半的效果。这里，我们必须探索建立用财政资金撬动金融资金，以承担部分风险的方式，引导金融资金流向农牧业产业化发展中的主要利益相关者的长效机制，使有限的中央和地方财政资金在西部达到事半功倍的效果。金融资金是巨大的，农牧业产业化发展必须靠金融资金的流入。金融资金投入主要关注资金的安全和利息收益；财政资金为弱势产业承担一部分风险，为金融资金的流入创造条件符合市场经济条件下的公共支出要求。财政资金替金融机构分担部分风险，通过市场机制将财政直接投入转变为间接投入，以农牧业产业化担保基金（农牧投资基金或农牧业信用担保基金）的形式带动金融机构按一定的倍数发放贷款，就能实现财政资金的撬动效应。通过建立正向激励机制，金融机构、担保基金（机构）和龙头企业协会（种养殖协会或联保合作组织）按照一定的比例共同承担风险。信用担保机制是由信用担保机构与债权人约定以保证的方式为债权人提供担保，当被担保人不能按合同约定履行债务时，由担保人进行代偿。它是一种信誉证明和资产责任结合在一起的金融中介行为。金融机构按照市场经济原则，在农牧业产业化信用担保基金贷款担保条件下，满足产业链中各利益主体的资金需求（见图4－2）。其中，种养殖协会联保、龙头企业协会信用评价和信用担保基金是扩大金融投入、缓释贷款风险的主要制度安排。

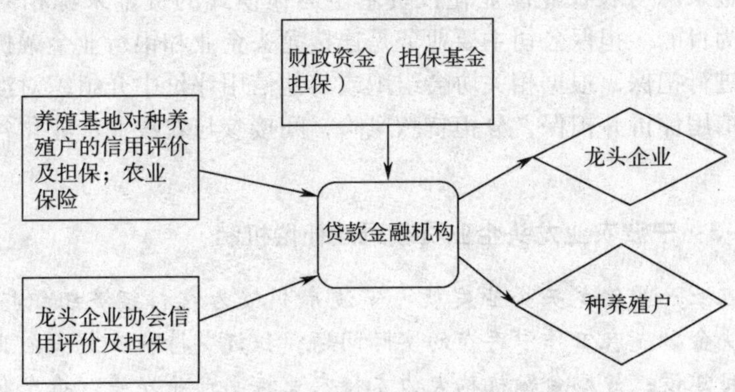

图4－2　担保基金的运作流程图

担保基金来自于政府、企业协会和民间资本等。它为企业和种养殖户获取银行贷款提供了平台。政府财政每年为该担保基金注入定额资金，通过担保基金的乘数效应，扩大银行的信贷资金投放数额。以财政资金为主的信用担保有三种模式：

（1）建立信用担保基金模式。信用担保基金的资金来源为财政贴息资金、中央和省农牧业发展专项资金、农牧业综合开发资金、市和区县财政用于基地建设资金、龙头企业基地建设资金、龙头企业风险基金、奶业和肉牛羊贴息风险基金以及收购提成资金、民间其他资金等。信用担保基金由农牧局管理，选择协作银行存放，与协作银行明确担保责任形式、信用担保基金的放大倍数、担保范围、责任分担比例等内容后，在龙头企业向银行申请流动资金贷款时，农牧局配合商业银行进行贷款担保；由银行自主决定，按照金融机构贷款运作规定流程决定是否发放担保贷款以及贷款的收回。担保基金与银行针对项目，按比例分担贷款风险。

（2）农牧业产业化投资基金运作模式。投资基金的来源除了建立信用担保基金模式的资金来源外，也可以更多地吸收金融资金和民营资金的投入，入股分红。投资基金类似目前的城投公司融资平台。前期以财政投入股份为主，组织和引导龙头企业和民间投资，将城乡分散的资金汇集起来形成投资基金。这种方式有利于政府对农业投入的灵活运用，重点突破。通过资金的有效流动，帮助龙头企业上规模、上档次，促使其向现代企业制度转变。农业投资基金的投资目标主要是产业化链条上急需融资的各利益主体。通过政府政策动员金融机构低息贷款给投资基金，由投资基金转贷给龙头企业。政府确定龙头企业，协会参与项目评价，协作银行自主按资金配比方式独立贷款或授信给龙头企业。

（3）农牧业产业化信用担保公司。这是相对比较完善的信用担保模式，担保公司的资金来源与农牧业产业化投资基金运作模式的资金来源相同，入股分红，以营利为目的。担保公司主要业务是连接龙头企业和银行业金融机构，为龙头企业贷款进行担保，根据相关协会组织或其他信用评价中介组织对涉农信用贷款企业进行信用评价并担保，分担贷款风险，间接参与农牧业产业化各利益主体的经营过程。

案例4－3：宁波农业龙头企业贷款风险补偿机制

为鼓励农业产业化龙头企业发展，宁波市积极为农村经济组织搭建融资平台，协调解决金融支农工作中存在的实际问题；积极支持农业龙头企业和农村基础设施等项目建设；鼓励金融机构大力支持农业特色产业发展，推广农户小额信用贷款。金融监管机构督促涉农金融机构逐步完善包括资金来源、贷款期限、利率定价、保障机制、规范评级、防范风险等方面的农户小额信用贷款管理机制。要求金融机构在保证贷款质量、有效控制风险的前提下，适度下放信贷审批权限，增加特别授权，简化贷款手续，减少审批环节，做到及时受理、及时答复、及时发放。

为引导金融资金支持农业产业化发展，宁波积极推进信用乡镇、信用村、信用农户和诚信企业建设，逐步建立并完善农村企业、农户经济信用档案，建立农村企业、农户信用等级评价体系和农村信用担保体系，积极改善农村地区金融生态环境；开展土地征用安置补助费权利证书质押贷款，以及农产品加工企业仓单质押、股权质押、林权质押、海塘滩涂经营权质押、保单质押、应收货款抵押和其他权益抵押等多种形式的担保贷款，鼓励为“三农”开展保函、结算、汇兑等中间业务，提供多元化的便捷服务。

为建立农业龙头企业贷款风险补偿机制，形成良好的金融生态环境，宁波采取措施，鼓励保险机构开拓农业保险业务，逐步把农业主导产业纳入保险范围，变灾后救助为产前保险，提高农业这一弱势产业应对自然灾害和重大疫情的能力。支持“三农”贷款项目，进一步完善农户小额贷款担保公司的运作机制，增加农户贷款担保额度，疏通农户贷款渠道，分散农户贷款风险。支持以各类农村专业合作经济组织和行业协会为依托成立农业专业担保机构，为农村经营户提供贷款担保。目前，全市已成立县级农业信用担保机构6家，注册资本2 200万元，截至2005年9月末已累计为企业、农户贷款担保2.62亿元。

宁波的经验在于政府引导建立农业龙头企业贷款风险补偿机制，完善金融中介机构的功能，发挥其资金纽带作用，同时维护良好的社会信用环境，引导资金流向，效果是好的，值得借鉴。

4.3.3 农牧业产业化发展中的金融资金

金融资金是庞大的。无论全国还是青海，近几年银行的流动性过剩是普遍存在的。在人民银行和银行监管部门金融政策指引下，疏通银行资金向农牧业产业化项目的流动是有现实条件的，如实行优惠的贷款和再贷款利率、增加中长期贷款比例和专项贷款额等。商业银行、农村信用社按照最优惠利率放大贷款量，扩大贷款规模。在担保基金、种养殖协会联保、农业保险的风险缓释与控制下，银行贷款的效益是可观的。

金融机构是龙头企业资金的主要供给者，金融机构与相关利益主体关系可以用图4-3来说明。

金融机构与相关利益主体关系可以解释为龙头企业向农业银行、农业发展银行、农村信用社申请贷款后，行业协会对龙头企业进行信用评级，金融机构参照这个结果，根据自己的信用评级决定是否发放信用贷款。如果金融机构对龙头企业的资信情况比较满意，有担保机构对金融机构的贷款进行担保，金融机构就会扩大信贷金额。龙头企业在贷款到期后，应当将本息结清。如果龙头企业按期还款，金融机构就获得了一定收益。政府依据政策指引，鼓励金融机构继续向龙头企业贷款；如果龙头企业不能按期还款，按照金融机构和风险担保基金事先签订

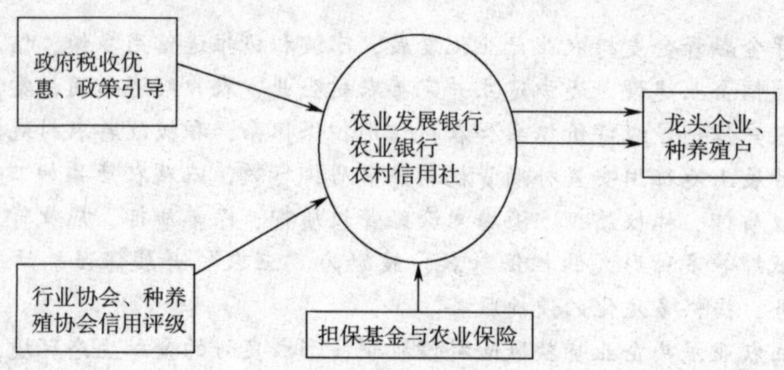

图 4－3　金融机构与相关利益主体关系图

的协议，风险担保基金将按照一定比例向金融机构提供风险补偿。

农村信用社和乡村银行是种养殖户的资金供给者，资金来源除存款和再贷款外，可以承担其他商业银行的委托贷款，利用自身贴近农牧民的优势，站在基地、服务到户。对农村信用社和乡村银行的经营与管理，我们可以借鉴美国波特切斯特乡村银行的经验。

只要农村信用社和乡村银行的管理随农村经济的发展而跟进，实际上可以取得“双赢”。农村信用社和乡村银行与产业化各相关利益主体关系可以用图 4－4 加以说明。

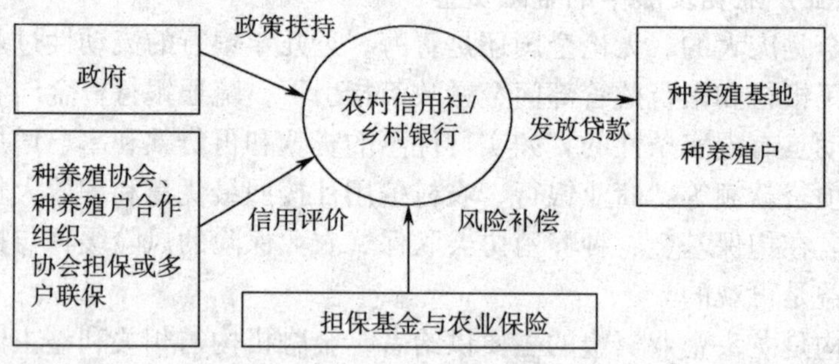

图 4－4　农村信用社和乡村银行与产业化各相关利益主体关系图

种养殖协会或种养殖户合作组织对需要贷款的种养殖户进行信用评定，信用评价的结果供农村信用社参考。种养殖协会或种养殖户合作组织共同对种养殖户的贷款进行担保或多户联保。如果贷款人不能按期还款，种养殖协会或种养殖户合作组织将还款。政府为了保护种养殖基地和种养殖户的利益，通过担保基金承担部分风险的方式让农村信用社降低利率，发放种养殖信用贷款。

银行是“嫌贫爱富”的，急需得到金融支持的私营企业和贫困家庭得不到金融支持，这种现状没有得到根本改变。一些试点虽然取得了阶段性的成果，但在西部推广仍然存在水土不服的问题。由一些国际机构通过商务部、农业银行、妇联、社科院、农业部等设立的小额贷款组织，迄今有300多家机构；另外一类的小额贷款由农业银行和农村信用社接受人民银行再贷款、国际组织赠款而向农民发放。但毫无例外，它们都存在体制僵化、管理落后、主动性和创造性不强等特点，发挥的作用极其有限。目前，亚洲的小额信贷受惠者有8 500万人，其中5 000万人是孟加拉和印度的穷苦农民，而中国的统计数字只有10万人受到小额信贷的帮助。可见，在现有管理体制下，即使增加一个专业的小额信贷银行，效果也可能非常有限。如何从根本上解决农村金融服务问题，需要国家宏观经济政策决策者、金融管理部门和金融机构管理者的大智慧，没有特别政策支持的农村金融改革，都将面临严峻的成本问题和营利性考验。

案例4-4：杭州都市农业贷促会运作模式

杭州市为引导金融资金投向，壮大龙头企业实力，组建了龙头企业联合会、农业贷款信用担保促进会。杭州都市农业园区达15个，年销售额在500万元以上的农产品加工规模企业近80家，其中省级龙头企业1家，杭州市级龙头企业15家。但在都市农业发展过程中遇到了龙头企业想发展缺资金、想贷款担保难等问题。在此情况下，杭州市余杭区于2001年年底成立了由余杭区农业龙头企业、农产品加工企业、种养销大户为会员单位的余杭区农业龙头企业联合会、余杭区农业贷款信用担保促进会（以下简称贷促会，设在余杭区农业局），加强政府与企业之间的沟通、企业与企业之间的联系，实现农业资源的共享，解决会员单位贷款难、担保难的问题。

贷促会的运作模式。贷促会的主要做法：一是上下努力，注册资金逐年增加。贷促会成立之初，注册资本只有100万元，后在政府的大力支持下，2002~2003年每年追加100万元，区财政又从农业发展基金中拨出200万元，使注册资本达到500万元。二是按照市场经济原则规范贷促会的运作。政府牵头与金融部门协商，结合杭州地区农业担保的实际，制定了一套比较规范的操作办法，明确了申请农业贷款担保的条件、农业贷款担保应提交的有关材料、贷款担保的程序、贷款担保期间的有关要求、关于违约或还贷逾期的处理及有关贷款利率及担保费用等。三是深入调查，确保贷款担保总量增加、质量提高。贷促会对贷款担保的安全性和可行性进行调查研究是提供担保与否的前提，对每笔贷款担保都进行事前实地调查。调查的内容主要包括企业提供的抵押物清单及证件是否属实、企业的资产质量、企业的借款偿还能力、贷款资金的运行效率以及企业的发展潜力等方面。四是加强协作。在注册资本逐年增加的情况下，与余杭区农村信用联社和商业银行两家金融单位达成协议，认可担保公司的担保资格，担保公司的注册资本与贷款比例放大到6倍，贷款利率控制在基准利率上浮10%以内。贷款担保未出现到期不还的案例。

结论：农业产业化发展在目前的经济条件下，必须建立相应的担保中介组织，担保机制要根据担保业务的发展不断完善，包括追加资本。农业担保机制是一项新的尝试，贷促会的发展过程也是一个不断规范、不断完善的过程。贷促会的担保对象必须是本会会员，重点服务于农业龙头企业，主要农产品加工企业及重点农业大场、大户等。对那些无土地或房产证可抵押，需要提供数额小、时间短的贷款，如果企业成长性好、产品质量高、经济效益佳、发展潜力大，应该允许其用设备、交通工具等动产作抵押，解决企业担保难问题，促进企业的正常生产经营。政策扶持是贷促会成功运作的保证。政府逐年从区财政中拨出专项资金，以追加注册资本，贷款总量逐步扩大，贷促会的知名度和受欢迎的程度越来越高。为了保证贷促会的健康运作，贷促会必须配备具有专业知识、一定社会活动和协调能力的人员专职负责此项工作，完善内部机制，建立农业担保风险基金，引入激励机制，提高担保质量和工作效率。鉴于农业担保存在一定的风险，按贷款担保数量，提取一定比例的资金作为风险基金也是一种积极的尝试。与贷促会有协作关系的金融部门只有区农村信用联社和商业银行，而且大部分贷款来自于基层信用社，存在着资金少、利率高等问题，不能有效满足企业发展需要，因此，要增加银企合作单位，加大担保力度，重点支持农业龙头企业和农产品加工企业。按照注册资本放大6倍的比例允许担保的数量，在确保贷款担保可行性和安全性的前提下，尽可能最大限度地提供贷款担保（80%以上），以真正缓解企业缺资金、担保难的问题。

案例4－5：美国波特切斯特乡村银行

波特切斯特乡村银行是纽约一家1865年成立的储蓄银行，拥有近50亿美元的资产。1989年2月，经过一次成功的证券交易之后，该银行由一个互助银行转型为以证券业务为主的银行。此后，该乡村银行经过认真仔细的调查研究后发现，满足当地中小型企业对40万～170万美元范围内的私人商业抵押贷款的业务需求是促使银行业务健康发展的一个极好机会，于是该乡村银行把这块业务作为了自己的目标定位，打造银行的核心竞争力。

该乡村银行在正式推出其新型业务和服务之前，明确地提出了七个保证：（1）一个有利于潜在目标市场的经济环境；（2）拥有从整体上把握机会和圆满完成工作所必需的实力、规模及各类资源；（3）拥有一个负责为从事零售业务和一般业务的客户提供基本财务服务的部门，这一部门能够为增加业务提供多种机会，同时也有助于银行市场总体业务的均衡与稳定；（4）拥有完善、高效且富于产出性的内部操作规程和准则，既能够保证对现有客户的良好服务，又能够保证应付业务量不断增长的需要；（5）一个有效的分支系统，它能够胜任拓展市场的工作；（6）拥有出色的公众形象、较好的声誉和资信度；（7）管理人员应能周到、果断地处理客户和业务方面的各类问题，能够充分理解新业务可能具有的各种风险，并对获得希望的成果而采取的各种手段给予充分的支持。

该乡村银行作出了以商业中级市场业务为其追求目标的最终决定以后，管理者们开始着手进行重要的第二阶段工作——为开拓市场及促销活动做必要的准备，并严格管理，以降低新业务可能带来的风险。在这个阶段，乡村银行的管理人员为发掘新市场的潜力而推出了七项基本保证措施：（1）招聘在目标市场（商业中级信贷市场）业务方面有丰富经验的高级专门人才；（2）选用那些曾在大银行中受过专门训练并且才华出众的工作人员；（3）高层管理人员不论在贷前调查和服务过程中还是在贷后都要与客户建立较为直接的关系；（4）贷款发生以后仍与客户保持不断的接触，持续良好的服务有助于维持和增强客户对银行的信赖，有助于与客户保持一种健康且富于创造性的关系，乡村银行的每一个信贷人员在贷款发放期间都与其客户保持着这样的关系；（5）只将业务局限于银行十分了解的区域内；（6）不贸然超过经调查研究而确定的授信额度，管理人员应考虑和代理行一道共同与客户签约，提供客户所需资金，而这将使各参与方都感到满意；（7）在全体员工中而不是仅在商业信贷人员中培植一种具有协作精神的文化，这种企业文化具有促销取向、竞争意识及重视整体利益等方面的特征。

该乡村银行认为重视全面评估自己、全面检查银行经营能力、考察了解自身的长处和弱点对银行的发展是十分重要的。乡村银行对自己进行全面检查，评估银行全部资产状况、服务水平以及银行在市场中的形象是检查中不可缺少的项目，将本银行在经营过程中的表现与其他银行进行比较分析则更为重要，这类分析往往能够决定银行经营的成败，决定其定价策略是否与市场现实相吻合，决定银行业务正在走下坡路还是在控制良好的状态下不断发展。在对银行经营状况进行评价时，管理人员总是提出这样一些基本问题：推出的业务是不是客户真正需要并且能够负担的，或者仅仅是管理人员想象的客户所需要的这些业务？管理人员真正了解推行这些新业务所需的费用吗？银行的产品和服务组合能为银行带来合理的利润收入吗？例如，如果银行的目标是获得1%的资产报酬率，而银行的税收等级为40%，那么，在通过提供产品与服务而获得1.1%的资产报酬率的情况下，收入方面会有什么样的结果。严格的管理和明确的市场定位使乡村银行取得了良好的经营业绩。

美国波特切斯特乡村银行的成功经验告诉我们，只要策略得当，小银行在大市场中同样可以争得自己的一席之地。（1）在经营活动中运用灵活手段进行资产管理，增加存款、控制费用以维持获利能力；（2）通过增加业务种类和服务措施以及扩展经过严格挑选的分支机构业务来增加市场占有的份额；（3）强调信贷工作质量，重视借方清偿贷款的能力；（4）只是在乡村银行十分熟悉的地区进行其金融业务和服务的推广工作；（5）使银行各层次的员工在银行经营活动中体验到工作的意义，让员工参与经营目标的制定，同时，一套具有激励作用的管理程序也是必不可少的，它能够使员工个人、部门乃至整个银行的经营活动受益，这套管理系统既鼓励个人发展，也有助于银行总体发展；（6）改善银行的投资组合；（7）由那些有注册会计师身份的员工来建立一套内部管理控制系统，并且在实施过程中不断加以完善；（8）要求银行全体员工在工作中表现得尽善尽美，强调员工与客户或潜在客户的每一次接触都可能成为个人和银行成功与发展的机会，为员工提供有助于其专业化的工作环境，员工相互沟通、理解以及对有成就的人员提供奖励，对银行的成功来说是必不可少的。

4.3.4 金融支持农牧业产业化发展中的风险缓释与控制

1. 种养殖户的贷款获得及其风险控制模式，见图4－5。在农牧业产业化发展的途径设计中，必须明确产业化发展链条上的各个利益主体的权利和义务。例如，龙头企业引进种牛，农户购买种牛，对种牛引进和购买的资金需求必须有金融支持。对农户来说，买一头牛是不小的投资，农户自筹不足的部分，龙头企业可以为农户贷款担保。对养殖业来说，饲料价格呈上升趋势，养殖基地和养殖户的利润越来越低。龙头企业同样是解决这个问题的关键。根据国家相关优惠政策，建立乡村银行或地方合作银行，由现有农村信用社、农民、合作社企业、个体私营企业、城市居民等入股组成，由入股股东所有，直接从事信用合作业务。在养殖基地村成立由种养殖户参加的互助合作银行，大家把钱存在一起，形成资金互助的金融组织。这个组织可以用团体的信用到金融机构借钱，自己讨论每户的信用等级和贷款额，决定谁来用、用多少。乡村银行或农村信用社的资金来源除了农牧民存款外，可以代理中国农业发展银行的支农贷款，申请人民银行的再贷款；在资金运用中，主要为农牧业产业化基地、种养殖户贷款，在贷款担保机

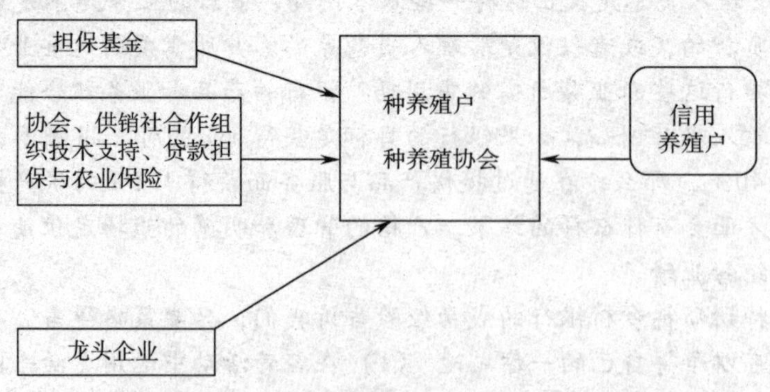

图4－5 养殖基地、种养殖户融资流程图

制健全的情况下，以最优惠利率向种养殖户贷款。根据农村金融服务的新政策，青海作为试点省可以建立乡村银行。乡村银行的运作模式与农牧业产业化正好较为吻合。

养殖基地、种养殖户向农村信用社申请贷款。担保基金、种养殖协会联保、农业保险和龙头企业共同为种养殖户向银行提供贷款担保，解决商业银行“惧贷”问题。农村合作组织、种养殖协会、供销社等对养殖基地和种养殖户提供技术支持。农村合作组织（种养殖协会）对种养殖户的信用进行评定。银行和农村信用社根据不同种养殖户的资信情况，用联保或者互保的方式提供贷款。

为解决银行和农村信用社支农资金来源问题，人民银行的支农再贷款可以发挥积极作用。

2. 龙头企业的贷款获得及其风险控制模式，见图4－6。

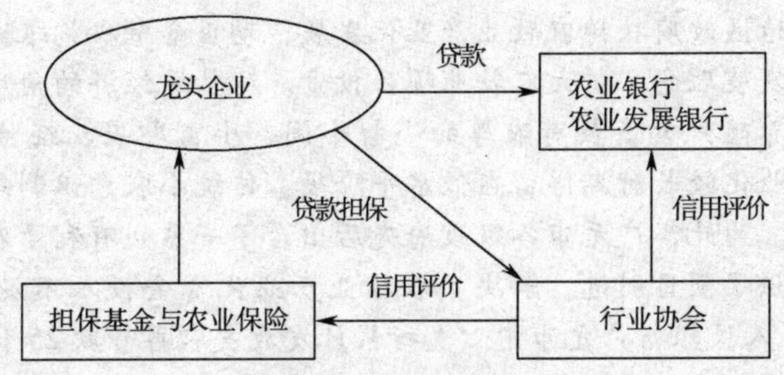

图4－6　龙头企业融资流程图

按照图4－6，龙头企业可以获得贷款，金融机构也可以实施风险控制。龙头企业建立自律组织，成立相应的协会，使协会成为信息、技术、信用评价的中介服务组织。单一企业向农业银行、农业发展银行提出贷款时，协会和信用评价机构可以为金融机构提供基本的信用评价意见。银行根据企业的信用情况，参照行业协会或信用评价机构的信用评价结果决定贷款。龙头企业向担保基金寻求贷款担保，担保基金向银行提供担保，担保基金向龙头企业收取一定的费用。

3. 农牧业产业化发展中的农业保险——自然灾害及意外风险控制。农业保险是农牧业产业化发展的重要力量，有利于改善农牧业经营主体的经济地位，引导金融资本的流入，促进农牧业生产扩大规模、降低融资风险。有了农牧业保险，即使发生了天灾，产业链也不会断裂。对农牧户的养殖灾害或其他意外保险在开始阶段可以实行种养殖协会联户保险，也可采用担保基金统一为养殖基地、养殖户购买保险的方式运作。

4. 其他风险缓释与控制。随着农牧业产业化的发展，龙头企业壮大以及名牌产品的市场占有率上升后，就要宣传与包装高原农牧产品，进军农牧产品期货市场，占领国内农牧产品的高端市场。这样，就可以锁定价格、锁定风险，有利于稳定龙头企业和种养殖户的关系、成本核算以及订单农牧业的发展，避免市场价格波动对订单履行的影响。这样，“龙头企业＋养殖基地＋种养殖户”的产业化发展才可以持续。

金融支持农牧业产业化发展的可持续性取决于财政政策的稳定性，主要是担保基金的持续扩大和担保基金的风险承担能力。在无贷款损失的情况下，实现“多赢”，在有损失的情况下，共同分担损失，这个比例可能的安排是：龙头企业协会、种养殖协会担保25%；担保基金担保25%；金融机构承担25%；保险公司理赔25%。当然，各地农业经济组织形态和自然特点各不相同，可以根据实际风险收益来平衡这种风险承担比例。

案例4－6：广元金融支持养殖业产业化发展的经验

四川广元地区政府扶持农牧业产业化发展，动员金融机构跟进，树立现代化农牧业产业化发展理念，扩大农牧业项目投资。从传统经济的角度看，广元市的农牧业产业化养殖户大多数有浓厚的小打小闹、小富即安、经验养殖等传统意识，农牧业产业化较长时期停留在低水平阶段。传统小农意识制约了农牧业产业化水平的提升。为此，广元市各级政府先后出台了一系列有利于农牧业产业化发展的政策，加强了项目引进，解决了农牧业产业化资金投入不足问题。从2000年到2006年，人民银行广元市中心支行累计发放支农再贷款25亿元，直接投到农牧业产业化达10亿余元。全市商业银行和农村信用合作社对规模以上养殖户发放贷款17亿元（2006年8月末余额）。重点支持优良品种、基地建设、圈舍改造、扩建和新建农牧业生产基地。选择优良品种、采用先进管理办法提高投资回报率。例如，朝天区瑞丰良种猪繁殖场，采用先进的科学技术管理方法，与专家联手，全部繁殖三元杂交生猪，产品供不应求，资金回报率年平均在40%以上。利用自然资源，农牧业产业化土鸡回报率高。青川县的森林放牧公司，依靠农业大学技术支撑，利用荒山资源，养土鸡50万只，产品质量好，纯绿色，无污染，回报率也达40%以上。不管较大规模的养殖户还是小规模或不成规模的养殖户，只要建立了养殖协会，并由协会牵头，把好优良品种的引进、饲养技术传授、市场营销等重要关口，养殖回报率均较高。

结论：农牧业产业化发展必须建立良性循环的经营机制。政府在这个机制中要发挥引导作用，引导龙头企业、行业协会、种养殖户的生产经营行为，帮助龙头企业不断开拓市场，形成风险共担的利益共同体，使农业经济发展走出坚实的步伐。

4.3.5　金融支持农牧业产业化发展的约束条件

金融支持农牧业产业化发展不是无条件的，也不是只要搞了产业化经营就一定能取得实际效益。金融支持农牧业产业化发展受以下条件的制约：第一，地方政府是否具有产业化发展的指导思想。政府应按照产业化发展的战略，着眼于长远规划；通过完善产业化发展的组织结构，建立政府指导的行业自律组织龙头企业协会和种养殖协会（农牧民合作经济组织），发展农民自己的生产组织；把财政资金的单一项目直接投入转变为通过市场间接投入、周转使用；通过以财政资金为主的担保机制，撬动金融资金投入，形成各借贷主体、担保组织、保险公司共担风险的风险缓释与控制机制。第二，在发展思路上是否把农牧业产业化发展与新农村建设、扶贫开发等相区别。各级财政支农专项资金、对农牧业产业化发展投入资金、贴息资金、奶和肉牛羊基金提成资金全部整合为担保基金（最终形成担保公司股本）；所有龙头企业、种养殖户或养殖基地里的种养殖户，必须加入各自的基地协会组织或相应的农牧业合作组织；协会既是自律组织，也是信用评价、会员贷款担保、专业技术服务、信息交流的组织；形成龙头企业—种养殖协会（养殖基地）—种养殖户的协议关系。在这个链条上，政府的指导思想是十分重要的，它是建立和规范各利益主体的基础，没有明确的指导思想，农牧业产业化发展会遭受重大挫折。

4.4 金融支持农牧业产业化发展的利益机制

4.4.1 农牧业产业化发展中的主要利益主体

龙头企业应该是青海省、西宁市命名的；业务基地在西宁并辐射全省，市场从本省延伸到国内和国际市场；有名牌产品并带有青藏高原特色、无公害与绿色概念，草饲料的自主品牌无添加剂；对国际国内形成整体品牌优势；健全的法人治理结构和财务制度；诚实守信；有能力实施养殖—收购订单计划，创名牌产品，拓展国内和国际市场，形成独具特色的青藏高原品牌。龙头企业能组织起来，形成自律组织——农牧业龙头企业协会。从国内农牧业大省支持龙头企业的经验看，龙头企业应当是具备高科技含量，在市场上取得一定份额的企业，在产业化发展中必须成为领军者。确定了龙头企业，才能保证农牧业产业化资金的用途真正得到落实，避免“撒胡椒面”的现象。目前，西宁市龙头企业财务制度不健全、法人治理结构不完善，是影响银行授信的主要问题。银行一般会对AAA级以上信用度的企业提供信用贷款。对于初次授信企业，银行贷款非常审慎。政府可以和银行签订金融支持的框架性协议，向银行推介龙头企业并提供融资平台。龙头企业是直接面向市场的，市场需求决定了供给，因此，种牛引进应当由龙头企业决定。龙头企业引进种牛，农户购买种牛，这中间就有资金需求。对龙头企业界定的主要目的在于防止特色资源的无序开发利用以及各级政府为招商引资而进行低层次重复建设。

龙头企业也是解决饲料市场价格不断上升、养殖利润越来越低问题的主导力量。龙头企业应当执行略高于市场价格的浮动价格，也就是最低保护价，以保护农牧民的利益。同时，还要给养殖基地和种养殖户长期的订单，以保证整个产业链的紧密衔接。对龙头企业来说，突出的问题表面上是奶源不足、资金短缺，但实际上是技术创新和管理创新的问题。新产品的开发离不开技术，如果没有拳头产品，也就没有龙头企业；管理不创新，再好的技术也发挥不了应有的作用，这是龙头企业做大做强的基础。银行贷款要看龙头企业的信用状况，真正了解一个企业信用的只有该企业的竞争对手。行业协会在这个问题上能够发挥重要的作用，它对龙头企业的资金规模、生产状况、融资渠道和信用状况有最客观最直接的判断。

农牧业产业链是农牧业产业化发展中涉及资金、物流、技术等多种因素的价值链，它包含了该链条上诸多企业的各种经营活动。在整个产业链条中，龙头企业对拉动和完善产业链发展起到了至关重要的作用。以青藏高原绿色肉食品有限公司为例，我们可以进一步研究农牧业产业链各利益主体之间的关系。青藏高原绿色肉食品有限公司是青海一家资产总额为 1.05 亿元，集清真牛羊屠宰、肉类加工、冷藏、陪送、经营、开发为一体的，青海省重点扶持的五大农畜产品产业化龙头企业。在农牧业产业化发展进程中，存在一个“龙头企业 + 基地 + 养殖户 + 农牧户”的产业链公式。龙头企业作为该链条的中上游参与者，面对大型批发商和零售商，甚至直接面对市场和消费者。因此，龙头企业对产品的价格和对市场的供给有足够的影响力。提升企业的抗风险能力，就必须强化企业的品牌意识，做大做强自己的品牌。青藏高原绿色肉食品有限公司拥有的注册商标“海拉里”，就在中东市场上打开了局面，赢得了较好的声誉。这使得该公司订单量从 2006 年的 500 多吨，增加到 2007 年的 4 000 多吨。龙头企业对中下游的基地和养殖户有直接影响。养殖户和基地向龙头企业提供的原材料是龙头企业赖以生存的基础；反过来，龙头企业提供的收购价格和技术支持也是基地和养殖户生产经营的根本目标。而联系这个链条的，就是龙头企业向基地和养殖户下达的协议价格订单。在两方博弈时，龙头企业只有提供优惠的价格，才能获得优质的资源。该公司以高出市场近 10% 的浮动价格进行牛羊肉的收购，得到了广大养殖户的欢迎，获得了很好的效果。对于市场空间和利润良好的企业而言，这种成本的增加并没有给企业带来生产压力，企业的收益足以覆盖此类成本。

龙头企业在产业链发展中存在的主要问题往往是龙头企业自身发展存在的困难，这是影响整个产业链发展的主要因素。企业要获得持续的发展能力，就必须关注和维护好自己的品牌，加强品牌的宣传和保证品质。形成有品牌、有信誉、有市场的良好环境，龙头企业可能会遇到的主要问题是：第一，资金短缺。对于像青藏高原绿色肉食品有限公司这样刚刚具备一定规模的企业而言，流动资金问题突出。该公司创业之初，资本金多数来源于自有资金或是民间借贷，这部分资金能够满足厂房、机器设备以及人员工资的需要。但是，随着市场的开拓和产品影响力的提升，企业经营规模扩张的同时，将遇到致命的资金“瓶颈”。按照青藏高原绿色肉食品有限公司生产销售的发展趋势，要生产 8 000 吨牛羊肉，需要 6 000 万元收购牛羊的流动资金。除去工商银行提供的 1 000 万元的打包贷款、2 000万元的自有资金，尚有 2 000 万 ~ 3 000 万元的资金缺口。第二，基地建设困难。龙头企业一般都有自己的原材料供应基地。受传统农牧业生产方式的影响，青海省牛羊出栏主要集中在秋季，市场供应不均衡，青藏高原绿色肉食品有限公司也只能维持季节性生产。要使企业整年进行生产和销售，基地建设问题迫在眉睫。在激烈的行业竞争里，原料往往成为企业竞争的主要目标之一。公司要使自己的原料得到长期保证，就必须在牛羊养殖基地建设上投入，而基地建设需要政府相关部门的积极支持。第三，龙头企业的技术改进。龙头企业在做大做强的同时，会在产品的细分市场上寻求更多的发展空间。就整个牛羊肉加工链条而言，青藏高原绿色肉食品有限公司对种牛、种羊品种的改进，牛羊肉精深加工和副产品综合利用的实现，都需要技术的改进。第四，龙头企业要与产业链各利益相关方建立多种协作机制。与基地和养殖户的协作，公司采用了订单农业的方式。在基地建设问题上，一是在青海和甘肃选择了承包条件较为成熟的牛羊养殖基地；二是开展 20 ~ 30 个村的养殖户的整村收购。在这个过程中，投入了必要的建设费用和技术改良费用。目前，该公司从 150 户农户中挑选 50 ~ 60 户进行试点，挑选具有 5 头以上肉牛规模的养殖户，为每头牛提供 2 500 ~ 2 600 元的品种改良贷款，从而实现自繁自育的目的。在收购价格问题上，青藏高原绿色肉食品有限公司以每市斤高出市场价格 10% 的浮动价格收购牛羊，充分调动了农牧户的养殖积极性，为今后的继续合作打下了坚实的基础。如果在政府的支持下，把政府培育的养殖村纳入公司的肉牛养殖基地，将会产生更好的经济和社会效益。

建立与金融机构良好的协作关系。公司的发展必须要有资金作为保证。要想从银行拿到贷款，就必须要形成规范的财务制度和良好的信用环境。主要包括企业是否按照公司法的要求建立健全了规章管理制度，是否能向银行提供真实可信的财务报表，是否遵循了公平公正的市场竞争机制的要求，是否具有良好的信用等。青藏高原绿色肉食品有限公司在筹建初期，没有从银行贷到款的事实表明，混乱的管理层和不健全的财务制度都将严重阻碍企业的发展。青藏高原绿色肉食品有限公司的生产性质决定，一旦遇到重大疫情或市场行情的重大波动，企业自身的利益会受到严重损失，公司所拥有的基地和养殖户也受到致命打击。因此，和农业保险机构的协作，理当成为龙头企业考虑的问题之一。龙头企业的发展也离不开行业协会的支持和引导。越来越多的事实和经验表明，行业协会的存在，为企业提供了联系政府、信息共享、技术支持、制定行业标准的服务，而且对企业融资的担保也起到越来越重要的作用。在某些经济发达地区的行业协会，已经能够为银行提供可信赖的信用评价和资金担保。这种完全由企业自主参与的组织，对调剂协会成员企业的资金流起到了至关重要的作用。政府要促进农牧业产业链的发展，应当抓住龙头企业这个关键，给龙头企业必要的扶持。但这种扶持不是政府的扶贫款，而是政府在有效的范围内给予的政策支持和引导。财政贴息只是政府扶持的一个手段，政府真正要做的就是搭建一种基于产业链的融资平台。

插图4－2　青海青青的草原、肥美的牛羊

案例4－7：赤峰市农牧业龙头企业带动效应实证分析

赤峰市龙头企业多。到2005年年末，赤峰市销售收入100万元以上的龙头企业有426家，其中，销售收入500万元以上的有178家，1亿元以上的有14家，10亿元以上的有2家。百万元以上龙头企业总资产126亿元，实现销售收入139亿元，实现利润8亿元，上缴税金2亿元。赤峰市龙头企业在“公司＋农户”基本形式的基础上，不断发展、完善和创新，形成了适合当地特点、类型多样的产业化经营组织形式。目前，主要组织形式有“公司＋农户”、“公司＋基地＋农户”、“公司＋协会＋饲养场”、“公司＋协会＋饲养小区”、“公司＋自管基地”、“公司＋兼并基地”等。龙头企业与农户的利益联结方式，除实行以价格支持的订单关系和合同关系外，还采取雇用农村劳动力在自管基地务工并支付报酬的方式，对农民利益进行保护。

赤峰市龙头企业在产业化发展中发挥了积极的带动作用。龙头企业通过品牌创造成为现代农业建设和市场竞争的主体。如“草原兴发”和“塞飞亚”荣获了中国驰名商标，取得了ISO9002质量体系认证及HACCP食品安全卫生管理体系认证和俄罗斯标准认证，在全国同行业中首先获得绿色食品证书，形成了自己的特色产品。龙头企业具备雄厚的资金实力，能够在新品种和新技术的引进和推广、农民培训、原料基地建设等方面进行投入，逐渐成为新型的农业生产主体和投资主体。龙头企业也是转移农村剩余劳动力的主渠道。赤峰市龙头企业带动基地农户当年增加收入近29亿元，产业化经营为农牧民提供的收入占农牧民纯收入的53%。草原兴发有限公司和塞飞亚集团仅禽类养殖农户年增收入就达1.6亿元。

赤峰市的主要经验是：按照产业化发展战略重点培育几个龙头企业是农牧业产业化发展的关键环节。赤峰市不断完善对龙头企业的扶持政策，对龙头企业在新品种、新技术的引进和推广、农民培训、基地认证、基地基础设施建设等方面的投资予以补助、补贴或奖励。对支持新农村建设力度大、效果明显的企业，予以重点支持，做大做强龙头企业。政府帮助龙头企业完善利益联结机制，实行合同联结，确定最低收购保护价；实行服务联结，通过定向投入、定向服务、定向收购等方式为农户提供种养技术、市场信息、产品销售等多种服务，建立农户以资金、技术、劳动力等生产要素入股，农户与龙头企业结成利益共享、风险共担的利益共同体。政府加强对产业化龙头企业的指导，创造条件或利用现有条件将国内外市场变化等相关信息传递给企业。重点搭建产销对接、银企对接、研企对接的平台，加大招商引资力度，做好跨区域的项目、资金、技术、劳动力对接；完善农牧业产业化项目储备，做到培育一批、建设一批、储备一批。对示范项目和企业给予大力支持，提供多种形式的服务，解决龙头企业自己解决不了的难题。引导金融机构完善金融服务，加大对龙头企业的支持力度。一是加大对龙头企业的信贷资金支持力度，简化贷款审批环节，提高信贷运作效率，建立贷款办理的“绿色通道”，满足养殖业发展对信贷资金的需求。二是构建农业政策性保险机制，建立符合农村实际的低成本、高效率的农业保险制度，为农牧业产业化发展提供保障。三是用好相关政策工具，出台农业产业化信贷政策指引，进一步规范对龙头企业和基地农户贷款的种类、期限、利率以及风险处置，引导商业银行加大信贷投放力度，解决龙头企业在跨区域发展中的融资问题。政府设立农牧业产业化发展基金、农业发展基金、农业产业化信贷担保基金，扩大信贷贴息资金，为龙头企业搭建银行信贷资金注入的平台。

成立种养殖户、养殖基地与种养殖协会。种养殖户要养5头以上牛羊或至少建一个大棚，在龙头企业基地范围内，愿意加入村种养殖协会并遵守协会章程。种养殖户作为产业化链条的一端，根据订单养殖，按照保护价格出售产品。重点解决自我发展能力弱、信用环境差、贷款抵押资产不足、贷款期限短且与养殖期限不匹配、牛羊品种不理想、牛羊肉和牛奶产出率低和市场局限的问题。养殖基地是由龙头企业确定并列入政府管理部门规划；重点解决协议关系不稳固，基础条件差，基地功能不突出的问题。种养殖协会是在养殖基地由种养殖户自愿组织并受政府农牧业产业化政策指导的组织。"公司 + 种养殖户"是农牧业产业化的基础，也是金融支持的重点。随着龙头企业的市场开拓，种养殖户互助组织逐步发展成专业的农牧产品市场营销与技术咨询组织。这种直接到户的新的生产组织方式是农牧业产业化各利益主体与政府联系的关键点。它将带来农牧区市场的新观念和新的变革。这种方式也将成为吸引城市资金反哺农村的重要载体。

农户养殖户行为分析：作为以血缘关系组合而成的社会组织形式，农户在特定的社会经济环境中，为满足自身物质和精神生活的需要，通过对外部经济信息的反应来自行组织资源，并开展农业生产的经济行为。其经济目标是获取最基本的生活资料、改善自身生活条件，追求最大限度的经济利益。影响农户经济行为的主要因素是宏观经济政策（整村推进扶贫、农业科技推广、联产承包责任制、农业产业化、新农村建设等）、市场导向（价格、信息等）、农户自身素质（致富能手、科技能人、贩运大户等）。农户经济行为的主要缺陷是投资行为的盲目性、多重性（创新、守旧、模仿、投资方向单一、短期行为），生产行为盲目（粗放式经营、盲目使用化肥、过度放牧不注意休养生息），技术选择的狭隘性（分散经营、小户核算、扩大再生产的能力欠缺、小农意识），农产品市场滞后、流通渠道不畅（农民组织化程度低、市场信息失灵）、生产方式落后（以农户为经济单位、生产方式落后）等。

结论：农牧业投入—产出率普遍低于其他行业，农牧民厌农弃农，大部分转向第二、第三产业，通过非农收入获得收益；以农户为单位的经营模式短期行为明显、抵御市场风险和吸收科技能力差、能力和观念一直处于弱势地位。政策引导、产业化发展、合作经济、规模经营、生态农业是西部地区农业经济发展的必由之路。

4.4.2　银行是否发放贷款：市场化原则下的银行激励问题

银行是否向龙头企业贷款、发放多少贷款，取决于龙头企业的信用度和项目的营利性，也取决于是否有贷款担保。无论是农业银行、农业发展银行还是农村信用社都可以对龙头企业提供贷款。但是，由于获得资本金成本的不同，各个金融机构的贷款利率是不一样的。规避风险是金融机构追求的经营目标，但是，金融机构的每一笔业务都不可能是零风险。金融机构作为独立的经济体，考虑的只是自己的经济利益。面对不确定因素众多的农牧业，金融机构可能只放少量的贷款。目前，内地大部分省市对涉农贷款提供一定的减税优惠，即将金融机构在某段时期（1 ~3 年）内的农牧业产业化项目贷款税收按一定比例以先征后补的方式进行返还，以弥补银行利差，调动金融机构的积极性。如何进一步减少金融机构在农村经营的成本，缓释农村金融服务风险，需要做的工作还很多。

4.4.3 用经济手段完善农牧业产业化发展的基础设施

政府支持农牧业产业化发展要坚定不移、政策连续，在饲料加工、种牛羊引进、卫生防疫、农牧区基础设施建设、市场规范中，政府法规要保护，并通过新农村建设来实施。有了产业化链条，政府要协助龙头企业完善订单形成机制，作为中间人督导种养殖户、龙头企业、金融机构建立协议关系，使其不因市场波动而盲动。当然，这是建立在三方“共赢”的市场基础之上的。政府帮助种养殖户与龙头企业分别建立协会自律组织，完善订单关系；帮助龙头企业、种养殖户参加风险担保基金、农牧业保险，保证农牧民在市场价格突然变化或发生自然灾害、牲畜重大病疫时有投资保障。这样，龙头企业（牵引市场）—公司养殖基地（养殖大户连接市场）—种养殖户（面向市场）的产业化发展格局才会真正形成，见图4－7。金融机构通过贷款担保为龙头企业融资；龙头企业通过产品开发开拓市场，通过订单农业完善农牧产品的生产链。

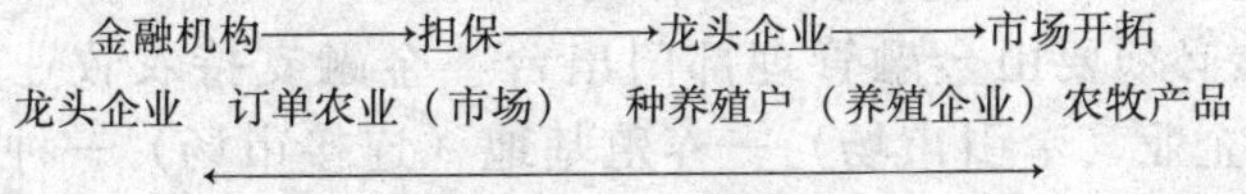

金融机构——→担保——→龙头企业——→市场开拓

龙头企业 订单农业（市场） 种养殖户（养殖企业）农牧产品

←——————————————————→

图4－7 农牧业产业化发展流程

在这个发展流程中，政府在信用环境建设中责任重大，行政推动农牧业产业化经营的行动在开始阶段是必不可少的，政府必须密切关注整个产业链条中的信用问题。政府的信用环境建设将促使这个产业链上各利益主体信用意识的加强和信用行为的实施。政府重点支持2～3个龙头企业的发展，通过资源开发和基地建设，扩大科技投入。龙头企业立足市场研发产品，不断进行市场开拓（包括本地和外部两个市场）。其中关键的环节是龙头企业的技术研发、市场资源整合以及金融机构的资金支持。政府在这个过程中不能缺位，更不能越位，要通过政府的政策支持和引导建立各方稳定的利益机制。

4.4.4 品牌产品的市场化

品牌产品的市场化必须研究市场的承载能力，处理好本地市场与外部市场的关系问题。在经济欠发达地区，品牌产品出名难，市场承载能力受居民收入水平和消费水平的限制。市场建设面临与经济发达地区不同的环境，应该采取更加切实的行动，认真分析本地市场与本地购买力（收入水平）倾向。在本地购买力有限的情况下，要走出本地市场就必须进行品牌创造。对青藏高原农牧产品而言，跳开本地市场，进行产品研发，推广高原绿色无污染保健农产品概念，对于国内外高端市场的开拓具有十分重要的意义。如果只考虑统一市场，不区分本地市场与国内外高端市场，往往会被地方因素所制约。这些因素归结起来会形成重要的经济指标限制因素：CPI 上涨。在市场经济的大流通背景下，也会受到国家某些价格调控政策的影响。这里关键的问题是农牧业产业化发展的道路该如何走。

例如，青海的菜子油。青海菜子油品质很好，在湟中县有一定规模的就有 4 家，与山东鲁花比，青海的原料品质优秀，但加工分散、技术含量低、价格低。山东鲁花通过科研攻关，解决了五大食用油压榨难题：化学溶剂对油品的污染、生香和留香、成品油的酸超标、废除旧工艺保持食用油中的天然营养成分、有效去除油品中的黄曲霉素。作为日常食用商品，山东鲁花创出了品牌，有了大市场。又例如，湟源陈醋是传统品牌，它的酿制工艺和纯青稞酿造方法独特，保健特点突出，在本地市场很受欢迎。问题是，湟源陈醋在一个湟源县城就有 4 家，由于市场、技术、资金所限，具有很好的资源、品牌，却难以再发展。因此，要发展品牌产品，就要实行产业化经营，在政府引导下，通过市场运作，实现资源整合。

4.4.5　政府在农牧业产业化发展中的作用

产业化发展必须要由金融管理部门出台“金融支持农牧业产业化政策指引”，按照龙头企业（牵引市场）—养殖基地（连接市场）—种养殖户（面向市场）的模式实现农牧业产业化发展目标。按照市场经济原则，通过财政资金引导银行资金投入，银行的贷款规模会不断扩大。从青海经济金融发展条件来看，建立政府财政资金为主的担保基金是最便于操作和监管的方式。在担保基金、种养殖协会联保、农业保险的三层风险缓释与控制下，银行贷款的效益是可观的，能够实现农牧业产业化发展各利益主体的“共赢”。作为一个可实施方案，地方政府要牵头组织金融管理部门、商业银行、农村信用社、龙头企业、种养殖协会（基地）、种养殖户，分头制定“农牧业产业化发展龙头企业协会章程”、“种养殖协会章程”、“担保基金管理办法”、“商业银行支持农牧龙头企业政策指引”、“商业银行、农村信用社支持种养殖协会、种养殖户政策指引”。进一步落实金融支持农牧业产业化发展实施办法。通过农牧业产业化发展，在不久的将来，青海会形成各具优势的农牧特色产业。西宁作为西部都市大市场，要通过龙头企业的品牌创造以及品牌扩展来全面提升农牧产品的档次和市场竞争力，通过产业化经营来实现现代农牧业发展。

案例 4－8：伊犁河谷农业产业化发展的经验

新疆伊犁地区金融机构逐年加大信贷投入总量，助推农业产业化经营。农业银行重点支持种养殖大户、支农服务企业和农业产业化龙头企业，“十五”期间共发放农业贷款 64.27 亿元；农村信用社支持产业化基地建设，重点满足农户种养殖业的信贷需求，“十五”期间共发放农业贷款48.93万元。新疆伊犁地区的主要做法是：由龙头企业选择优良品种、采用先进管理办法提高农牧产业的投资回报率。在羊繁殖场，采取先进的科学技术管理办法，与专家联手，全部繁殖三元杂交奶羊，产品供不应求，资金回报年平均在40%以上。利用优势资源进行规模养殖，效率高。如昭苏县和霍城县依靠西北农业大学技术支撑，利用荒山资源，规模养殖肉牛、奶羊，产品质量好、无污染，很受市场欢迎，资金回报率在60%以上。养殖协会牵头发展养殖业，不管较大规模的养殖户，还是小规模或不成规模的养殖户，只要建立了养殖协会，并由协会牵头，把好优良品种的引进、饲料技术传授、市场营销等重要关口，其养殖回报率均较高。伊犁地区各级政府先后出台了许多有利于养殖业，特别是规模养殖业发展的政策措施，加强了项目引进、防病体系建设、资金筹集和产品销售渠道的疏通等工作。人民银行、银监局在调查研究的基础上，加大支农再贷款，引导农村信用社对种养殖户的信贷支持。通过政府引导，伊犁地区初步走出了适合本地区发展的农牧业产业化之路。

5　西部农村合作经济基础与农村金融服务创新

5.1　西部经济与金融服务

西部经济要发展就必须依靠外部资金的推动，外部资本性资金到西部是要追逐回报的，按照商业化的经营理念很难成就西部的开发与发展。

通过前面对西部农牧业产业化发展分析可以看出，农村信用社的短期小额贷款解决不了农牧民在生产中的资金需求，其他有组织的银行业金融机构对农村经济渗透不足，西部地区的农民只有加入互助合作经济组织或者进入龙头企业引导的农牧业产业化的链条才有出路。同样，产业化的龙头企业也需要资金支持，西部地缘性的融资显然不能满足龙头企业联结众多农户的资金需要，这样，外援性融资就成为必然，在商业性金融不能着陆的情况下，中央政府的财政补贴和政策性金融的引导就成了关键。

合作金融是建立在合作经济基础上的金融服务模式。随着现代金融制度创新，合作金融拓宽了服务领域和服务对象，但其根本的组织制度和服务方式没有改变，否则，就失去了合作金融的经济基础。西部农业经济只有依靠农村信用社的融资服务才能发展壮大。

5.2　西部农村金融服务

5.2.1　农村金融服务中的小额信贷

我国自1993年试办小额信贷以来，经历了从国际捐助、政府补贴支持到商业化运作的过程。专门发放小额贷款的非政府组织共有约300家，但农村信用社是提供小额信贷业务的中坚力量。统计显示，我国有2.4亿农户，大约有1.2亿农户有贷款需求。利用农村信用社提供的小额信用贷款和农户联保贷款获得的户数大约是6 700万家。改革开放使农户成为农村经济的主体，有了土地经营自主权。农户可以根据市场对农产品的需求及当地资源优势，结合自己的专长，发展重点经营项目及专业化生产，作出相应的选择和判断。但农户的文化素质、科技素质和经营管理素质都影响农民的决策能力以及利用先进农业科技的能力。素质低会导致农户在生产中往往出现投资的盲目性、技术选择的狭隘性、择业行为的从众性和生产行为的掠夺性，其经济行为后果往往会阻碍特色农牧业的可持续发展。受小农经济思想的影响和自身素质的制约，农户投资行为表现出多重性的特点，即投入能力有限、模仿生产经营、对土地投资保守、投资行为短期、投资方向单一等，在缺乏指导的情况下，往往一哄而起。农牧业产业化发展的基础在农村，而改革开放以来，农村金融服务问题始终困扰着农村经济特别是西部农村经济的发展。为了解决农村信贷难的问题，2005 年，中国人民银行批准在全国 5 个省（自治区）设立民间商业性小额信贷组织试点。2005 年 12 月，在山西平遥，日升隆、晋源泰两家自然人完全出资的商业性小额贷款有限公司揭牌。继山西平遥之后，2006 年，贵州、四川、内蒙古、陕西等地也相继成立了小额信贷组织。运作形式主要是：第一，只贷不存，贷款资金来自股本金、捐赠和单一来源的批发资金；第二，对“三农”贷款不得低于 70%，其中，5 万元以下农户贷款比例不得低于 75%，贷款利率基本开放，上限不得超过法定利率的 4 倍；第三，以信用贷款为主，担保贷款、抵押贷款为辅，单笔贷款不超过 10 万元；第四，注册资本低于 1 500 万元机构发起人数不超过 5 人，组织采取股份公司、有限责任公司形式，民营企业为发起人；第五，由地方政府发文试点，试点办公室管理，工商行政管理部门发营业执照，只能在机构所在的行政区域内经营。

小额贷款公司的经营范围是为个体经营者、微小企业、农户提供贷款服务，规定农户贷款的一定比例，如 30%、50% 或 70% 等，一次单笔贷款不超过资本金的 5%，不允许跨县经营。贷款利率上限为基准利率的 4 倍，高于银行业金融机构的贷款利率、低于民间借贷利率，农牧业贷款明显低于其他贷款利率。以发起人自有资金的 10%、委托贷款的 6% 作为风险担保基金，用于委托资金和其他负债资金的担保。小额贷款公司以信用贷款、抵押贷款、担保贷款为主，贷款期限灵活，以 1 ~ 12 个月的短期贷款为主，1 ~ 2 年的贷款相对较少。在西部欠发达地区，农户和小企业的信用评价相对落后，小额贷款公司的风险控制能力弱，金融基础设施没有惠及小额信贷公司，风险控制是小额贷款公司生存和发展的关键。

因此，必须引入抵押担保机制，无论是政府财政资金担保、自有资产担保还是多户联保、互助协会担保，都可以减少金融机构在支持“三农”中的信息不对称，减少逆向选择。在市场经济条件下，商业银行和贷款企业作为利益相关者，贷款企业比商业银行有着更多、更充分的业务发展信息；商业银行只有通过利率、抵押担保机制、信贷规模的设计才能解决这种信息不对称问题，控制信贷风险。在利率管制的条件下，信息不对称导致商业银行无法识别借款人的风险，也不能对不同的企业制定不同的价格，只能根据借款企业的平均风险水平要求相同的风险价格，这就导致了经济学上的“逆向选择”和“道德风险”问题：低风险的企业不愿意接受与其他企业一样的贷款利率，而高风险企业为了获得利润，会提出更高的利率条件来获得贷款。这种行为博弈的结果导致了企业整体的平均风险水平升高，同时也危及商业银行的安全。山西平遥晋源泰、日升隆两家民营小额贷款公司2006年度经营报告显示，到期贷款收回率100%，利息收回率100%，全部为正常贷款。两公司累计发放贷款6 956万元，年终贷款余额为4 487万元。其中投向农业、农户的贷款占比达到80%。由于管理成本很低，晋源泰公司的利润率超过了15%，实现税后利润164.9万元，日升隆也达到34万元。两家公司2007年都进行了扩股增资，注册资本从3 300万元增加到4 000万元。两家公司作为全国最早成立的民间贷款公司，向农村、农民和微小企业提供贷款，坏账率为零，好过任何一家银行。这一事实值得我们去研究。

随着农村地区社会经济的快速发展，现有的金融机构不能提供足够的小额贷款服务，导致农村金融发展远远滞后于农村经济发展。受现有国有商业银行以及其他金融机构融资体制和政策限制，社会资金在支持“三农”方面动力不足，中小企业中约有三分之一强的融资来自于民间金融，农户中也只有不到50%的借贷来自银行、农村信用社等正规金融机构。西部经济的发展离不开金融支持，西部农村经济发展更依赖金融支持。问题是小额贷款公司目前只是在工商行政管理部门登记的企业法人，没有取得金融业务许可证。小额信贷组织的身份性质、对其怎样监管等问题都亟待从法律和政策上明确下来。还有，小额贷款公司的经营模式是私人出资，用自有资金发放贷款，由于目前我国没有任何关于小额信贷的法律法规，小额信贷项目在管理和资金上都需要地方政府的支持。在考察了小额信贷组织的结构、运作现状后，笔者发现在西部农村，单纯依靠小额信贷解决不了西部“三农”金融服务问题，更解决不了西部贫困问题。以青海省为例，全省547万人口中，100万人处于贫困状态，需要中央政府和全国人民的支持。受地理环境制约，农牧业经济发展脆弱，以家庭承包责任制为主要形式的自然经济模式导致如果家庭成员有一人得大病，由于经济实力弱，是很难得到很好医治的。在商品经济不发达的地区，农牧民家庭的可支配资金非常有限。病虫害、自然灾害在西部地区每年频繁发生，一旦遇到天灾，遇到了家庭成员得大病，这个家庭就摆脱不了贫困。尽管如此，农牧民群众仍要求享受普遍金融服务，争取在政策扶持和金融支持下发展生产、摆脱贫困。这里，西部金融服务的制度设计就成了一个根本性的问题。要设计出这样一种制度，用政策性金融引导商业性金融机构的市场进入，包括银行业金融机构和保险机构。为使金融机构在西部运行同样富有效率，必须创新金融机构组织形式、金融服务产品、中介机构（信用担保机制），深化信用环境建设等。

5.2.2　西部金融发展中的村镇银行

村镇银行是专为农民、农业提供金融服务的金融机构。按照相关规定，村镇银行要由1家以上（含1家）境内银行业金融机构作为发起人，其中，单一境内银行业金融机构持股比例不得低于20%，单一自然人持股比例、单一其他非银行企业法人及其关联方合计持股比例不得超过10%。任何单位或个人持有村镇银行、农村合作金融机构股份总额5%以上的，应当事先经监管机构批准。根据《村镇银行管理暂行规定》，在县（市）设立的村镇银行，其注册资本不得低于300万元人民币；在乡（镇）设立的村镇银行，其注册资本不得低于100万元人民币。而目前设立全国性商业银行的注册资本最低限额为10亿元人民币。设立城市商业银行的注册资本最低限额为1亿元人民币，设立农村商业银行的注册资本最低限额为5 000万元人民币。村镇银行首批试点选择在四川、青海、甘肃、内蒙古、吉林和湖北6省（区）县及县以下区域开展。2008年将逐步在全国其他地区推行。第一家村镇银行是四川仪陇惠民村镇银行有限责任公司，2007年春节后开业。该行注册资本200万元，南充市商业银行作为主要发起人占有50%的股权，另外50%股权由当地几家大型企业持有。

仔细研究村镇银行，其实质仍是股份制的小型社区商业银行。孟加拉乡村银行的成功，为中国新型农村银行业金融机构的发展提供了经验和启示。针对中国国情，乡村银行在西部推广还存在一些问题。第一，对西部农村的农牧民来说，发展生产或从事养殖的贷款无法做到按周或月还款。农牧业的周期性决定产品的收益有将近一年甚至更长的周期。在未获得收益之前，农牧民是无法按周还贷的。第二，单纯模仿孟加拉“2—2—1”乡村银行贷款模式存在操作上的问题。一般来说，农牧民都是在急需资金解决生产经营问题时才选择银行贷款。如果按周或月还款不能实现，“2—2—1”模式也就无法在中国农牧民中推广。第三，要使中国农牧民安心贷款和顺利还贷，必然要求政府提供一定的补助。但这种补助必须遵循市场的原则，否则就会成为农牧民的扶贫款。因为农村金融服务环境并没有因为乡村银行政策的推行而改变，也就是说，无论什么人，也无论是什么机构，只要在农村地区提供金融服务，面临的是同样的问题、同样的风险，这种风险和金融机构的成本收益紧紧地联系在一起，所以农村金融服务的改革还需要政策上的突破。

5.2.3　西部金融发展中的贷款公司

贷款公司是由境内商业银行或农村合作银行全额出资的有限责任公司，注册资本不低于50万元人民币。贷款公司只贷不存，营运资金为实收资本和向投资人的借款，主要经营各项贷款、票据贴现、资产转让等业务。贷款的投向主要用于支持“三农”。按照小额、分散原则，贷款公司可根据业务发展需要，在县域内设立分公司。问题是商业化经营的金融机构现在大多数都已经撤离效率相对低下、信用环境相对较差的农村市场，那么，有什么激励可以使商业性金融机构在银监会放宽银行业金融机构在农村设立机构的准入政策后又恢复设立新机构并降低成本、获得收益呢？这是西部金融发展中必须面对的问题，也是我们面对贷款公司这一新生事物必然要思考的问题。

5.2.4　农村资金互助社

农村资金互助社可以以吸收社员存款、接受社会捐赠资金和向其他银行业金融机构融入资金作为资金来源。资金主要用于发放社员贷款，在满足社员贷款需求后，确有富余的可存放其他银行业金融机构，也可购买国债和金融债券。这种融资方式应该说是农民自己的金融创新，是真正意义上的农村合作金融。在特定的乡村里，机构规模小，乡村里的大户在资金互助社里起主导作用，或者说是先富起来的带动本乡村的乡亲。如果金融管理机构能够审时度势，更好地规范这种草根金融，就能够真正地造福“三农”。如果能够进行规范化试点，在农牧民群众有成立资金互助社要求的情况下，以县为单位，赋予中国人民银行县支行和银监局办事处新的职能，在国家相关资金政策支持下，规范资金互助社的组织形式、内部管理制度、民主决策程序、信用评定和资金互助流程，在一个县辖区，成立多个有富裕户和多数农户参与的、金融管理机构指导的资金互助机构，农村金融服务会有很大的改善。

5.2.5　乡村发展协会

四川省仪陇县乡村发展协会成立于1995年。在仪陇县下属的6个乡设立了分支机构，并从2004年年底以来在该县的17个村发展了资金互助组织，累计发放小额信贷资金达4 000多万元，直接帮扶了近10万人次贫困人口。2006年发放贷款920万元，没有一笔坏账。该协会通过多年的苦心经营，已经建立了比较严格的内部管理机制和风险管理体制，贷款面向农民，不需要担保，目前运行良好。青海湟中县上新庄镇、东沟滩村的农民信用协会也是类似的组织，在农村信用社的支持下，由村里的大户联合起来出资，其他农民根据个人意愿参与。资金整合后存放在当地农村信用社，作为本村农民贷款的抵押担保基金，由农村信用社按照比例向本村农民贷款，为本村无力提供抵押的村民向农村信用社申请贷款提供担保，协会协助农村信用社做好信贷资金的放收工作。这种农民自发的金融组织形式受到了金融管理机构的默许，应该说，生存和发展的环境良好。如果金融管理机构能够进行规范化试点，充分相信农牧民群众的创造力和金融要求，由当地中国人民银行的县支行和银监办规范协会的组织形式、内部管理制度、民主决策程序、信用评定和协会抵押担保贷款流程，农牧民群众就会享受到实实在在的、方便的金融服务。

5.2.6　农村基金会和储金会

农村基金会和储金会有着相似的性质和运作方式。它们作为一种合作金融组织在我国农村一度盛行，在一定程度上补充了农村金融服务的不足。1999 年，由于部分地区农村基金会运作混乱，一些地方还出现了其他性质的基金会，后来，绝大多数被取缔或清理。但在一些地方，基金会、储金会等机构，由于有效解决了农民的生产、生活资金之需，没有发生问题，在国家集中治理整顿的缝隙中生存了下来，进一步规范后受到了农民的欢迎。贵州省遵义市绥阳县一个离县城只有 20 多公里的村庄，由于有储金会，绝大多数农民都不到农村信用社贷款，急需用钱的时候，就到储金会去贷。令他们满意的是，在这里，用钱可以随到随取，不像在农村信用社，需要许多手续，有时可能跑几趟都拿不到钱。这个储金会原来是民政部门出资创办的，后来在政府清理整顿中因为考虑其规模不大，也没有强行对它实行关闭。储金会现有储金 300 万元，股东 681 户，其中数额最高的一笔存款 7 万元，是一个外出打工农民存的；数额小的，100 元、200 元的都有。农民到储金会贷款也需有储户、股东担保，但因在本村范围内，彼此了解，信用好的人贷款没问题。对于村里的五保户、特困户等有偿还困难的人，或是遇到家里老人去世等情况，储金会就会以无息或无偿形式提供资金。储金会的贷款利率比农村信用社的高，贷款没有一笔收不回来的。因为农村谁家收包谷、卖海椒（辣椒)、养猪等情况大家都知道，储金会工作人员到时就会上门去收账，所以这个储金会的运行一直很稳健。

5.2.7　地下钱庄以及民间合会支撑的民间金融

对许多农民来说，与农村信用社打交道就像进了衙门口，程序复杂，要求严格，限制过多，导致许多农民对从农村信用社借款心存畏惧。民间金融在我国农村由来已久。民间合会就是一种古老的民间信用互助形式，其背后依托的正是地缘、亲缘的信任。“合会”一般都是由发起人（称“会头”）邀请亲友若干人参加，约定按固定的周期（如每月、每季或半年）举行一次，每次各交一定数量的钱款，轮流交由一人使用，并遵照商定的方式来决定会员对每期筹款的使用次序，其对解决生产困难和生活困难起着经济互助的作用。在中国农村，“会”的名称五花八门：按照会员收款次序决定方式的不同，如预先排定次序轮收的，称为“轮会”；如按摇骰方式决定收款次序的，称为“摇会”；如用投标竞争方式决定的，称为“标会”；如约定所有“会脚”都按同一利息，就叫“平会”。按照周期不同，又可以分为“月月会”、“月双会”、“十日会”、“日日会”等。有很多形式的民间合会，如山东的“请会”、安徽等省的“打会”、广东的“做会”、云南的“赊会”、少数民族——纳西族的“化丛”等。“化丛”是一种具有民族特色的金融互助组织，它在当地人的社会经济生活中发挥了积极作用，特别是对农民急需的红白喜事、购置生产工具、子女读书和看病就医等方面的资助，都非常重要。现在，随着当地旅游资源开发和经济发展，“化丛”在当地经济社会中发挥的作用更加显著，人们很多时候还将“化丛”资金用于买房、装修等。

地下钱庄的高息诱惑让许多市民把闲钱投给地下钱庄。许多人将存在国有银行和用于炒股的资金几乎全部交予借贷公司放贷，以获取高额回报。在国有金融机构无暇顾及的情况下，多数中小企业把目光转向民间借贷。到正规金融机构贷款难度大、手续烦琐、抵押不足、找不到担保人就贷不到贷款，在这些方面，民间融资显示出优势，只要取得融资方的信任，一笔贷款在极短的时间内就可以办妥。地下钱庄的贷款利率最高是银行同期同类贷款利率的 20 倍。按照高利贷的规矩，利息按月结算，而且必须在下一借贷月开始之前付清。如果借款日不足 1 个月，也会按 1 个月计算。如果当月不能返还利息，则所欠利息将自动计入下月本金当中，开始“利滚利”。

5.2.8　青海的民间融资

青海资金短缺，但其民间融资的利率水平却明显低于全国水平，原因主要是青海自然人民间融资行为 80% 发生在个人之间，基于亲缘、血缘、地缘的友情借贷凸显了资金的“援助”性质，加上宗教信仰的影响，致使零利率借贷频繁发生。例如，《古兰经》中的“真主准许买卖，而禁止利息”信条，使得伊斯兰教群众聚居的化隆、循化等地区的民间借贷基本上是零利率，即便有利息产生，债权人也不会将这部分利息收为已有，而是捐赠给寺庙。调查显示，自然人借贷中的零利率户数超过 50%，金额达到 433.3 万元，占样本民间融资总额的 41.02%。2006 年，企业、农户、个体工商户、城镇居民 4 类群体民间融资金额规模大约在 255 亿元左右。民间融资中的宗教“渗透”，降低了不良资产率。青海省是个少数民族聚居的省份，信教群众较多，藏族、回族、撒拉族等少数民族聚居区域分布广泛，宗教对经济的影响也作用于民间融资。一是部分地区的佛教寺院成为放贷主体。青海地区的一些寺院将信教群众捐赠的资金，用于民间借贷。这种无成本、低利率的放贷方式发展迅速，借款的群体已经从信教群众扩大到了企业。二是寺院放贷收回率极高，不良资产几乎为零。在调查中发现，在伊斯兰教群众聚居的化隆、循化等地区，尽管民间借贷的数量很大，但借债人对民间融资的还款意愿强烈；与此相反的是，对国有银行的贷款，大多数群众认为是国家的钱，不用白不用，还款意愿不强。这说明农民的信用意识没有随着经济市场化的进程而发生转变。2004 年 10 月起，中国人民银行对全国商业银行只规定存款利率上限和贷款利率下限，城乡信用社的贷款利率上限暂不取消，但可在基准利率的 0.9 倍至 2.2 倍之间浮动。农村信用社农户贷款按中央银行公布的贷款基准利率和浮动幅度适当优惠，农户联保贷款利率和方式及结息的办法由农村信用社在适当优惠的前提下，根据小组成员的存款利率、费用成本和贷款风险等情况与借款人协商确定。执行的结果是所有给农民的贷款“一浮到顶”。这个现象说明，农村金融服务的广度和深度都存在很大问题，提高农村金融服务水平对农村经济发展意义重大。民间金融是正规金融的补充，只有正规金融机构不愿进入的领域或者说成本高的领域，才允许民间金融存在。在农村金融问题上，需要改变这种观念，民间金融作为完全的市场竞争主体应该与正规金融机构处于同一竞争起点，国家在政策规定上不应有偏倚。民间金融行为具有交易成本低、信息对称、能够充分利用地方局部知识等特点，一般具有较高的效率，但也可能存在一定的负面影响。因此，应该尽快建立起市场准入、监管和退出的各项规章制度，使民间金融合法化。对国家宏观经济政策而言，控制风险，保持金融稳定是很重要的目标，而农村信贷的小规模、长周期、信息失真、抵押品不足等特点势必造成较高的交易成本和信贷风险，这决定了农户等中小经济体的金融需求无法从正规金融机构得到满足。因此，必须实事求是地分析农村的内生需求，探讨金融产品与农村落后生产力的恰当对接，从而使农村金融改革紧紧围绕农村经济主体的需求展开。

当前农村金融服务需求得不到满足是强制性制度变迁的结果：资源浪费、效率低下、利益扭曲、市场竞争缺乏。政府过度参与，造成政企不分，农村金融组织难以成为完整的市场主体。政府通过政策抑制，使民间金融转入地下，这既不利于监管，也能造成偷逃税款，暗藏金融风险。政府控制金融资产价格，扭曲的价格难以反映供需与风险。因此，降低准入门槛，鼓励多种所有制形式进入农村金融市场势在必行。政府应该在多方面给予配套政策支持：要适当放开利率政策，通过适度竞争降低市场利率；要完善金融法律环境，优化执法环境，加快信用体系建设，将农民纳入社会征信系统；进一步发挥政策性金融的作用，明确政策性银行功能定位，积极引导发展民间金融，建立适度竞争的农村金融市场，正确引导民间借贷活动。

5.3 农村金融服务的几个主要观点

5.3.1 要让农牧民得到金融服务

农村金融服务首先要解决的问题是让农牧民享受到金融服务，不管这种服务的质量高低、产品多少和成本大小。有贷款需要的农户最关心的不是利率高低，而是能否贷到款。许多人希望给农民的贷款利率越低越好，他们认为这样可以减轻农民的还款负担。但在涉农小额信贷发放过程中，普通农民很难得到低于优惠利率的贷款。得到低息贷款的人，往往是有门路的人。当涉农贷款利率低于市场利率时，这种贷款便成了稀缺资源，需要有关部门决定把钱贷给谁。虽然农村金融机构的很多干部都是廉洁自律的，但也有一些人会利用这个机会“寻租”谋利。涉农贷款应在利率覆盖风险的原则下进行，即借贷利率要能覆盖贷款业务的全部成本。国外通行做法是，对小额信贷利率采用市场利率，即略高于其他一般性贷款的利率。但是，仅仅通过市场机制解决不了中国农村的金融服务问题，必须加上政府的政策支持，否则，商业银行的利润追求与成本核算结果，会吓跑所有的金融机构；财政贴息、建立贷款担保机制，通过政策性银行的转贷款和人民银行的再贷款，给农民好的政策和经济实惠，农村金融服务才能发展。目前，除了由国际机构通过商务部、农业银行、妇联、社科院、农业部等设立的小额贷款组织外，由农业银行和农村信用社接受中央银行再贷款、国际组织赠款而向农民发放贷款也占有一定的比例。但毫无例外，它们都存在体制僵化、管理落后、主动性和创造性不强等特点，发挥的作用极其有限。

5.3.2 小额信贷的可持续性

农村信用社开展小额信贷的运作成本比其他贷款要高，国内外经验表明，只有采用市场利率才可能实现运作机构和这项业务的可持续发展。这种进一步缩小存贷利差的政策是违背市场经济运行规律而难以为继的。中央银行关于小额信贷利率适当优惠的相关规定，限制了农村信用社小额信贷的利率，影响了农村信用社小额信贷的可持续发展。农业银行管理的扶贫贴息贷款实行政府规定的低利率，由财政部给予贴息，可持续发展更无从谈起，主要问题是僧多粥少。向借贷者发放贷款的利率应允许有较大的灵活性，并最终实行利率市场化，这是小额信贷项目能否可持续发展的关键因素之一。社科院农业发展研究所于 1993 年和孟加拉乡村银行达成合作协议，从 1994 年开始在河北试点，后来发展到河南、陕西、四川等地区开展小额信贷试点工作，主要模式是学习、借鉴、本土化“孟加拉模式”，目的是实验小额信贷在我国农村的可行性和可持续性。模式基本上和孟加拉乡村银行是一样的，但效果一般。中国城市和农村是二元经济结构，农村生活和经济发展水准要比城市差许多，尤其是在中西部地区。商业银行要保证安全性、流动性、盈利性，这就决定了商业银行肯定要避风险、趋盈利，而农民很难满足传统银行抵押贷款的要求，从而使传统银行进城，农村信用社也收缩在县城或发达乡镇的机构，这样就给农村金融市场留下了一个很大的空间。对于一个欠发达地区来说就出现了“银行难贷款，农民贷款难”的现象。

5.3.3 农村金融必须依靠农民的自主创新

要尊重农民的创造性，把合作金融还给农民，充分体现合作金融的合作性。在许多国家，农村合作金融都是“农营”的，政府的作用只是扶持，放宽政策，给予足够的优惠。农村合作金融的发展在世界上所有发展中国家都是大难题。把合作金融还给农民，相信群众、依靠群众，合作金融就能办好。中国农业服务体系条块分割严重，小农经济的交易费用过高，单独推进农村金融部门的商业化改革，难以实现为“三农”服务的目标。政府只有把涉农金融服务领域放开，让农民的合作组织进入这些能产生利润的领域，通过农民合作起来的规模经营可以生成规模效益，鼓励农村合作社内部的金融互助，弱化农村高利贷的破坏作用，才能使农民、农村、农业享受到普遍金融服务的便利。民间融资是我国农村金融组织体系的一个重要组成部分。如何把民间融资纳入到契约化和规范化的轨道是推进农村金融体系改革中应该认真研究和思考的问题。有专家建议把供销社等服务组织改造为农民合作组织，这是不现实的。供销合作社创立之初是农民的合作经济组织，其后随着计划经济体制的建立和强化，供销合作社变成了国有商业的组成部分，合作经济的实质不复存在。由于供销合作社历史包袱太重、人员过多、管理不善、机制不活等各个方面的原因，供销社无法参与市场竞争，经营萎缩，亏损严重，在农村流通领域的主渠道作用已基本丧失。目前，相当一部分基层供销社实际上已经名存实亡，丧失了为农民服务的能力。目前，农民不承认供销社是他们自己的组织，供销社职工也不承认供销社是农民的组织。农村金融改革不能再背负任何历史的包袱。

5.3.4 在经济合作基础上实现农民的信用合作

农村金融服务改善必须建立在农民经济合作基础上，因此小额信贷机构应该是又能存又能贷的，这样的金融服务才能搞活。在一个小农经济社会条件下，单独搞资金互助的信用合作是行不通的。农民在资金方面的信用合作必须和农民的专业合作、供销合作同步进行，并最终实现农民的组织化。天则经济研究所常务理事、著名经济学家茅于轼在10年时间里，从500元起家，如今已积累到50多万元资产；受惠的农户达到2 500多户，有上万人受惠。无论从自身资产增值的效率，还是从扶助农民的效率看，都远高于那数百家官方、国有性质的小额信贷机构。他在10多年以前就开始想办法引进由诺思教授的方法来解决中国的贫困问题，但是不太成功。现在的规定是小额贷款机构只贷不存，不许吸收存款，因为容易发生卷款潜逃事件。茅于轼认为，这是把一条腿割断了，剩一条腿怎么走？他建议，开始可以做一些限制，比如前三年不许吸收存款，从第四年开始可以少量吸收，再到第几年可以不受限制地吸收存款。仔细研究村镇银行，其实质仍是股份制的小型社区商业银行。发展农村新型金融机构，不仅是为农民提供金融服务，而且要尽可能使金融服务环节的利润留在农村、留给农民。但这就不是股份制所能保障的，而需要合作制来维护农民的利益。从日本、韩国的经验看，只有建立了涵盖农业生产、加工、流通、金融等各个环节的综合农协体系，农村金融才能真正盘活。农村金融的推进，必须在农民专业合作、供销合作、信用合作“三位一体”的平台上进行。

5.3.5 农村金融制度创新要与农村经济发展阶段相适应

从农业发展本身的特性来看，加强千家万户的小农户和大市场之间的联系，推广“公司 + 农户”的农业产业化模式是一个行之有效的政策。但是，农户和龙头企业都需要有金融支持，农业产业化才能进一步发展，因此，农村金融改革就相当关键。由于农民没有合适的资产可以用于抵押，农民贷款难，如果龙头企业可以成立担保公司，给基地里的农户提供担保，农户贷款难的问题就可以得到解决。农业银行、农村信用社之所以不愿意给农户提供贷款，是因为缺乏农户信用、收入状况的信息，而相对来说，龙头企业对于农户的信息是完全掌握的，农户的技术是龙头企业提供的，产品是龙头企业购买的，不存在信息不对称的问题。因此，可以由龙头企业成立担保公司，给基地里的农户或准备加入基地的农户提供充足的资金担保。这是发展生产、增加农民收入的有效措施。

5.3.6 民营金融机构的运行在农村更富有效率

中国农村金融改革应进一步放开民营资本的准入和贷款利率的限制，并以此促进农村小额信贷的发放。从对农民贷款的经济学分析可以看出，农民借钱去养一头奶牛，投资每年的回报至少在40%~70%左右。奶牛可以产奶，奶牛往往生一头小牛，如果小牛是公牛不值钱（平均1 500元），如果是母牛就值3 000元，15 000元的投资，收奶每年可收入5 000~7 000元。为什么有这么高的投资回报呢？秘密就在于没有把他的工资算进去，如果把每天二三十块钱工资算进去，这些全部都是赔钱的。对于农民来说，养一头牛，并不是说别的事不干，他不养这头牛，其他劳动的机会成本也几乎为零。因此，对他来说，他算的就是他的投资回报。在世界上，这种农业回报率平均在37%以上，有的甚至更高达投入的8倍。因此，农民在目前的经济环境和经济政策条件下愿意付高利率获得贷款，发展生产。如果利息不高，农村信用社或者农村乡镇银行等都不会到农村去，农民也没有地方去贷款来发展生产。农村要发展，必须让金融服务进入农村，使农民也能享受到普遍的金融服务。利率高一些，农民也愿意贷款，因为能赚到钱。这是简单的农民经济学，如果把这样一个简单的经济学道理贯彻在农村金融服务的改革设计中，农村经济发展就会有光明的前景。

5.3.7 民间借贷与市场金融交易制度

据估计，全国农户中只有不到50%的借贷来自银行、农村信用社等正规金融机构，非正规金融途径获得的借贷占农户借贷规模的比重超过了55%。为什么民间借贷能够蓬勃发展呢？第一，“缘”是民间借贷生存和发展的基础。我国的民间借贷是以“血缘”、“地缘”和“业缘”为基础的。“血缘”是指民间借贷在有血缘关系的亲戚和非血缘关系的朋友之间因彼此信任而进行的借贷行为。“地缘”是指民间借贷在一定地理区域内因彼此了解而自发形成的借贷行为，解决了经济主体对生产和生活的资金需要。“业缘”是指民间借贷在产业链条上因各自的紧密联系、相互依靠而产生的借贷行为。因此，民间借贷是一种“内生金融”。由于这三“缘”，资金供求双方彼此相互了解、高度信任，很容易达成信用关系。由于彼此之间信息高度对称，加之借款人在一般情况下都能恪守信用，按时还本付息，民间借贷较之正规金融具有更强的信用可靠性。第二，需求是民间借贷生存和发展的前提。随着我国市场经济的发展，城市和乡村涌现出的大量个体工商户和小企业对资金的需求很大，正规金融机构根本无法满足其需求。特别是1998年以来，国有商业银行经营重心逐步向大中城市转移，相应撤并了一大批县及县以下分支机构。县域金融体系萎缩，民营企业难于从正规金融机构得到贷款的情况，客观上为民间借贷提供了发展空间。第三，独特优势是民间借贷生存和发展的根本。一是制度优势。在我国现实经济生活中，正规金融机构的贷款行为有时会受到行政力量等非市场因素的影响，贷款基准利率也是管制利率，而民间借贷中的借贷行为和利率都是市场化的。民间借贷是一种纯粹的市场金融形式和市场金融交易制度。二是信息优势。正规金融机构贷款中的信息不对称现象是经常存在的，有的借款人为了得到贷款甚至不惜编造虚假的财务数据或实施其他造假行为，而民间借贷中的当事人彼此之间比较了解，与融资相关的信息极易获得且高度透明。三是成本优势。在民间借贷过程中，融资前的信息搜寻成本和融资后的管理成本很低，一般也不需要因向融资方“公关”而支付“寻租”成本，因而融资交易成本较正规金融明显要低。四是速度优势。民间借贷无烦琐的交易手续，交易过程快捷，融资效率高，能尽快达成交易，使借款人迅速、方便地筹到所需资金。民间借贷的这些独特优势，也是其能够和正规金融长期共存的重要原因。

民间融资约定俗成。以浙江为例，浙江的民间借贷大多发生在个人之间，企业的融资往往是通过股东个人的融资行为实现的。民间借贷资金的权属十分明确，而且借款人对债务承担无限责任已习以为常，父债子还是普遍现象，因而民间借贷的偿债率高于正规金融。

6　农村信用社的发展与改革

6.1　中国农村金融改革的历史回顾

6.1.1　农村信用社的改革

西部农村享受普遍金融服务依赖的是农村信用社。农村信用社的改革与发展、经营机制的转换、信用产品的创新决定着农村金融服务的水平。我国农村信用社有着50多年的生存发展历史，其间虽然经过多次体制变革，但位于农村、支持农业、服务农民的“三农”市场定位一直未变，是农民接触最多、印象最深的农村金融机构。常年与农民打交道，使农村信用社对农村经济最熟悉、对农业产业最了解、对农民金融需求最知情。天然的地缘优势，使得农村信用社能近距离地接触“穷人”，更好地了解“穷人”，为“穷人”提供服务。农村信用社一直位居农村，而农村金融的市场并非一直由农村信用社“独霸”。数年前，各国有商业银行也纷纷抢占这块本不富饶的市场，在县城周围乃至乡镇设点布局。但随着金融体制的改革，国有商业银行因战略需要而退出农村市场，尤其是农业银行将设在乡镇的基层营业所也逐步撤并。目前在农村信贷市场，除了农业发展银行的一些专项贷款外，几乎只有农村信用社“一枝独秀”。农村信用社坚守农村市场这一行为，增强了它在农民心目中的地位，广大的农民也由此看到希望。围绕农村信用社的领导管理体制、组织制度、内部经营管理制度，政府先后颁布了一系列法规，制定了相关政策措施，对农村信用社的有效运转发挥了决定性作用，实现了宏观经济效率。但是，这种强制性的制度变迁，抑制了农村信用社的内在活力和制度创新、产品创新的动力，民主选举被认为是一种“程序”和“形式”，行政权力随时可侵犯社员的民主权利。农村信用社经营和业务运作决策缺乏透明度，“内部人”控制色彩十分浓厚，甚至在一些地方农村信用社决策过程是由有“裙带”关系组成的“内部人”来决定的，而社员大都是小股东，持股者很分散，因此普通社员缺乏对农村信用社监督的动力和手段。农村信用社实际上变成了国家的金融机构，按照国家信贷政策提供金融服务。农村信用社的贷款程序、贷款对象、人事用工制度、职工待遇也向国有商业银行看齐，社员贷款很少有优先或优惠，与银行机构没有多少差别。目前，很多农村信用社建立了新的运行机制，成立了“农民信用评定小组”，吸收村党支部和村委会成员参加，在对农户信用进行评定时，先由信贷员调查并提出初评意见，然后交由农户信用评价小组对贷款户进行信用等级的评定，建立农户贷款经济档案，量化信用指标。贷款农户信用每两年审查评定一次。对于信用户，优先给予贷款扶持，并按信用户信用程度进行贷款授信；对于非信用户，则采取有限制的贷款扶持，原则上要求所发放贷款必须有担保。农村信用社的农村金融服务正在改善。

6.1.2 农村金融改革的主要矛盾

1996年以来的农村金融改革并没有促进农村金融市场的竞争。改革使农业银行逐步从农村市场撤出，关闭了农村合作基金会、资金互助社和其他非正规金融机构，使农村信用社在我国农村金融服务市场上处于垄断地位，实际上赋予了农村信用社独立支撑农村金融服务的职能。在驾驭管理、归属权转移性的改革中，农村信用社的主管上级多次变更，垄断性的市场加上政府的直接管理，使农村信用社离合作制越来越远，农民入股后作为股东的权利实际上被政府任命的实际控制者变相剥夺了，农村信用社经营中官方色彩和政策性业务的运作，使农村金融服务的灰色领域越来越突出，形成的巨额不良贷款等待政府用财政资金转移支付或者等待中央银行实施票据置换来救助。农村信用社自身能力与所负责任不相称的矛盾很快就暴露出来了。农村信用社改成由省联社独立管理。在联社体制下，对县联社来说，省联社是领导机构，控制着县联社的人、财、物，决策权的下放解决不了农村信用社的法人治理结构，权力的转移形成了新的“内部人控制形态”。多年来，农村信用社巨额的历史包袱、利率管制和部分地区经营管理的低效率，不少处于垄断地位的农村信用社，特别是中西部地区的农村信用社面临着技术性倒闭，举步维艰，无法发挥农村金融“主力军”的作用。监管当局困惑的是，由于农村信用社在农村金融市场中处于高度垄断地位，即使农村信用社亏损严重、资不抵债，也无法将其关闭，这就滋生了严重的道德风险和农村金融安全隐患。亏损的农村信用社缺乏市场退出机制，中央银行只能通过一次次的资金注入来实行救助，维持农村信用社的低效率经营。救助的结果是农村信用社迷失了方向，丧失了自身改革的动力，改革没有解决农村信用社根本性的问题与矛盾。

6.1.3 农村信用社法人与组织体系改革

从2000年开始在江苏进行的农村信用社法人与组织体系改革试点，在明晰产权、完善经营机制、以县为单位统一法人、组建省联社和农村商业银行等方面进行了探索，同时在全国进行了农户小额信用贷款推广工作。2002年，全国金融工作会议确定了农村信用社改革的五条思路：第一，在组织模式上不搞“一刀切”；第二，在条件允许的地方可以实行商业化；第三，不搞全国纵向条条管理；第四，坚持小额信用贷款；第五，省级政府参与风险化解。解决“三农”

问题的政策取向与金融机构的商业化经营目标之间存在矛盾。2003 年，农村信用社改革鼓励适应当地经济发展的改革创新，建立可以满足不同地区、不同行业和不同层次金融需求的、多样化的现代农村金融体系。从制度安排的角度来说，县联社需要通过增资扩股满足监管当局的资本充足率要求，但却不必对股东负责，省联社有权任命县联社的主任，但无法承担县联社经营亏损的责任。

6.1.4　青海省农村信用社的改革

2006 年 6 月，青海省农村信用社从业人员 2 100 余人。省联社 1 家，县（市）联社 33 家，农村信用社 213 家，信用分社 138 家，储蓄所 8 家。全省各行政县中除果洛州班玛和久治，玉树州囊谦和治多四个县未设农村信用社机构外，其余的行政县均设有农村信用社机构，近 90% 左右的机构网点分布在县以下乡（镇）。根据改革试点资金支持方案，2005 年取得中国人民银行专项票据 22 164 万元的资金支持，置换农村信用社不良贷款 18 075 万元，弥补历年亏损挂账 4 089万元；中央银行的专项票据资金支持使全省农村信用社不良贷款比例下降 13.66 个百分点，降幅达 44.86%；全省农村信用社不良贷款在占比和绝对额大幅下降的同时，贷款质量明显提升。资本充足率水平提高，2002 年年末，全省农村信用社资本净额 160 万元，加权风险资产总额 154 440 万元，资本充足率为 0.1%。中央银行专项票据置换不良贷款和历年亏损挂账后，加权风险资产总额 301 719 万元，资本充足率为 7.6%，提高了 7.5 个百分点，27 家资不抵债农村信用社全部改善了资产负债结构。人民银行专项票据置换和弥补历年亏损后，农村信用社的经营状况出现了根本性变化，使农村信用社的历史矛盾得到明显化解，增强了农村信用社改革的信心。同时，票据资金支持也为农村信用社进一步提高金融服务水平，实现健康可持续发展，充分发挥农村金融主力军的作用奠定了坚实的资金基础。

截至 2006 年上半年，青海省农村信用社有 33 家法人联社（改革方案全部为统一法人社），各项存款余额 35.1 亿元，比基期 2002 年年末增加 15.3 亿元，增长 43.6%；各项贷款余额 36 亿元，比基期增加 17.9 亿元，增长 49.6%；不良贷款余额 5.9 亿元，不良贷款占比为 16.35‰，降幅达 46.27%。农村信用社应享受营业税减征 897 万元，所得税免征 1 853 万元。省政府及有关部门出台了帮助农村信用社清收不良贷款、打击逃废债、接收处置抵债资产税费减免等方面的扶持政策。农村信用社改革的目的是通过资金扶持和政策优惠，使农村信用社摆脱历史包袱，逐步建立产权明晰、法人治理结构完善、约束机制健全的独立经济主体，建立科学的风险控制制度、用工制度、授权授信制度、贷款定价制度、责任追究制度和费用控制制度。在贫困农牧区，农牧民收入有限，生产生活困难，没有多余的资金向农村信用社入股，增资扩股难。由于农村信用社盈利水平低，没有红利可分，社员的权力得不到充分体现，贷款的优惠政策得不到体现，影响了农牧民入股的积极性，也使得农村信用社自身支农资金供给不足。由于信贷资金来源渠道不畅，开户受到限制，涉农资金大量外流，致使信用社所占的存款市场份额极低，自身支农资金严重不足，但却承担着全省90%以上的支农贷款的艰巨任务。经营成本大，经营困境没有得到彻底改变，农村信用社抗风险能力不足，资本充足率≥8%的县联社只有18家。

6.2 农村信用社改革的评价

6.2.1 西部农村金融改革问题

1984年8月，国务院批转中国农业银行《关于改革信用社体制的报告》，提出把农村信用社办成真正的农村集体所有制的金融合作组织，突出农村信用社的民办因素，充分发挥经营自主性和灵活性，改善农业银行对农村信用社的领导，农村信用社分别经营、分别核算，初步改变了农村信用社既是集体金融组织又是国家银行的基层组织机构的管理体制。改革开放以来，农村信用合作社管理体制经历了许多变化，在管理和运作模式上争论很多，但迄今为止都不十分理想。1994年以前，农业银行承担各种涉农金融业务，管辖农村信用合作社。1996年8月，国务院颁发了《国务院关于农村金融体制改革的决定》，农村金融市场“三足鼎立”，即农业发展银行成立并运营，农业银行、农村信用合作社“脱钩”。加强农村信用社县联社的建设，中国人民银行对农村信用社市场准入、服务方向、利率、人事等问题进行直接监管，按照合作制原则规范信用社行为，随后组建农村信用社行业自律组织。这次的改革使农村信用社明确了支农的方向、规范了内部管理、控制了一些经营风险，但这种政府主管部门主导下的制度变迁由于错综复杂的利益关系仍然没有使农村信用社获得新的活力。2000年，农村金融改革在治理整顿中反复，人民银行出台支农再贷款，整顿农村基金会等。2003年以来，农村信用社进行了改革试点，成立省级行业管理组织，并推行统一法人、组建农村商业银行和农村合作银行等多种改革模式。这些改革的一个最显著成效就是使农村信用社实力增强了、效益提高了、管理集中了、科技水平提高了。但是，改革的结果使农村信用社距离“三农”越来越远。农户小额信用贷款越来越难。2004年至2006年三个中央1号文件提出农村金融改革框架，农村信用社改革试点扩大到29个省市区，“商业性的小额贷款公司”破土。农村信用社强制性制度变迁形成了对农村信用社管理的行政化特点，行政权力的强制性淡化了社员的民主管理和农村信用社的自主经营，社员的互助合作名存实亡；与此同时，这种制度变迁加深了农村信用社“内部人控制”，外部监管和行政隶属关系形式上的改变以及社员权利的淡化放大了农村信用社实际控制人的权力以及由此形成的经营管理风险。

6.2.2　西部农村信用社改革的困扰

农村信用社改革为什么总在反反复复，归结起来有两个主要原因：一是中国农村由东到西、从南到北发展的差异性很大，农业生产模式的地域性千差万别，想用统一的所谓全国试点模式从上而下推广只是管理层的一厢情愿，从改革的几个阶段内容和实施效果看，一直在管理权限上打转转，改革的主导思想偏离了合作金融和农村经济发展的基础。二是改革的设计者忽视了中国农村社会经济的差异性，是以救世主的面孔出现的，因此，改革是政府给予的，忽视了农民的发言权，农民自己没有参与。农村信用社商业化经营与组织形式上的互助合作形成了一个解不开、理还乱的结。作为农村金融服务的主力军，农村信用社改革的根本出路在于放松管制，让农民广泛参与。三是农村信用社全体社员对他们出资组建的信用社只有名义上的产权归属关系，而实际上的产权关系是模糊的。

6.2.3　农村信用社改革的主要目标始终处于漂移之中

农村信用社改革是提高经营效益还是支持“三农”？农村金融体制改革的目标一直围绕着改变农村信用社的外部管理体制这一思路进行，未能从内部制度上建立起有效的激励约束机制，使得农村信用社不管名义上如何变化，事实上仍然是传统经济体制下的官办形态，官办色彩浓重，离农民越来越远。农村金融服务在严格管制下依靠“官办金融”支撑，不允许民间金融的存在。农村信用社股权改革并非根本，归谁管理并不重要，重要的是要通过改革满足农民的金融需求。由于农村经济的不断发展和城镇化水平的逐步提高，农村金融服务需求在不断发生变化。不同地区经济发展差异大，地区间金融服务需求也各不相同。农村信用社小额信用贷款适用于中西部农业地区，但不一定适用于东南沿海地区。中国经济发展的阶梯形态形成了东部、中部、西部地区经济结构和市场结构的差异，不能搞“一刀切”式的政策设计。在一个混合的目标下，一个金融机构很难真正遵循商业原则搞好经营，由于“逆向选择和道德风险”，贷款投放风险控制漏洞多，不良贷款比例较高、亏损严重。农村信用社的制度变迁要与一个地方的经济发展水平和特点相适应，能够改善内控机制。也许东部地区更适合于农村合作银行模式，可以走股份合作制，但对经济基础薄弱的西部来讲，商业化改革可能断送农村信用社的前途，只有按照互助合作经营管理，使县联社变成独立的合作制金融机构，设立自己的、与农民生产生活相结合的网点，在国家相关政策（如利率、再贷款、小额信贷担保和农业保险等）的扶持下，才能够改善农村金融服务。根据农村金融需求多样性的特点，在保证资本充足、加强监管、防范风险、试点总结经验的基础上，要允许国有资本、私有资本、外资和国际慈善组织共同参股，新设社区银行、只贷不存的贷款公司、小额信贷组织和农村社区基金等多种农村金融机构，要引导和规范民间借贷组织成为农村信贷市场的重要主体。

案例6－1：小额贷款公司的成功与困惑

山西日升隆和晋源泰从2005年12月27日作为中国人民银行小额贷款首批试点挂牌以来一直受到关注。2007年1月，这两家小额贷款公司交出了首份成绩单，日升隆和晋源泰分别实现利润34.3万元和164.9万元。据人民银行平遥县支行提供的数据，截至2006年12月31日，日升隆和晋源泰两家公司累计发放贷款6 956.62万元，累计利润278.62万元，到期贷款回收率和利息回收率为100%。从实际贷款需求来看，平遥的规模远远不止7 000万元。日升隆和晋源泰对2007年的业务发展前景也非常看好。日升隆总经理刘维辉说，到2007年年末，预计当年各项贷款余额能达到3 500万元，全年利息收入能有500万元。晋源泰的董事长韩士恭也认为，2007年贷款余额至少能做到3 000万元，纯利润能做到300万元。两家公司的业务能够较快发展的一个原因在于地方政府的支持。在小额贷款公司试点期间，县政府比照农村信用社的优惠，对小额贷款公司免征营业税、返还所得税。为了降低小额贷款公司客户抵押质押的费用，经过县政府的协调，小额贷款公司抵押质押的评估费用由7‰降至2.8‰，公证费用从3‰降至1‰。完善制度与风险控制，搞小额贷款公司不是靠熟悉地方来经营，而是靠很好的制度、很好的机制来经营、占领市场，并且要在结合当地实际的同时逐步向国际的通行规则靠拢。目前，日升隆正在针对信贷人员制定目标责任考核试行办法。刘维辉说，考核办法将会把信贷员的责权利、风险和收益结合起来，量化考核指标，将工资与绩效挂钩，增加激励机制，充分调动信贷人员的工作积极性。第一年试点期间，两家公司交出了到期贷款回收率和利息回收率均为100%的成绩单。但是，随着时间的推移，肯定要出现不良贷款，尤其是面向“三农”的小额贷款本身风险就比较大，出现不良贷款是正常的，也是必然的，而且小额贷款公司的比例应该比其他金融机构更高。为了控制信贷风险，日升隆推出了一些创新的贷款品种。该公司一位副总经理介绍，由公务员担保的“薪农贷”是一种风险较小的业务。2006年年底日升隆共有“薪农贷”195户，2007年计划拓展到300户。此外，日升隆还选择民风好的南候村、闫家庄村作为小额信贷“示范村”的试点，与村委会合作控制风险。2007年还打算尝试“龙头企业＋担保公司＋贷款公司＋农户”四位一体的贷款方式。2006年8月以来，日升隆和晋源泰为了解决后续资金问题，已经先后增资扩股和引进委托资金，目前日升隆的委托资金500万元，晋源泰的委托资金210万元。它们希望能够得到国家的批发贷款和人民银行的再贷款，但人民银行再贷款的管理办法明确指出，只能贷给金融机构，而小额贷款公司不是金融机构。国家开发银行的批发贷款也不能“直通车”给两家公司，必须通过其他平台。可考虑国家开发银行把资金先给地方政府，地方政府由财政做担保，然后再由地方政府给小额贷款公司。

结论：成功运作的小额贷款公司只贷不存的制度设计是金融管制的结果，中央银行的再贷款也存在运用规则上的缺陷，如何把农村合作金融还给农民，引导农村金融服务的发展，是决策者和制度设计者必须关注的问题。

6.3 农村信用社的风险管理

6.3.1 农村信用社的经营特点和风险管理

在中国，农村信用社具有机构、网点和从业人员众多，遍布范围广，与农村、农户、农民联系紧密的特点。农村信用社是为“三农”服务的地域性合作金融组织，更准确地说是“农民的银行”，其资金经营和服务产品的有机组合与创新要以满足其核心客户——农民的需求为中心。在现阶段乃至今后相当长的时期内，农民的经济状况和经营特点决定着其对金融服务产品的需求必然突出地表现为小额信贷需求。小额农户信用贷款使农村信用社实现核心市场、核心客户和核心服务产品的统一，也是农村信用社核心竞争力的集中体现。

农村信用社在业务运作上具有“准银行”的性质，面临的风险主要有信用风险、流动性风险、利率风险、操作风险等。农村信用社的资金大部分来自农民的储蓄存款，小额农贷是最便捷的服务产品，其“资金来之于农用之于农”，从而促进本社区农业和农村经济的良性循环，体现合作制原则。农户小额信用贷款对入股社员实行贷款优先、利率优惠。

信用风险。信用风险是指农村信用社的债务人不能偿还或延期偿还贷款本息而造成农村信用社贷款发生呆账、坏账，给农村信用社造成损失。不同的资产具有不同的违约风险，其中，贷款的信用风险最大。因此，对于以贷款为核心业务的农村信用社，控制信用风险是农村信用社风险管理的主要内容。农村信用社小额支农贷款是以双方信用为基础的，以信贷低风险保持农村信用社作为小额信贷机构的持续性。农户为了获得持久的信贷支持，一般不愿因借贷违约而损害自己的信用品格，降低信用等级；虽然存在因自然灾害等不可抗力导致农民彻底破产、丧失信用能力的可能性，但由此而形成的信贷风险相对较小。

流动性风险。流动性风险是农村信用社面临的最基本的风险，主要是信用社没有足够的资金清偿债务、满足客户提取存款，不得不以亏损价格卖出其资产来取得现金而使农村信用社遭受经济损失。农村信用社经营的业务主要是吸收存款并提供贷款，但当农村信用社提供的贷款超过了其累积的存款时，就有可能导致流动性风险。当会员提取的资金超过农村信用社所能提供的界限时，也会产生流动性风险。如果差额继续扩大，会员资金的需求不能得到满足，农村信用社就会周转不灵。农村信用社应该调整其经营方式，量入为出，使农村信用社的资产总额与其负债总额和到期日相匹配，或者保持适当的资本金以抵补不可预期的损失。

利率风险。农村信用社负债的直接成本和盈利资产的收入都是通过利息的形式表现出来的。利率风险是指由于市场利率水平的变动而造成农村信用社负债成本变动、资产收益变动所引起的损失。利率风险会影响农村信用社的收益。利率变化是由金融环境中的各种因素共同决定的，不以农村信用社的意志为转移。提供可变利率贷款是降低利率风险的手段之一，该贷款的利率与某一种指数联系在一起，可随着市场利率的变化而进行相应的调整。可变利率贷款使农村信用社与其会员可以共同分担利率风险。

操作风险。操作风险是指由于农村信用社内控机制出现问题，或者由于工作人员故意或过失而造成操作失误，从而导致农村信用社资产或盈利减少，并可能给客户造成损失的风险。

资本金风险。资本金风险是指农村信用社出现没有偿债能力的可能性，从技术角度看，当一家农村信用社的净收益或股东权益出现负数时，就缺乏偿债能力。

6.3.2 农村信用社风险管理框架

农村信用社风险管理框架包括风险识别、风险估价和风险控制等主要环节。风险识别是指要对农村信用社的资金运用情况进行全面分析调查，以识别将面临的风险种类。在农村信用社经营过程中，贷款违约不可避免。当农村信用社接到会员的贷款申请时，信贷人员或信贷委员会就要详细分析借款人的财务史和品质，全面掌握借款人的管理层情况、性质、市场、信誉、行业特点等，以正确评价贷款人未来发展趋势，客观评价借款人未来偿还借款的意愿和能力。贷款发放出去后，信贷人员要负责监测借款人的经营状况，使农村信用社能够迅速、准确预测和识别农村信用社在授信业务上究竟面临什么样的风险。董事会和管理人员应根据农村信用社以往的经营状况，将容易产生风险的工作环节进行梳理，制作成核对清单，将所有可能造成损失的潜在风险列示在清单上，逐条分析核对清单的内容以确定各种风险给农村信用社带来的潜在损失。

风险估价。风险估价主要包括两方面的内容，一是估价风险发生的可能性，二是估价风险所导致的损失程度。风险估价有 4 种基本方法，即原始成本法、重置成本法、市场价值法和实际现金价值法。在购买保险时，农村信用社通常使用的是重置成本法和实际现金价值法。在估量价值时，损失频率与损失的严重性是计量的两个标准，计量基于历史经验以及计量人员的个人预期。事件发生所造成的损失程度被称为损失的严重性，其计量也基于历史经验及个人预期。风险计量完成后，应立即对风险等级进行评估，这时应将风险按照损失频率及其严重性的高低划分归类。在对所有风险进行评估之后，董事会和经理们可将风险按照损失的频率及严重性进行划分。

风险控制。风险控制是农村信用社管理层通过加强内控制度、会计管理、贷款管理、审计监督，从而实现控制风险的目标。内控制度是农村信用社管理层为保证经营目标的充分实现而制定并组织实施的、对内部各部门和人员进行相互制约和相互协调的一系列制度、措施、程序和方法。有效的内控制度实际上是农村信用社从决策、实施到管理、监督的一个完善的运行机制。是否具有健全的组织机构、恰当的职责分离决定内控制度是否有效。通过内控制度建设可以迅速发现农村信用社经营过程中出现的问题，保护农村信用社免受错误与欺诈的损害。拥有一个职责分明、相互制约又密切协作的组织机构，是农村信用社实现内控制度的基本前提。

农村信用社实现内控制度的措施主要有：第一，建立报告体系。报告体系是内控制度的主要内容之一。该系统可确保董事会随时获悉当日的经营状况，其主要目的是为防止诸如挪用公款之类的犯罪行为发生。第二，实行灵活的人事政策。在聘用职员时对其进行全面的评估。编制职位说明书，将每一职位的职责都列示其中，按期对职员的业绩进行评估，实行岗位轮换制度，在不预先通告的情况下，定期轮换员工的职位，并严格执行所有职员的休年假制度。这样，一方面可以使职工胜任每一岗位的工作，更重要的是，可以有效防止内部违法犯罪行为的发生。农村信用社每年都要对所有员工的信用进行一次评估，并将评估报告交由监管理事会审查。第三，通过职责划分来保护资产。通过授权控制和批准授权来确定农村信用社内部的职权和责任。一方面，要使一项具体职权和具体责任不同时属于几个部门或几个人员，以避免重复劳动和相互推诿；另一方面，任何一项工作不能自始至终由一个人员来完成，必须由两个或多个人参与，使他们能够互相监督，以避免差错和舞弊。合理分工，使任何个人都不可能全权掌握某项交易及其记录。

内控机制包括7项内容：第一，信息系统应该能够迅速准确地获得相关数据，防止运转失灵和数据丢失，具有计算机系统故障应急方案。第二，经营活动中的每个环节应当有明晰的责任人员职责规定。第三，审计稽核制度的健全与有效。第四，财务资料妥善保存，能够真实反映农村信用社的经营成果，分账与总账相符。第五，财产保护制度严格。第六，员工教育培训及时有效。第七，管理团队负有受会员之托管理农村信用社的责任，必须保证经营管理活动合规合法地进行，管理人员的配置有规定的程序，防止有利益冲突的事件发生和出现裙带关系。

会计控制是农村信用社维持一个能提供可靠信息的记录体系。农村信用社会计人员根据法定会计准则制定具体的会计制度，对所有的业务活动进行及时、完整、准确的记录，真实地反映农村信用社的财务状况和经营业绩。会计人员进行账务记录的唯一依据只能是经严格识别的有效会计凭证、会计报表。应当由会计人员独立编制，一经生成，不得接受任何指令对报表数据进行修改。会计人员严格按规定会计期间反映各项业务活动，建立独立、完善的对账制度，并妥善保管各种会计账簿、凭证及合同、契约等资料。

贷款是农村信用社的主要资产，也是农村信用社利润的主要来源。随着金融市场竞争的发展，贷款的风险也随之提高，现在农村信用社的最大挑战是在激烈的价格竞争中，发放风险适度的、能盈利的贷款，正确处理贷款数量与贷款质量之间的关系。农村信用社不同的管理队伍实行不同的贷款管理对策。相当多的农村信用社只对那些它们擅长的市场发放贷款。加强贷款管理，降低或控制贷款风险，已成为农村信用社管理层控制风险的最主要手段。

农村信用社的内部审计与监督。农村信用社的内部审计监督是风险控制极其重要的手段。农村信用社为了适应激烈竞争的需要，确保经营目标和经济效益的实现，必须建立和利用内部审计监督，建立严格的审计标准和定期报告制度，不定期、不定点地对农村信用社各部门、各岗位进行认真的审计检查，以此促进各项经济指标的完成，保证农村信用社管理层对农村信用社的业务有足够的监测和控制力量。监管理事会是负责农村信用社内部审计监督的机构，它具有保护农村信用社资产、审查政策及程序、评估经营及内部控制、检查董事会及其他委员会的会议记录以及评估领导的绩效等职责。在监管理事会的指导下，一名合格的审计员可以在没有预先通知的情况下，对农村信用社的各业务部门、营业机构执行法律法规和农村信用社各项内部管理制度情况，以及资产质量和经营效益状况等方面进行检查评价，以确保农村信用社的财务状况与资产负债表和损益表所揭示的情况保持一致。审计可以同时被看做是一种风险管理措施和财务管理措施：由于审计都是临时进行的，因此监管理事会就可以检查出贷款是不是按照规定的政策和程序来发放的。若答案为否，则经理们就可以立即采取措施弥补过失，以防止农村信用社遭受潜在的损失。挪用公款是所有金融机构面临的主要威胁，而审计能够揭示出那些一般管理措施所不能发现的欺诈行为，从而起到有效预防和控制风险的作用。因此，农村信用社审计监督是风险控制的一个重要环节。

审计监督的主要内容是：所有的交易和账户是否都在财务报表中有准确的记录；资产和负债记录是否准确；经理人员是否对审计施加了某种限制；审计人员是否提出了改进意见；是否存在与相关政策法规有冲突的地方；现金管理是否达到了利益最大化和风险最小的要求；贷款手续是否健全，记录是否清楚；与同行相比，农村信用社的资产回报是否合理等。审计通常在营业日结束后进行，审计人员必须审查账簿、财务报表以及董事会记录，从而发现经营管理活动是否与有关文件记录相符，与上一年度经营比较的优势及其弱势所在。

农村信用社的保险。投保是农村信用社降低风险的手段之一。通过购买保险，农村信用社可以将大部分风险转移给保险公司。保险补偿是保险公司通过理赔方式使农村信用社恢复到受损前的财务状况的行为。例如，美国信用社的责任保险包括信用社员工、经理或董事工作中的疏忽或作出有违其职责的过失损失保险。农村信用社为其潜在的损失支付一定的保险费，从而将由于员工疏忽而造成的风险转移给保险公司。

我国农村信用社风险管理形成的主要原因：一是农村信用社管理人员对内控制度不严格，制度流于形式，未真正落到实处。二是农村信用社少数信贷人员有章不循，未严格按照操作规程办理贷款业务，不认真执行信贷、财务、会计等各项内控制度。三是个别信贷人员法律意识不强、业务素质不高、工作不负责，形成人为的违规现象。四是检查不到位，监督制约机制不完善，缺乏有效的监督和指导。五是对单个违规事件未及时处理，导致遗留问题越积越多。

6.3.3　信贷风险管理是全面风险管理的重点

加强信贷风险管理，第一，要建立健全信贷人员岗位责任制，制订贷款管理责任制和各项审批制度，明确每个信贷人员的贷款审批权限和每个信贷人员的管理责任及相关人员应承担的责任，做到制度到位，责任到人。第二，落实贷款“三查”制度。及时了解和掌握借款单位的动态，做到贷款发放后信贷人员随时对资产的经营状况进行检查，坚持下乡工作日制度。信贷人员要深入农户和企业，去了解情况，解决问题，从而强化贷款“三查”制度的落实。对抵押财产，在规范登记手续、建立抵押财产档案的基础上，每年要由信贷人员对借款户的抵押财产进行实地盘点核对，防止抵押财产的流失，确保农村信用社信贷资产的安全。第三，充分发挥股金卡和信用小组的作用。通过股金卡来发放农户贷款，以防止一户多贷、冒名贷款的发生，同时还可通过股金卡记录还贷、贷款逾期等情况，使信贷员了解该贷户的信誉情况、还款能力，从而降低贷款的风险度。另外，发挥信用小组长的作用，农村信用社可选用信誉好、能力强、在群众中有很高威信的人担任小组长，由其把好农户贷款第一关，并协助农村信用社做好贷款的催收工作。第四，加强信贷管理，保全诉讼时效。检查贷款发放手续是否合法、合规，不良贷款是否失去诉讼时效，形成不良贷款的原因是否正常等，从而重新明确各类贷款的管理和清收责任。

农村信用社发生操作风险的主要原因是内控制度建设不到位和执行不力，控制农村信用社操作风险的关键是强化内控制度建设，加强内控制度检查，实现有效的操作风险控制。提高员工对内部控制的认识和自我约束、相互监督能力，使员工熟练掌握各项操作流程和相关规章制度，确保各项内控制度自觉执行到位；加强对员工行为的有效监督，规范重要岗位和敏感环节员工八小时以外的行为；建立和落实对员工行为的排查制度，明确具体操作程序和规定。

农村信用联社要制定和完善内部责任体系，一方面通过授权、授信，明确各部门、各基层农村信用社的职责权限，另一方面要健全岗位责任制，将内部岗位职责进行细分，明确每个员工的岗位责任，形成完善的岗位责任体系。完善违规行为和失职行为的责任追究体系，加大责任追究力度。按照业务发展要求，建立、健全内部控制组织体系，使每项业务的开展都有相应的内部控制部门监督制约；要严格岗位分工，切实根据业务运作的实际要求，因事设岗，因岗定人，尽量做到分工合理，并实行定期轮岗、适时交流和员工休假制度，使每位员工和每项业务都处于被监督、被检查范围之内；要明确各项业务工作环节的操作规则，强化运作程序和各项具体要求，建立岗位责任追究制和内部自律控制机制，按各自的工作性质、权限承担相应的工作责任；要明确岗位职责范围，将具体职责范围落实到人、做到岗位到人、责任到人、相互监督、相互制约。

事实证明，操作风险主要出现在一些要害部门和关键岗位，因此加强对关键岗位的控制是操作风险管理的重点。实施重要业务、关键岗位人员轮换、强制休假和离岗稽核制度，重视对管理人员的有效监管。

案例 6－2：农村信用社的风险控制

山东省农村信用联社自 2005 年开展操作风险检查，围绕农村信用社业务经营各个操作环节可能发生的风险隐患，以突出案件专项治理为主线，重点整理归纳了操作一线“42 个风险控制点”，边检查、边整改、边完善、边处理，取得了初步成效。整个业务经营的内外环境得到了进一步改善，有力促进了各项工作的健康稳定发展。各项贷款余额增加，不良贷款占比下降，初步实现了防范风险提高效益的目标。它们的主要做法：一是自查做到不漏一个机构，不漏一个柜员，不漏一笔业务，不留一处隐患，不隐瞒一个问题。二是分步实施，查改结合，对员工进行分类培训，重点教育员工树立“内控管理优先”、“安全就是效益”的观念，加强对会计出纳及信贷人员的轮训，使员工从思想上重视案发因素和关键环节。围绕经营管理的重点内容、重点环节、重点岗位，制定出具体的风险控制措施。

7 西部农村金融服务的发展前景

7.1 农村金融服务的困境

谁在为“三农”服务？青海省相当一部分县域无国有商业银行机构网点，个别县也无农村信用社网点。西部地域的特点和经济结构的单一性，在市场发育不完善的情况下，资金外流严重，农村金融雪上加霜，无法为西部地区新农村建设提供充足的资金支持。我们无法回避这样的事实，一是商业银行由于工作重心和信贷重心的转移，其基层机构主要的任务是大力组织吸收存款。组织的资金大都通过本系统上存集中运用，这是目前农村资金外流的主要特征。二是农村信用社资金运用出现了非农化特征，在城市项目的诱导下，一部分资金流向城市，有的甚至通过证券公司、国债、委托理财流向非农领域。农村信用社结算渠道不畅，没有形成自身的联行清算系统，服务网点大都还采用手工操作，资金汇兑、结算迟缓，银行卡业务、储蓄一卡通等电子业务无法办理，农村地区缺乏金融服务设施，这些都制约了农村信用社存款业务的发展，造成了资金来源的障碍。

农村金融服务产品有限，“最穷人”支付最高的资金成本。从新农村建设与农村金融自主创新的角度探索农村金融服务问题，我们会发现，小额贷款是我国在发展农村金融服务多样化上的有益尝试，在国际机构和民间组织的支持下，全国有300多个小额贷款机构，大部分试点在开始的时候也都做得不错。然而，除了农村信用社开展的农户贷款之外，大部分的小额贷款试点都做不大，其主要原因就是金融管制的问题。中国二元经济的复杂性以及管理权的过度集中，使小额贷款机构的涉农服务一直处于一种非法状态。小额贷款机构只贷不存，从市场角度看，只贷不存的小额贷款机构很难长期存活。因为它要承担巨大的风险，付出很高的操作成本，是其他银行业金融机构不愿意涉足的地方，经营成本高，收益小，对小额贷款机构来说，回报则仅是利息所得。小额贷款机构如果不能吸收存款，就不可能成为真正可营利的商业模式，各国经验都证明了这一点。同时，小额贷款主要是为农户的种植、养殖业服务，而农业受天气、市场的影响很大，具有很大的系统风险。经验证明，农村金融机构很难抵御大规模的气候异常、大面积的病虫害等系统风险。只有通过更大规模的农业保险才能解决。

从农村信用社服务成本来考察，小额信贷每笔业务数额小，风险控制程序没有减少、信贷考察监督距离远、农村信用环境较差，这些使得农村信用社经营成本增加。从农民贷款的角度来考察，农村信用社贷款利率基本上在10%左右，在扩大农村金融服务利率浮动空间权限的政策出台后，实际上形成了农村信用社市场化利率就是只上浮不下浮，实行统一的最高利率。从支农的角度来看，中央银行的再贷款利率在3%左右，国家基准贷款利率在6.3%左右，但对再贷款的使用人民银行管理得非常严格，除规定的用途外，必须能够及时收回。对于农村经济发展而言，弱质产业需要的是更多的政策性金融支持，当然，这种支持在市场经济条件下，必须依靠商业化的运作模式才能产生最大的经济效益。要做到这些，必须建立一个良好的金融生态环境。

7.2 农村金融服务机构少，信用环境需要改善

目前，农村金融服务的主要机构是农村信用社、农业银行、农业发展银行等，由于农户和农村中小企业的经营场所、产品和经营周期有其特殊性，致使涉农融资中，农户和农村中小企业往往不能提供有效的抵押担保品，因而制约了信贷获取的便利性。另外，国有商业银行对大城市、大企业、大项目的贷款偏好，主观上造成了农村金融市场的萎缩。国有商业银行对欠发达地区的贷款投放，主要体现为：机构撤并，贷款权上收，基层行无力为；政策限制，基层行不能为；不切实际的贷款审批程序，基层行无法为；严格的贷款责任追究，基层行不敢为；缺少对信贷人员的激励，以及对上存资金实行优惠利率，基层行不愿为。由于不确定性因素多，农业风险较大，许多银行在贷款投放上都持谨慎态度，即使为农民服务的农业银行，其贷款条件也非常苛刻，手续复杂且门槛较高。如目前农业银行规定，年GDP需达到50亿元以上的县，其县级支行才允许发放二手房贷款，除此之外县级支行只有存单质押贷款权和个人住房按揭贷款权，且受到额度限制，其他如个人生产经营、农机消费贷款等基本停办。

由于目前我国农业经济基本上仍是“靠天吃饭”的脆弱经济，受国家财力限制，以及农业保险制度跟不上的影响，必然会进一步加大农村资金的供求缺口。根据初步统计，2006年全国“三农”贷款余额为4.5万亿元，占全国银行业机构贷款余额总量的20%左右，农村金融资金供求失衡。主要问题是机构网点少；信贷投入少；服务效率低、成本高；农民和中小企业贷款难；财政资金与金融资金没形成合力；信用基础缺乏。

农村金融服务的根本问题是农村经济基础和市场化改革的矛盾。传统商业银行进城，农村信用社也收缩在县城或发达的乡镇勉强开展金融服务。政府的扶贫贷款想弥补，但又没有融入整个改革的一体化方案里。农村金融改革和扶贫计

划、财政转移支付、农业保险、产业发展基金各行其是，互不相干。这一方面反映了金融管理当局融资理念传统，另一方面反映了金融机构缺乏金融创新。农业是弱质产业，受自然影响大，产品科技含量不高、利润低、风险大；银行业金融机构在贷款的投放上慎之又慎，因而造成农村金融所有制结构单一，供给渠道狭窄，农村金融发展滞后，信贷投入不足，农村金融服务功能弱化，市场金融工具单一。农村以农户为单位进行生产经营，并以种植业、养殖业、个体运输业和农产品初加工业为主，缺少大项目、大企业，对资金的吸引力不强，在市场经济条件下，资金自然会流向盈利比较高的企业、行业和部门。

对农村金融服务的考察我们可以得出这样的结论：第一，金融机构和基础设施的覆盖率很低，农民没有享受到普遍的金融服务，这对农民来讲是不公平的。第二，农村金融服务供给严重不足。供给不足并不是没有钱，而是银行有钱不愿意放或放不出去，民间资金又不准进入，这样就给多种形式的农村金融服务模式人为地设置了障碍。第三，农村金融市场缺乏竞争。从另一个角度来分析，按照政治与道德的概念，在农村市场吸储利率提高、放贷利率降低的政策，对农民有利，但存贷利差的缩小，使农村信用社资产质量低下、亏损严重，不愿意去扩大农村金融服务的市场，这样的话，让“三农”享受普遍金融服务就成了一句空话。

我国有 2.4 亿农户，大约有 1.2 亿农户有贷款需求。利用农村信用社提供的小额信用贷款和农户联保贷款获得的户数大约是 6 700 万家，占农民总人口的大约 33%。财政补贴下的中国农业银行有近 2 000 亿元的扶贫贷款。另外，还有一些其他方面的贷款，以政府为主。可贷款对农民来说仍然是稀缺资源。国家统计局的一项预测显示，到 2020 年，农村资金需求超过 15 万亿元，资金主要来源于财政、金融、社会资金；主要渠道是要由金融机构提供农户小额信贷，满足龙头企业大资金需求。从为农村提供金融服务的机构看，2005 年年末，全国受调查的县及县以下地区银行业金融机构在县城区域的网点有 4.9 万个，在乡镇的网点有 6.22 万个，在行政村的网点有 9 368 个。全国平均每个县城区域有 25.09 个网点，每个乡镇有 2.13 个网点，每 50 多个行政村有 1 个网点，而西部地区平均每个县城区域有 18.96 个网点，每个乡镇有 1.58 个网点，80 多个行政村拥有 1 个网点。“十五”期间，受调查的县及县以下银行业金融机构网点到 2005 年年末较“十五”初期减少了 24.4%，而西部减少幅度更大。

农村金融服务短缺的主要问题是农村金融服务缺乏吸引力。从这样的一些现象我们可以发现农村金融服务的困境。邮政储蓄银行从农村抽走资金，大型商业银行撤并基层网点，上收贷款权限，农村信用社业务外移，服务产品单一，程序复杂，网点及金融服务工具少。总归起来是农村金融服务成本高、远距离、短期限、缺少金融基础设施、服务产品单一、手续复杂。我们可以得出这样的结论：

农村金融需求大而分散，金融服务成本高、效益低、风险大。在市场经济条件下，银行是嫌贫爱富的，富人区银行机构和网点交织，贫困地区却要走几十里路上银行。从青海省金融机构组成来看，如果没有特殊政策鼓励，在目前的市场发育阶段，大量资金避免不了通过银行业金融机构主渠道转移到城市。我们可以从上面的分析得出这样的结论：农村金融潜力巨大，农村金融服务供给不足。要解决制度性、机制性问题必须进行金融创新。农村金融自主创新与现代农村金融服务发展现状考察表明，放松管制是农村金融发展的必由之路。金融支持农牧业产业化发展必须改善农村金融服务，走出农村金融服务的商业化改革误区。

7.3 放松农村金融管制，完善金融服务体系

7.3.1 农村金融机构要创新

作为支农主力军的农村信用社，目前只能办理传统的存贷款业务，满足不了西部新农村建设对金融服务的需求。在信贷上只能办理对评级信用农户的小额信用贷款和农户联保贷款，只能满足种养业的简单需求，对农民进行的产业开发、加工业、大型项目投入的大额资金和农业产业化所需要的资金由于抵押担保政策等诸多问题的困扰，难以给予信贷资金支持。农村信用社信贷支农的手段陈旧，品种单一，工作方式简单。另外，农村信用环境脆弱，隐藏着信用风险。一些地方社会信用意识比较淡漠。西部信贷征信系统和社会诚信体系建设正处于起步阶段，个别企业隐瞒与己不利的信息，产生与市场规划相悖的逆向选择，借企业破产、改制、转制之机，逃废银行债务。目前在西部的许多地区还没有建立起贷款担保公司或中心，中小企业由于资金少、知名度低，难以找到合适的担保单位。同时，抵押评估手续繁、环节多、费用高、时间长、有效期限短等弊端表现突出，再加上目前抵押物转让交易市场尚不完善，一旦企业违反贷款合同约定，抵押物变现时间长、难度大，影响了金融部门贷款的正常发放。一些地方银行债权案件判决不及时或判决后执行难，执行周期较长，一定程度上影响了金融债权的有效维护。

农村金融服务的创新应研究市场、发掘市场、面向市场、细分市场，不断丰富金融服务产品。开发“农户金融超市”业务，通过提供安全、可靠、便捷的投资品种及代理业务，启动农业消费市场，拓展自身业务领域，开办农户个人理财业务，扩大惠农覆盖面，增加支农中间业务收入。培育优质中小客户群体，支持科研成果的开发、推广与应用，开立各类相应的代收代付业务，增加农民喜爱的中间业务品种。

7.3.2 建立竞争性的农村金融市场

在西部农村的大部分地区，农村信用社是农村金融市场上唯一的正规金融组

织。农村信用社经营活动存在着明显的地域限制，这使得农村信用社在这些地区的金融服务处于垄断地位，缺少改革和创新的内在动力。由于农村信用社资金流动性不足、金融产品单一、服务质量较差，因此政策性金融要进一步加大对西部农村的金融支持，重点支持投资规模大、周期长的基础设施建设，加快金融创新步伐，支持西部地区农村金融机构创新业务，创新金融产品，发展中间业务，积极开办支农金融超市，提供存款、贷款、结算、投融资咨询等全方位、多功能、一条龙的服务。

7.4 农村经济的发展离不开金融支持

农村改革以来，农户具有了积累，虽然土地集体所有的产权制度没有发生变化，但农民逐渐在集体的土地上积累起私有财产，集体经济在现实中已经变得模糊不清。相当一部分集体经济组织已逐步退化为主要承担政府下达的各项任务的组织，带有比较浓厚的行政色彩，缺乏对农户提供经济、技术、信息服务的功能。农民在资金方面的信用合作必须和农民的专业合作、供销合作同步进行，用合作制把农民组织起来。从金融的视野看，发展农村新型金融机构，不仅是为农民提供金融服务，而且要尽可能使得金融服务环节的利润留在农村、留给农民。但这不是股份制所能保障的，而需要合作制来维护农民的利益。日本、韩国以及我国台湾地区等典型东亚小农社会的经验看，只有建立了涵盖农业生产、加工、流通、金融等各个环节的互助合作体系，农村金融才能真正盘活，农村金融的推进，必须在农民专业合作、供销合作、信用合作“三位一体”的平台上进行。小农也才能真正受到全方位的保护。目前，我国农村金融，一是要形成市场化的运行机制，使价格能够反映风险和成本；二是要形成市场竞争的格局，通过市场来约束市场主体的行为；三是要创新抵押品的各种替代形式；四是要促进其他金融产品的创新。农村金融机构要拓宽支农信贷领域，积极引导推广农户小额信用贷款和联保贷款，稳步将农户小额信用贷款和联保贷款机制延伸至小企业信贷领域。农村合作金融机构要积极开发针对农村中小企业的可持续金融服务方式，建立和完善包括利率的风险定价机制、独立核算机制、高效的贷款审批机制、激励约束机制、专业化的人员培训机制和违约信息通报机制。要鼓励支持支农金融服务创新，开发适应农村各类市场主体需要的、具有差异性的、多样化的系列金融产品，满足农村多元化金融服务需求。加强支农金融服务政策研究，解决合作金融机构支持“三农”与市场化经营之间的矛盾，研究建立按市场原则引导资金富余地区和机构的资金向资金不足地区流动的机制。

农业是受政府保护的，发达国家农业补贴数额巨大，对“三农”的政策非常宽松。对发展中国家的城市化研究表明，城乡二元结构和贫富差别增大将会导致社会冲突，演化为社会性犯罪，危害国家稳定。金融支持农牧业产业化发展是市场经济背景下的政策选择。政府的补贴只有与金融资金联结，引导金融资金投向，才能发挥真正的效益。这是在社会主义新农村建设中必须强调的问题。

7.5 建立新农村金融市场

农村金融服务怎么办？财政、金融、保险共同支撑现代化农业生产服务体系。政府应该完善农村社会保障体系等公共产品，以利于中西部农村地区金融体系的可持续发展。公共财政在社会保障领域发挥应有作用，对政策性金融业务提供定额补贴，发展农业保险和大宗农产品期货市场，降低农村信贷交易成本。农村金融改革是一个系统工程，仅靠农村信用社单兵突进是无法解决的。从长远看，应着眼于建立贫困农村地区可持续发展的农村金融体系，打破农村金融市场的垄断格局，建立一个有效竞争的农村金融体系。

农村金融服务必须树立重点支持主要龙头企业发展的观念，设计好金融支持产业化发展的有效机制，财政支农资金要连续性合理投入；把产业化发展与新农村建设、扶贫贷款相区别，农牧业产业化发展要完善配套措施。农村金融服务前景是让政策性金融、合作金融和民间金融共同支撑农村经济发展。在社会主义新农村建设中发展现代农业面临的任务和困难很多，而且目前资金配置的体制、机制均不完善，单靠财政转移支付肯定不行，而商业化的金融目前又靠不上，缺乏资金流动的利益机制。财政政策和金融政策对“三农”的支持缺乏联动，不能产生合力。此外，农村没有合作金融不行，没有民间金融也不行，没有政策性金融适当的支持和引导，农业经济就发展不起来。这些问题都需要我们将之作为基本的概念，先认识清楚如何发挥它们的合力，然后再进行具体的政策设计和制度安排。我们可以从以下五个方面思考金融政策与其他政策的协调与配合，支持农业经济大发展。

（1）政策性金融 + 商业性金融 + 政策性保险，三者形成合力才能使“三农”享受到普遍金融服务。离开政策性的金融支持，或者脱离市场化的改革都会使农村金融发展停滞不前。

（2）率先在农村地区实现利率市场化需要认真分析农村经济的基本特点。农村资金的高成本必须辅助政策性贴息；在农村金融服务短缺的情况下，要增加金融服务供给；必须设计一种机制，使农村金融服务机构在自身经营稳健的情况下有利可图——减少农村金融服务成本和农村金融服务风险的可控性。

（3）加强农村信用环境建设。在农村金融服务成本高、经营环境相对差的情况下，农村信用社区建设是农村金融改革必不可少的重要环节。众多实践表明，农民是最讲诚信的，只是要给农民一个公平的市场，真正为发展农村经济提供切实可行的金融服务，把农村金融服务的利润留给农村金融服务机构。

（4）发展农村金融市场要有一系列的配套政策，某一个领域的单刀独进都将影响改革的进程。比如，担保＋农产品期货市场＋农业保险制度的推出；政策引导要求一定比例的资金回流农村；运用经济手段，如财政税收政策，包括财政贴息、税收返还、农村金融服务的费用减免等。

（5）形成规范的农村金融机构市场退出机制，允许民间金融的存在，使金融服务的形式多样化。这里，根本的问题是放松管制，实际上，一部分先富裕起来的农民有强烈的从事农村金融服务的冲动。

农村金融改革的目标应该有三点必须把握：一是适应农村多层次金融需求，放松管制，构建政策性金融、商业性金融、合作金融和其他形式农村金融组织各有定位、功能互补、产权明晰、可持续发展的多层次农村金融机构体系。二是适应农村经济发展需要，鼓励多种形式的制度创新和产品创新，吸收社会资金进入农村，建立起由农村信贷市场、农产品期货市场、农业保险市场等所组成的适度竞争的农村金融市场体系。三是改善农村金融生态，加强金融监管，建立包括信贷登记、支付结算、担保等在内的比较完善的农村金融基础服务和监管体系。

7.6　建立多层次的农村金融服务机构体系

通过以上的分析，笔者认为以下机构的建立和完善是今后一个时期农村金融改革和发展的主要任务。

农村信用社：这是支农主渠道，以农村信用社为主的农村金融机构在1997年对“三农”短期贷款总余额为55 418亿元，2006年为98 534亿元，年均增长4 790亿元。农村信用社通过进一步的合作制改革，建立正向激励机制、完善法人治理结构，在农村金融服务中仍然是主力军。

中国农业银行：在县域吸收的存款全部用于当地（其中农业贷款不低于30%）。

中国农业发展银行：作为政策性银行，应加强对农业龙头企业、农业基础设施建设、种养殖业发展项目贷款，保证并且引导商业银行的资金向农村地区流动。这里的关键环节是必须设计政策性金融资金引导商业金融资金的利益机制，使商业银行资金有利可图。

中国邮政储蓄银行：由于邮政储蓄机构遍布全国城乡，在邮政储蓄网络的基础上建立农村地区全面金融服务是有条件的。同样的，作为政策制定者和金融机构管理者必须设计出一种机制，使邮政储蓄资金在农村金融市场有利可图。这样的政策可能是税费的减免，也可能是政策业务的补贴。

村镇银行：一个全新的、专为农民、农业提供金融服务的金融机构。由1家以上（含1家）境内银行业金融机构作为发起人。其中，单一境内银行业金融机构持股比例不得低于20%，单一自然人持股比例、单一其他非银行企业法人及其关联方合计持股比例不得超过10%。任何单位或个人持有村镇银行、农村合作金融机构股份总额5%以上的，应当事先经监管机构批准。村镇银行的门槛降了。根据《村镇银行管理暂行规定》，在县（市）设立的村镇银行，其注册资本不得低于300万元人民币；在乡（镇）设立的村镇银行，其注册资本不得低于100万元人民币。如果村镇银行能够顺利运作，对农村金融服务的改善应该说是一个福音。

银行全额出资只贷不存的贷款公司：贷款的投向是支持农民、农业和农村经济发展，并应当坚持小额、分散原则。贷款公司可根据业务发展需要，在县域内设立分公司。

农村资金互助社：以吸收社员存款、接受社会捐赠资金和向其他银行业金融机构融入资金作为资金来源。资金主要用于发放社员贷款，满足社员贷款需求后，富余的资金可存放其他银行业金融机构，也可购买国债和金融债券。

农民信用协会：农民信用协会在当地可以向农户提供小额贷款的担保。在西部许多地区，农村金融服务结构只有农村信用联社一家，农村信用社对单一农户的小额信贷的额度只有5 000元，而农民买一头奶牛需要近1万元，作为产业化养殖基地，农户必须养殖3头以上才能产生规模经济效益；农村信用社更无法满足养殖大户扩大生产规模的资金需要。为解决这个问题，在当地政府的协调下，利用“信用协会”的形式把资金富余的农民组织起来，大家共同出资形成一个基金，把这笔资金存入当地农村信用社作为风险抵押金。农村信用社根据风险抵押金的倍数向信用协会担保的农户提供一定数额的贷款。值得关注的是，虽然农民信用协会在贷款过程中只是建议和推荐的角色，但它的作用却非常重要和关键。从实际运作效果来看非常好。农民信用协会发展的主要问题是：作为农民自己的组织，要严格按协会章程办事，关键的工作是选举真正有经营能力的农户作理事会理事。政府在组建时不能参与过多，真正让会员参与协会的工作，在农村信用社指导下，不断完善农民信用协会的内部运行机制，控制单一会员或理事单笔或累计贷款的数量，保证农民信用协会担保的贷款能够按期归还。

小额信贷组织：小额信贷组织由自然人、企业法人或者社团法人发起，新增加的小额信贷组织主要为商业性的小额贷款公司；小额信贷组织的资金来源为自有资金、捐赠资金或单一来源的批发资金等形式，不吸收存款，股东最多不能超过5个；小额信贷组织资金运用主要限定在对农户、个体经营者和微小企业发放贷款，不对外投资。在其经营、监管上，不允许其跨区经营；贷款利率由借贷双方自由协商，但要遵循有关法律的具体规定（根据我国有关法律，民间借贷不能超过国家法定利率的4倍，否则视为高利贷）；可采取多种组织形式，商业性组织在工商部门注册，公益性组织在民政部门注册；对其实行非审慎性监管等。

2005年，人民银行批准在全国5个省（自治区）设立民间商业性小额信贷组织试点。只贷不存，注册资本低。股份公司、有限责任公司、民营企业为发起人。这是一种变通的新金融机构设立方式，由地方政府发文试点，试点办公室管理，工商管理部门发营业执照。问题是小额信贷组织的资金来源受限、不能吸收存款、利润低。一次单笔贷款不超过资本的5%，不允许跨县经营。利率高于银行业金融机构的贷款利率、低于民间借贷利率。以发起人自有资金的10%、委托贷款的6%作为风险担保基金，用于委托资金和其他负债资金的担保。小额信贷公司的经营模式是私人出资，用自有资金发放贷款，由于目前我国没有任何关于小额信贷的法律法规，小额信贷项目在吸引人才和资金上面临瓶颈。

随着中国改革开放的不断深入，农村金融服务将会不断得到改善，现代农村金融服务组织机构将逐渐形成。我们已经进入金融经济时代，人民币升值引来巨额国际投机资本，流动性过剩使宏观金融政策面临挑战；农村金融要自主创新，让农民的合作组织免税进入这些能产生利润的领域，鼓励农村合作社内部的金融互助，放松农村金融管制。金融支持农牧业产业化发展，重点支持龙头企业发展，通过市场机制将财政直接投入转变为间接投入，以农牧业产业化担保基金的形式带动金融机构按一定的倍数放贷，实现财政资金的撬动效应，这样，就一定能够使农民享受到便利的金融服务。

7.7 构建农牧业产业化发展的农业保险体系

农业保险是指专为农业生产者在从事种植业和养殖业生产过程中，对遭受自然灾害和意外事故所造成的经济损失提供保障的一种保险。农业保险按农业种类不同分为种植业保险、养殖业保险和林木保险；按危险性质分为自然灾害损失保险、疾病死亡保险、意外事故损失保险；按保险责任范围不同，可分为基本责任保险、综合责任保险和一切保险。我国是一个农业大国，也是世界上发生自然灾害最为严重的国家之一。农业是一个投入大、周期长、抵御自然灾害能力差的弱势产业。据统计，自然灾害每年给我国造成的经济损失都在1 000亿元以上，农业风险问题一直是困扰我国农业发展的突出问题。农业保险是农业风险管理的重要财务手段之一。发展农业保险以转移农业风险，是在市场经济条件下保护我国农民利益和实现农业可持续发展的重要保障。我国农业保险发展的水平低，农业保险深度（某地保费收入占某地国民生产总值之比）低于0.05%，农业保险密度（人均保险费）不足1元，这与发展农业、农村经济、保障农民生活安定的现实要求有着突出的矛盾。我国农业的高风险性与脆弱性呼唤现代农业保险的发展。我国开展农业保险的参与主体主要包括政府、保险公司、农民等。

政府在我国发展农业保险中应起主导作用，是我国发展农业保险的主导者、组织协调者和资助者。政府可以利用其对社会资源的强制配置作用，为农业保险参与者提供必要的财政和政策支持。农民是农业保险的投保人和被保险人，是农业灾害的预防和施救者。与农产品的分类相对应，我国农民也分为一般农民和经营性农民。一般农民进行农业生产主要为了保障生活，尤其是西部山区的农民，巨大的农业灾害会对其基本生活带来严重影响。他们分布面广，生活生产环境变化多样，农业生产产出低，保费支付能力低，但他们对农业保险需求最为强烈。对于一般农民，农业保险的福利性更强，通常需要政府更多的投入。而经营性农民主要是在一些农业发达地区进行高价值的商业性农业生产，如大棚种植、网箱渔业，他们需要的农业保险是保障其经营收益，通常采用商业性的农业保险。政府对农业保险费用的补助要能使农民具有保险费支付能力，同时也要保证保险人能够建立足够的赔偿基金。我国政府对于农业保险的补贴应该分层次进行，如采取按照地区农民年实际收入水平划分档次，制定不同的中央、地方和农民个人三者分摊保险费的机制。对于纯危险损失赔偿的保险费补贴可由各个地方组织进行，这样有利于激励地方政府增加对当地农业的投入、关注地方农业保险发展。中央政府只对大灾难赔偿预备基金和特别贫困地区的农业保险费进行补贴。此外，对于能从农业保险赔偿中获得保障的机构也应该承担部分保险费，如进行农业贷款的银行。由于农业保险的地域性差异和受外部环境影响明显，因此农业保险费用既不可能全国统一，也难以固定不变，要依据各个地方农业发展的差异制定不同的农业保险费费率。建立农牧业风险防范机制，要加强自然灾害和重大动植物病虫害预测预报和预警应急体系建设，提高农业防灾减灾能力。发展农牧业保险，要按照政府引导、政策支持、市场运作、农民自愿的原则，建立农业保险体系。扩大农业政策性保险，各级财政对农户参加农业保险给予保费补贴，完善农业巨灾风险转移分摊机制，探索建立中央、地方财政支持的农业再保险体系。建立相应的机制，鼓励农牧业龙头企业、市场中介组织帮助农户参加农业保险。西部欠发达地区的农牧业，由于土地贫瘠、生产技术落后、自然灾害频发的现象十分突出，保险机构营销农业保险的风险较大。农业保险属于“绿箱政策”，是各国政府保护、促进农业发展的有效工具之一。我国农业保险仍然是政府指导下的商业行为，未被纳入国家的农业政策支持体系，加之农业保险只免交营业税，其他方面同商业性保险一样，尚无配套政策予以扶持。另外，农业保险费费率普遍高出财产保险费费率 3.8～7.8 个百分点，农民普遍反映支付保费负担较高，而获得理赔几率较小，农民群众参加农业保险的积极性不高。

农业保险是商品经济发展到一定阶段的产物，欧美发达国家在种种保护农业的措施中，农业保险是一个重要手段。据有关资料显示，日本政府对农业相互式保险的补贴约占赔偿费的60%；法国、西班牙等国政府对农业保险补贴甚至高达80%。我国在建国初期曾有过农业保险，20世纪70年代一度中断，80年代恢复。我国先后成立了中华联合保险公司、阳光农业相互保险公司和上海安信农业保险股份有限公司，均处于亏损状态，致使许多商业保险公司望而却步。中国保监会提出了五种构建农业保险体系的模式：一是与地方政府签订协议，由商业保险公司代办农业保险；二是在经营农业保险基础较好的地区设立专业性农业保险公司；三是设立农业相互保险公司；四是在地方财力允许的情况下，尝试设立由地方财政出资的政策性农业保险公司；五是继续引进譬如法国安盟保险等农业保险经营先进技术及管理经验的外资或合资保险公司。

西部欠发达地区农业保险形式：一是由商业保险公司代办农业保险。二是构建股份制农业保险公司。在开办初期既要有商业保险的运作方式，又要有国家政策的大力扶持，政策性险种应占一定的比例。三是建立农业保险补偿基金会。基金会可由当地政府、保险公司及被保险人组成。保险公司在责任期内定额赔付，地方政府实行赔款超额补差，保险户交纳一定保费，促使基金进行资本运营。国家可给予业务税费优惠，地方政府在承保理赔行为上可给予必要援助。

可以采用“五三二制”的方式解决农业保险资金缺口问题：由中央财政拨补50%的资金，各省（区）财政拨补30%的资金，地市级财政拨补20%的资金，筹措农业保险基金，组建政策性农业保险机构。按照“定期拨补、基金滚动、保本微利、良性互动”的方式进行运作。在政策性农业保险体系规范运作基础上，可采取“五二二一制”的方式，构建产业导向型的农业保险体系：由中央财政拨补50%的资金，省（区）财政拨补20%的资金，地市级财政拨补20%的资金，被保险的农业产业化企业和农民群众出资10%的资金，积极组建股份制农业保险机构。

案例7-1：孟加拉国的乡村银行运作模式

一、孟加拉国乡村银行的由来

孟加拉国是亚洲人口密度最大，也是目前贫困人口最多的国家之一，人年均国民收入很低，只有225~250美元。1972年，留学美国并获经济学博士学位的穆罕默德·由诺思回国后，任教于吉大港大学经济系。他面对无法用经济学理论向学生解释的贫穷现实，决定重新做一名学生，抛弃理论教科书，以村民为老师，去研究揭示每天都在穷苦人现实生活中出现的经济学问题。一天，由诺思教授在学校附近的乔布拉村，看到一个农妇在制作竹凳。他问：做一个能赚多少钱？农妇回答：资金是高利贷者的，加工一个竹凳只能赚0.5塔卡，收入极其微薄。他又问：如果你自己有钱，加工一个竹凳能赚多少钱？农妇说可以赚3~5塔卡，这等于使用高利贷者资金时加工收入的6~10倍。第二天，他组织学生调查，发现这种情况很普遍，村里还有42个同样的人，他们共借了865塔卡，合27美元。这使他震惊、恼怒，这42户人家的苦，难道就差这27美元吗？于是，他拿出27美元，让学生借给那42个人，让她们还给放贷人，等产品出售后再还自己钱，讲好不要利息。结果农妇们很守信用，实现了诺言。此事使由诺思教授很有感触。他找到地方银行的管理者说明情况，请他们向贫穷农妇放贷。得到的回答是：穷人是不值得信任的，连饭都吃不上，借了钱是不会还的；如果真要借钱，要有抵押和担保；而穷人家里没什么可以抵押，也找不到担保，因此不能借钱给他们。

在寻求贷款的过程中，他发现了基本的银行贷款原则："你越有钱，越能贷到更多的款。"反之，"如果你没有钱，你就贷不到款。"后来，由诺思教授以自己的名义从银行借出钱，组织自己的学生先后在吉大港近郊以及孟加拉国的东、西、南、北、中五个地区的农村，把钱再借给穷人。结果，穷人用这些为数不多的借款，精打细算，精心经营，普遍增加了收入，而且按要求还了借款，并能够归还高于商业银行的利息。于是，一套专门针对穷人贷款的方法和创办"乡村银行"的设想产生了。由诺思教授经过多方奔走游说和8年的艰苦努力，到1983年，他创办的专为穷人贷款的"乡村银行"终于得到政府批准。由诺思教授认为：贷款是人们摆脱贫困的方法之一。"乡村银行"为那些想做些事的穷人们提供少许的种子式的资金，去实现自我雇用。创造就业，消灭贫困，全世界都一致同意这个论点。但是，经济学家们却只承认一种就业——拿工资的就业。于是，我们年轻时努力学习，为吸引潜在的业主作准备，当一切就绪后，我们到劳动力市场去寻找工作。我们的祖先降生在地球上时，当时没有劳动力市场可以找到工作。他们自己支配自己的命运，自己创造自己的工作，成为猎人、庄稼人，后来成为农民，他们都是自我雇用的就业者。

失业是现代社会的灾害，工业化的国家不能保证每个人都有工作。消灭贫困所必需的政策一定比仅仅解决就业的政策更广阔也更深刻。只有当人们能够支配自己的命运时，消灭贫困才真正开始。自我雇用指出了摆脱依赖救济的出路，不必成为工资的奴隶，可以自己开设并经营百货店或从事制造业。它既能帮助有工作但仍贫穷的人，又能为失业者提供精神支持并重新开始做生意而不必沮丧和感到孤独。创造自我雇用的平均成本比创造正规就业的成本低10倍、20倍或数百倍。由诺思的杰出思想不仅有道理，而且在那些所谓专家的严厉批评的不利情况下，他还是遵循他的思想并贯彻到底直至取得成效。

二、乡村银行运行机制

完整的乡村银行系统的运作原则：人们不应该到银行来，相反，而是银行应该到民众中去。银行职员的工作不是坐办公室，而是与民众融为一体。妥善安排办公时间，在办公室里管钱和记账。相反，传统银行要求职员都要到办公室上班，而对穷人来说，办公室让他们畏惧，疏远了和银行的距离。乡村银行不仅仅是把钱借给这些穷人，而且这家银行还由这些借贷的穷人拥有。他们每人买一个价值3美元的股份而成为银行的股东。通过乡村银行正在做的创造自我就业机会，你就能让成百万小手工劳动者从事上百种活动，创造全新的经济环境。当你发展了自我就业，妇女就能很容易地成为创收者，并展示她们的经济天赋。当很小很小的事情出现上百万次，它就会变成一件大事。它能打下一个很大的经济基础。

1. 只向贫困者贷款。由诺思教授通过实地调查发现，生活在孟加拉国农村最底层的无地的贫困者陷入贫困，并不是由于他们不愿努力工作或缺少技能。他们之所以陷入贫困，是因为得不到银行贷款等社会提供的发展机会与权利；由于高利贷的盘剥，他们得不到应得的全部报酬。一旦贫困者得到贷款，他们就可以凭自己的劳动来赚钱，从而改变自己的命运。因此，必须允许每个贫困者有改善自己经济状况的公平机会。而要做到这一点，就要确保其获得贷款的权利。对于贫困者来说，这是他们在经济上得到解放的基本要求，对于贫困妇女更是如此。

2. 以妇女作为主要承贷对象。以贫困农户中的妇女为主要承贷对象，这是从实践中总结出来的经验。在贫困者家庭成员中，妇女具有节俭、顾家、不乱花钱、能按时还钱等品德。她们一心用于为家庭谋利益的生产经营活动，而且相对于男子来说外出较少，乐于从事家庭种植、养殖、手工业生产，也便于开会和参加小额信用贷款组织的各种活动。

3. 贷款无须抵押和担保。贫困者由于贫困，一是自己没有财产可以抵押，二是富裕者普遍不愿为其担保，因而在现行的金融制度下无法得到贷款。为此，小额信用贷款向贫困者贷款，不需要财产抵押和别人担保。

4. 小组互助、互督、互保。小组，是小额信用贷款运行机制的基础。由于贷款无须抵押和担保，小额信用贷款设计了由贷款贫困者组成的互助、互督、互保小组，这是很重要的制度保证。即小组成员在选择贷款项目、按时还本付息、实施监督等方面，承担相应的责任。虽然借款是个人行为，最终由个人决定，但小组中的5个人有相互依存的关系，从而起到联保的作用。为此，有亲属关系的不能在同一小组，以防止因亲属关系而影响联保作用。

5. “2—2—1”顺序放贷。小额信用贷款的规章制度规定，同一小组里的5个人不能同时获得贷款，而是先贷2个人，若这2个人还贷正常，3~4周后再贷两个人，小组长只能最后得到贷款。按照这种“2—2—1”顺序贷款，一是使各借款的贫困者熟悉小额信用贷款制度，二是体现了小组长先人后己、无偿为小组其他成员服务的精神。

6. 小额度短期贷款。从贫困家庭底子薄、没有信贷经验、难以从事大规模的经营活动，只适宜从事风险小、易操作、周期短、见效快的小型项目的实际出发，小额信用贷款的制度规定每笔贷款一般在几百塔卡至1 000塔卡，还款期限为1年。

7. 整借零还。孟加拉国乡村银行是一周开始还贷，1年期贷款每周归还本金的1/50，称为“50周还贷制”。孟加拉国的大部分地区是平原，人口稠密，村庄较大，借贷贫困者可以在本村庄的集市上及时出售自己的农副产品、做劳务等以赚钱还贷。

8. 利率略高。小额信用贷款既然是信贷，就不但要还本，还要付息，利息率一般与商业银行利率持平乃至略高一些。孟加拉国乡村银行在1991年前，贷款1年期的年利率是16%，1991年上升为20%。实践证明，所有的贷款贫困者对这样的利率都是能够承受的。这是因为利率较低的信贷他们贷不到，而农村民间存在的高利贷，贫困者实在是贷不起，小额信用贷款的利率毕竟比高利贷低得多。

9. 连续贷款。1年期的小额信用贷款是不可能使借贷贫困者脱贫的，只能起到缓解贫困的作用。为此，小额信用贷款规定，借款的贫困者只要遵守纪律，按时还贷，就可以连续贷款，而且第二次以后的贷款额还可以增加。即使是脱贫了，还可以继续使用小额信用贷款发展家庭生产经营。

10. 中心负责定期召集会议。孟加拉国乡村银行规定，6个借款贫困小组组成一个中心。为了便于管理，一个中心必须在一个自然村里。如果一个自然村较大，也可以设立两个以上的中心。中心设正、副主任各一人，负责召集中心会议。中心会议的任务，一是放贷、还贷；二是开展互助、培训、文明教育等活动；三是交流经验与信息；四是调解小组成员之间的矛盾纠纷；五是出售良种、树苗、腹泻药、碘盐、饮用水净化剂等，以改善借款贫困者家庭的生产、生活条件。

11. 基金。孟加拉国乡村银行基金分为小组基金和中心基金两种。小组基金为互助性基金，由小组成员储蓄、储蓄利息、贷款提成、借款提成、违纪罚金组成。小组基金只能由小组成员使用：一是小组成员家庭急需时的借款，二是购买乡村银行的股票，三是小组成员集体经营项目的垫本等。除个人储蓄外，其余资金均为小组集体所有。中心基金为中心集体福利金，由集体基金、儿童教育基金、保险基金组成，用于中心成员的集体福利和帮助念不起书的中心成员的孩子识字、赈灾、中心成员死亡时的抚恤等。

12. 强制储蓄。孟加拉国乡村银行虽然不是金融机构，没有公开从社会吸收存款的权利，但是，它设法从借贷贫困者中吸收储蓄。其方法，一是强制性的每人每周1塔卡的小组基金和中心基金；二是乡村银行发行的股票，其中借款者所持股票已从初创时总资本的40%增至目前的88%。至1996年7月，乡村银行全部储蓄已达1.29亿美元。

13. 它是不设金库的扶贫服务机构。孟加拉国乡村银行，名为“银行”，其实不是真正的银行，而是一个非营利性的自负盈亏的扶贫服务机构。它不设金库，从国内外贷来的款和借款者归还的本金、利息和基金，均存在国家银行，向贫困农民放贷时再取出来。至1995年，它已向政府低息贷款50亿塔卡，年息4%~6%；向国际机构贷款0.5亿美元，年息2%~4%；接受国外慈善机构和基金会赠款0.5亿美元。由于乡村银行实行短期、小额信用贷款，借款的贫困农户散布在广大的偏僻乡村，工作量既大又艰苦，因而是其他任何银行都不敢，也不愿涉及的领域。其所以不愿意，是因为这些贫困户贷款额度小，盈利少；其所以不敢，是因为这些贫困户困难多，成本高，风险大。而乡村银行是专门为贫困户而设立的，并获得了巨大的成功，确实是一个扶贫服务机构。

14. 统一管理资本金。孟加拉国乡村银行的资本金实行统一管理，即由总部设在首都达卡的总行统一向国家银行、国际机构贷款，然后分拨给各营业所；而各分行、支行只是管理和服务机构。各营业所从20%的利息中自己留下8%，向总行上交12%；总行向国家银行上交6%的利息，自己留下6%。这也就是说，在一个贷款周期中，营业所有8%的利差收入，总行和国家银行各有6%的利差收入。总行要求营业所以8%的利差收入做到自负盈亏。从实践上看，营业所做到自负盈亏约需3~4年，借贷贫困者达1 500~2 000个。在不能自负盈亏之前，亏损由总行补贴；在达到一定规模并实现盈利后，盈利由总行统一支配。

15. 高薪养廉。孟加拉国乡村银行对员工强调奉献精神，但又从物质待遇上给予优待，形成了一支质量很高的员工队伍。在双向选择的聘任中，乡村银行特别重视学识、实际能力和乐于助贫精神，营业部主任以上职员至少大学本科毕业，一般人员至少大学专科毕业，均要求有献身扶贫事业的志向。全体员工工资从一般业务员2 300塔卡至总经理1万塔卡，共分8个等级，大体上与城市银行工作人员工资相当并略高于政府工作人员。此外，员工的福利较高，有伙食、住房、住房贷款、交通、医疗、节日6项补贴，工资越低者补贴越多；凡工作满10年以上的员工，可以享受离职、退休待遇，离职金和退休金都很高，这吸引和稳定了人才。

16. 它有严格的纪律。孟加拉国乡村银行的纪律，包括借贷者纪律和员工纪律两类，均很严格。如对员工规定有几不准：不准在自己家乡工作，不准接受借款人的礼物，不准在农民家里吃饭、喝水，不准购买乡村银行的股票等。对借款者，有16条规定，包括了借贷者的权利、义务、责任以及讲求文明等方面。

17. 它注重培训。孟加拉国乡村银行十分重视培训。一是对员工的培训，主要是对新聘的员工，首先要接受6个月的培训，地点分别在3个营业所，使其了解和接触各种不同地区的情况，增长见识；二是管理人员的培训，一般在总行或分行、支行举行，采取“以会代训”的形式，受训者通过听取报告、交流经验得到了培训；三是对借款者培训，由营业所的工作人员对他们进行乡村银行的宗旨、借款办法等的宣传、培训，在确认他们对乡村银行的宗旨、借款办法、职责等全部弄清楚之后，才同意他们组成小组进行借款。

实现商业利率原则是“乡村银行”可持续发展的最基本的要求。按周还贷制度可使借款人在短时间内养成按时还贷的习惯，树立起信用意识。特别是那些经常接受救济和补贴贷款的人，容易把贷款看做是一种馈赠，从而缺乏还贷信用意识。要求他们把按周还贷作为一种不可违反的纪律来遵守，这就使他们的贷款意识能够每周得到加强。在短时间内树立起借款人的按时还贷意识，这是复制成败的核心。贷款小组成员自愿组合，民主选举小组和中心负责人，通过每周（2周）一次的小组和中心会议，进行民主管理。小组成员具有共同利益，形成成员之间互相帮助的动力和互相监督的气氛。确保成员按时出席中心会议是十分关键的，这是还贷率100%的保障。借款人自选创收项目：贷款必须用于创收活动，才能在短期内产生经济效益，使借款人获得还贷能力和开始摆脱贫困。实践证明，当别人过多干预借款人的决策时，会降低贷款的还贷率。让借款人自己选择，就是要减少他们的依赖性，使借款人对自己的决策负责。

三、由诺思乡村银行的基本理念

“信贷”这个词的意思就是信任。要使乡村银行有效运转，就必须信赖我们的客户。我们施信于民，结果他们反过来又取信于我们。信贷是一种人权。人类的信贷权利是摆脱贫困的社会基本要求。传统银行把他们的信贷建立在不信任的基础上。而“乡村银行”的“信贷”意思就是“信任”，在相互信任的基础上建立放贷—受贷的业务关系。

贷款释放出来的力量是巨大的，以至于贷款人很快就会拥有规划家或社会科学家想象不到的能量。

施舍不是解决贫穷的办法，施舍只能让穷人丧失主动性而使贫穷永远存在。每个人都是未开发的宝藏，具有无穷无尽的能量。每个人都是一名消费者，他（她）尽情使用地球的资源，但他（她）也是一位为社会作出贡献的生产者，因为他（她）拥有巨大的潜能。

孟加拉国“乡村银行”模式是国际上公认的、最成功的信贷扶贫模式之一。它以其扶贫面广、扶贫效果显著，且银行自身按市场机制运作，持续发展，显示出极强的生命力。目前全球有59个国家正在复制，而且，既有发达国家，又有发展中国家。

7.8 中国农民不惜付高额利息来获得贷款

在中国农村，由于农村金融服务短缺，农民支付着比城市人高的资金成本，这对农民是不公平的。从部分亚洲国家农业贷款的利率来看，在农村经济发展的实践中，农民为了得到贷款，不惜付高利率来获得贷款。

利率低，但得不到贷款，这只是给农民开的空头支票。农民贷不到款，想的不是利率高，而是能否贷到款。农民贷款项目小、见效快，可以搞小副业。劳动投入与边际收入观念：算账不计自己劳动投入，关注的是自己的机会成本和收益，业余劳动可以有回报，否则，自己的劳动就自然浪费了。通过金融支持发展生产、获得收益，农牧民算的是他的投资回报。农民借钱养一头奶牛，投资每年的回报至少在40%～70%左右。奶牛可以产奶，奶牛往往生一头小牛，这头小牛是公牛不值钱（平均1 500元），是母牛就是3 000元，15 000元的投资，收奶每年得5 000～7 000元。5 000～7 000元加上15 000元，投15 000元，每年可以收8 000元、9 000元，他的回报是50%、60%。高回报的秘密在于没有把他的工资算进去，如果把每天20～30元工资算进去，这些都是赔钱的。对于农民来说，养一头牛，并不是别的事不干，田也不种，只养这头牛；对他来说是顺便的，他不养这头牛，其他劳动的机会成本也几乎为零。高利率也有高回报：世界农业回报率平均是37%，最高达到847%。拿18%、16%付了利息，还剩下很多。如果利率不高，农村信用社或者农村乡镇银行等都不会到农村去，因此农村发展不起来。利率高一些，农民也愿意贷，因为能赚到钱。因此，仅仅通过市场机制解决不了中国农村的金融服务问题，必须加上政府的政策支持，否则，商业银行的利润追求与成本核算结果，会吓跑所有的金融机构。世界农民都是受政府补贴的，欧美发达国家无一例外。我们必须研究政府的补贴机制，使零散的、没有组织起来的农民不再受到高利率的限制，能够从政府的贴息中或者政策性金融引导下的商业金融中得到普遍的、公平的金融服务。财政贴息、建立贷款担保机制，通过政策性银行的转贷款和人民银行的再贷款，给农民好的政策，使他们得到实惠，农村金融服务才能发展，中央政府的惠农政策才能真正落到实处。

7.9 解决农村金融服务的根本性问题是放松农村金融管制

农村金融服务的机制创新与产品创新。由于农业生产的周期相对较长、农民文化水平低、市场不发达、商品化率不高，一般来看，如果按照市场经济原则进行商业化运作，农民难以得到贷款，也没有哪一家金融机构愿意为农民提供金融服务，农民没有合适的资产可以用于抵押，而全社会的资金富余，全国的流动性过剩，资金不愿到农村去，从近几十年的农村金融服务现状来看，一方面农民贷款难，另一方面金融机构“三农”服务量小、风险大、成本高，而且存在着不良贷款。怎么办？农村金融服务成了一个死结。金融创新、政策扶持、把农牧业生产和金融服务的利润留在农村非常重要。按照商业化的经营机制和市场经济原则，成立地区性中小银行解决不了农村金融服务问题。建设社会主义新农村的一个目标就是增加农民收入。要增加农民收入，就必须想出一个“借鸡下蛋”或“借母牛下牛犊”的扶贫办法，通过金融机构的贷款，让贷款成为农民致富的“母牛”、“母羊”、“母鸡”，给予一定的资本投入，这些投入由公共财政承担一部分，农民自己承担一部分，既可以调动农民积极性，又能增加农民收入。放松管制是农村金融制度、金融服务产品创新的基础，多样化的农村金融服务机构的设立，特别是由农民群众参与管理的农村金融服务机构的规范化经营管理，使农民经营的金融机构有管理，有政策优惠，把利润留给农民、留在农村，农民就会真正享受普遍金融服务。

西部农村经济发展滞后，有城乡二元经济结构的问题、区域经济发展不平衡的问题，也有金融服务管理体制制约农村金融服务创新的问题，必须改革现有的农村金融管理体制。在农村地区人、财、物外流，生产要素短缺的情况下，许多困难和问题交织在一起，农村金融投入成了被金融机构遗忘的角落。世界上许多国家在面对分散的小农经济情况下，商业性金融都难以提供普遍金融服务。要从根本上提升农村金融服务，必须有政策引导和政策金融的扶持，在国家政策性金融和各级地方财政的支持下，大力培育多层次、广覆盖、可持续发展的农村金融体系，构建新型农村金融组织，把政策性金融和商业金融结合起来，完善经营管理体制，鼓励商业性金融机构提供政策性金融服务。这里的关键问题是农村信贷管理体制的创新。大家都知道，西部农村金融市场存在矛盾与困惑，但中央政府还是有很多优惠政策扶持农业经济发展的，只要金融机构充分研究农村金融服务的特点，根据农村经济组织形式和本地农业生产的特点创新金融服务产品，为农民和农村提供量身定做的金融服务产品，创新多样化金融服务工具，创新信贷产品期限，提供便捷的结算工具，创新信贷管理方法和贷款担保机制，就一定能找到农村金融服务的新途径。

农村金融要为农村发展注入活力，就要建设投资多元、功能完善、服务高效的农村金融服务体系。多年来，农村金融市场准入高度管制，这在一定程度上导致了农村地区民间或地下金融形式存在的广泛性和多样性，其业务范围几乎覆盖了从农村地区生产、经营到生活的各个层面。对农村金融服务的保护使得金融机构一旦进入农村金融市场，则几乎不存在任何市场退出的可能性。市场准入的严格管制，导致在客观上出现了农村地区金融机构的高度垄断，垄断造成的低效率又造成其财务上的不可持续性，而监管保护又进一步加大了金融机构的道德风险——这是农村金融服务的恶性循环。

由于“三农”并非经济效率较高的领域，我国金融机构应自发推动“三农”的发展，不符合金融机构商业化改革的目标，因而不具有商业可持续性。另外，非正规金融已长期在“三农”领域发挥了重要的作用。这种以“血缘”、“地缘”等关系为基础的“低级”金融形式，很好地适应了“三农”领域的金融需求特点，既没有出现资金外流，也没有出现大的系统性风险，还取得了较好的经济收益。在严厉的管制下，非正规金融仍然活跃于农村，成为金融服务“三农”的补充，表明其具有相当旺盛的生命力。

我国“三农”的基本特点是经济主体数量庞大且极其分散，信息不对称问题突出，不适宜正规金融机构的“大兵团作战”。而以“血缘”、“地缘”为基础的民间金融在掌握信息、控制风险方面却有着突出的优势；另外，农村经济发展水平的地区差异极大，即便在同一地区，在金融需求方面也存在着很大的差异。因此，能够满足不同地区和多种需求的农村金融体系必定是一个多层次的金融服务体系，而严格的管制是无法建立起这样一个金融服务体系的。在农村地区需要引入金融竞争。只有充分的竞争才能提高农村金融服务的效率，才能有效降低监管的成本。

根据农村金融的体制现状，要全面提高农村金融服务的竞争性，以提高效率，就必须放松管制。第一，放松对国有银行的业务限制。第二，放宽农村金融机构的准入限制，适度扩大对民营资本及外资的开放程度，吸引多渠道的资金进入农村市场。放松对所有权的管制，降低准入门槛，以推动农村金融的竞争。在农业银行和农村信用社作为农村金融主体机构的前提下，降低门槛，使农村金融服务向社会各类资本和农户自身放开准入限制。第三，放松对治理权力的管制，坚持需求导向的农村金融供给体系设计。第四，放开农村贷款利率管制，增加农村信贷市场的竞争，灵活满足农村金融需求。建立存款保险制度，为金融机构的退出创造条件。要解决农村金融供给与需求的矛盾，就必须扩大农村金融的研究视野，打破区域限制，立足于农民收入增加与农业发展，从城乡统筹发展的角度来研究农村金融体系，构建一个包括补贴、贴息、抵押、担保、期货、农业保险等在内的农村风险补偿与分担机制。

7.10 西部农村金融机构必须改进操作风险管理

7.10.1 操作风险管理的核心是对人的管理

在西部，对农村金融机构来说，在金融服务创新的同时，必须改善操作风险管理。一方面这是控制风险、扩展金融服务的需要，另一方面也可以通过操作风险管理的改善提供良好的金融服务。操作风险管理是通过对操作风险的识别、度量、接受和缓释的过程，控制可能发生的财务损失，争取盈利最大化。这里，建立有效的操作风险管理组织机构对控制操作风险具有重要意义。操作风险管理的核心仍然是对人的管理，包括对人的道德、能力和一个良好的与激励相容的框架等。巴塞尔银行监管委员会 2003 年 2 月提出了关于操作风险管理的 10 项原则，对于金融机构的操作风险管理具有重要的指导意义。

原则一：董事会应该意识到操作风险管理的主要内容，应该批准、定期复议银行操作风险管理框架。这个框架应该明确操作风险的定义，设定确定、评估、监督、控制和缓释操作风险的原则。

原则二：董事会应该保证由操作上独立、受过训练、有经验的人员对管理操作风险的架构进行有效、全面而独立的审计。内部的审计部门不应直接对操作风险管理部门负责。

原则三：高级管理人员有责任实施董事会批准的操作风险管理框架。这个框架应该在银行内部实施，各层面的人员应该理解自己在操作风险管理中的责任。高级管理人员有责任对银行产品、活动、过程和体系建立管理操作风险的政策、程序、过程，并进行日常管理。

原则四：银行应该对所有重要的产品、业务活动、管理过程、管理体系内在的操作风险进行确定和评估。银行应该保证在引进新产品、开展新业务活动、建立新的管理过程和管理体系之前，对内在的操作风险进行充分的评估。

原则五：银行应该对操作风险和重大的损失进行日常监控，对高级管理人员和董事会进行日常报告。

原则六：银行应该用政策、过程和程序来控制重大的操作风险。银行应该对风险限额、风险缓释作用、风险控制战略的可行性进行评估，应该按照全面的风险偏好和风险整体状况，采用适当的战略来把握操作风险总体状况。

原则七：银行应具备业务连续计划，以保证连续关注操作能力，在业务中断的情况下使损失最小。

原则八：银行的监管当局应该要求所有的银行，不管大小，建立一个有效的框架来确定、评估、控制或缓解操作风险，作为全面风险管理的一部分。

原则九：监管当局应该直接或间接地对银行操作风险的政策、程序和做法进行日常的、独立的评估。监管当局应该保证适当的机制发挥作用，对银行的发展进行评估。

原则十：银行应该进行充分而公开的信息披露，让市场参与者评估银行操作风险的管理方法。

从操作风险管理的原则来看，巴塞尔银行监管委员会希望全球的银行建立有效的操作风险管理框架。通过建立高管人员市场化的激励约束制度，包括到任离任审计制、年薪和期权激励制、高管人员良好行为准则制等，使得从业务第一线员工到高层管理人员都能置身于一个良好的与激励相容的框架之下，建立覆盖全业务、全部门的信息管理系统。该系统不仅仅包括对已有的各种业务流程的再造和设置操作风险控制点，更有助于总部对其星罗棋布的分支机构进行有效管理。针对一般员工制定一个罗列式的操作风险管理手册，使员工能根据手册速查，了解发生某种操作风险后，应该如何处理和向上汇报。这里，内控制度建设尤为重要。

7.10.2 建立有效的操作风险管理框架

构建一个有效的操作风险管理框架是一项非常复杂的任务。它所涉及的范围比较宽，获得各类相关数据比较难，对企业影响比较深远，同时也涉及大量的风险管理工具和技术。农村金融机构有效的操作风险管理框架包含四个组成部分：战略、流程、基础设施和环境。操作风险管理的战略设定了操作风险管理的总基调和基本方法，包括业务目标、金融机构治理结构、风险偏好以及与操作风险管理相关政策的阐释。操作风险管理战略由董事会负责，必须要和业务发展的目标结合起来。银行确定战略以后，要考虑达到目标面临的挑战和达不到目标的后果。操作风险管理的政策应该涉及所有业务活动，便于对业务活动的监控、度量和管理，反映开展业务面对的内部和外部环境，定期复议更新。制订操作风险管理政策应该考虑操作风险偏好与银行战略一致、政策适用的范围以及管理操作风险涉及的部门和人力资源。政策应该创建银行能确定、度量和监控所有重要操作风险的机制，而且应该满足以下几个标准：得到董事会的批准、适合风险范围和业务活动、能被管理风险的人员完全理解。操作风险管理政策应包括新产品开发、内控、信息技术、人力资源、变化管理、业务连续性规划、内部审计等各个方面。

操作风险管理与金融机构的内控机制紧密联系但又有区别，不能以内控机制代替操作风险管理。金融机构的内控机制是其内部各种制度、方法、措施和程序等因素组成的相互联系、相互制约的内部控制机制，是对金融机构内部管理活动进行监督、评价和纠正的体系。内部控制机制与操作风险管理都坚持全面、审慎、有效和独立性的原则，在管理的内容上有重叠的部分。内部控制机制通过约束不同部门、不同岗位、不同人员的职责发挥着控制操作风险的作用，能够减少操作风险可能产生的损失。两者的不同之处在于强调的重点不同。首先操作风险管理强调“区别”管理，区分出可承担的风险、可转移的风险，并采取不同的管理手段，而内控机制强调控制机制建设，包括建立起内部控制政策和程序及保证在银行内部使这样的政策和程序能够被严格遵守。其次，管理的对象不同。操作风险管理的对象是内部事件和外部事件，内控管理的对象是银行内部组织架构中的各个组成部分（可以从不同角度看待内控涉及的组织层级），比如从董事会到高级管理层，到中级管理层，甚至普通员工；从银行后台的资产负债管理部门、财务部门、风险管理部门到前台的业务部门；从产品的研发部门到产品风险管理部门、产品的销售部门等。最后，管理的目标不同。操作风险管理的目标是单一的，即实现盈利最大化，而内控目标是多重的，既要遵守国家法律法规、金融监管规章和商业银行内部规章制度，也要保证自身发展战略和经营目标的全面实施和充分实现；既要保证风险管理体系的有效性，又要保证业务记录、财务信息及其他管理信息的及时、完整和真实。制定操作风险管理政策的责任在于金融机构的高级管理层，也可委托专门的委员会或特定的组织机构，但无论如何，金融机构必须要有合适的政策限制操作风险的规模，建立起能对风险进行及时、有效控制的管理体系。

按照《巴塞尔新资本协议》的要求，银行必须具备一个独立的操作风险管理小组，负责设计和实施银行操作风险管理系统。操作风险管理系统包括形成一个确定、度量、监督和控制操作风险的战略；设定银行操作风险管理的政策和标准，协调对包括信用、市场和操作三大风险的管理，监控和处理损失事件，确定度量操作风险的工具和指导原则；设计和实施操作风险度量的方法及风险汇报系统。操作风险的管理部门独立于内审部门。内部和外部的审计人员必须对操作风险的管理过程和管理系统进行常规检查验证。检查包括业务单位的活动和独立的操作风险管理功能。由外部审计对操作风险度量系统的验证至少包括：证明内部验证过程是以合理方式进行的；保证操作风险度量体系的数据流和过程透明。尤其是审计人员可以容易地获得度量系统的技术细节和参数。一些国际活跃银行在实践中已经形成了防范操作风险的“三条线”管理，即业务线管理、风险部门管理和内审管理。

如果不能成功识别操作风险或将其及时化解，则可能产生巨大损失。最著名的事件就是巴林银行倒闭事件，交易员里森在未经允许且未被察觉的情况下，在市场上进行大量高风险头寸交易，造成 15 亿美元的损失，该银行最终在 1995 年破产。操作风险管理目标的一个关键因素就是确保对其有明晰的理解。

从巴林银行事件可以总结出下面的几个问题，这些问题将有助于理解一项特定操作风险的本质：

第一，损失有多大？

第二，这个风险的主要起因是什么？

第三，这个风险的变动有多快？

第四，有哪些其他操作风险即将出现？

第五，同一业务的操作风险水平较之其他机构如何？

英格兰银行对巴林银行事件所作的有关报告揭示了关于操作风险的四个教训：第一，管理团队有责任理解他们所管理的全部事务；第二，必须清楚地建立和沟通关于每一个业务活动的责任内容；第三，必须建立起对所有业务活动的内部控制，包括独立风险管理；第四，最高管理层和审计委员会必须确保显著的缺陷得到迅速解决。操作风险导致的财务损失本质上是不确定或者随机的，并根据诸如正态分布这样的概率分布来对其进行定义。该概率分布的均值被称为“期望损失”，而给定的置信水平下（比如 99%），实际分布到分布均值的距离称做

"非期望损失"。给定这些定义后，就会存在一个概率（如1%），使实际损失高于期望损失。

银行必须要保证操作风险度量体系的内部政策、控制和程序相互一致，银行的风险管理体系必须通过风险管理手册的形式描述风险度量体系的基本原则，解释度量操作风险的经验技术。尤其是对可能导致巨额损失的极端事件，要进行常规的情景分析。情景分析的结果必须是评估银行应对操作风险经济资本分配过程的一部分、管理操作风险暴露过程的一部分。

7.10.3 操作风险管理的过程

操作风险管理的流程是在既定的战略框架下风险管理的活动和决策。管理操作风险的过程大致可以分为五个环节。第一环节是确定操作风险。操作风险的确定过程应该考虑整个潜在的操作风险、银行运行的内部和外部环境、银行的战略目标、银行提供的产品和服务、银行自身特有的情况、内部和外部变化及变化的幅度。第二个环节是风险评估和量化。评估操作风险的目的是确定哪些风险是可接受的，哪些是不可接受而需要缓解的，如估计风险发生的概率、在控制战略实施前评估直接对财务收益的影响和对金融机构目标实现的潜在影响等。风险评估和量化的结果可以帮助管理层在风险及操作风险战略和政策之间进行比较；确定银行不能接受的及偏好以外的风险暴露；选择适当的机制缓解操作风险。第三个环节是风险管理和风险缓释。管理层需要评估采取降低操作风险，或减轻操作风险影响措施是否足够。必要的话，应采取成本—收益匹配的方案使操作风险降低到一个可接受的水平。第四个环节是风险监控。银行内部应建立一个计划，从定性和定量方面监控各种操作风险的暴露，评估缓解行为的质量合适与否，包括风险转化到银行外部的程度，保证有足够的控制手段和体系发生作用，使风险在发生之前得到解决。应该建立操作风险矩阵或关键风险指标，保证使重大风险维持在适当的管理水平。常规的复议由内审部门或其他有资格的组织来完成，分析控制风险的环境，监测实施控制手段的效率，保证业务以可控的方式运行。第五个环节是风险汇报。银行的管理层应该保证合适的人可以定期接受到关于操作风险的信息。报告的信息包括银行面临的操作风险和潜在的操作风险及改正措施、应对风险的步骤、采取的具体措施细节及效率。通过这些信息，董事会和高级管理层可以确定各个部门风险管理的职责，根据银行风险战略与偏好，评估全面风险状况，监控关键风险指标，评估防范行为的效果；业务部门的管理层确信对关键风险的控制措施已经成功实施。

风险管理是个周而复始地重复以上五个环节的过程，风险管理部门要保证每年或每半年对操作风险管理进行回顾和总结，包括操作风险战略和政策是否与业务目标匹配，确定的风险及当前的职责、风险缓释的措施是否符合战略和政策，损失原因分析中得出的教训是否被吸取，从而提高风险管理水平。在这种情况下，金融机构应开发一个数据库来累计操作风险的历史损失，也可记录最近的失误和未解决的事件。通过历史数据进行经验分析，从而加强企业的风险意识。什么事情发生了？哪些事件重复发生？风险点和风险因素是什么？在历史数据的基础上进一步进行定量的分析。

商业银行通常用储备来弥补非预期的损失，此处损失被看做是业务运行成本；有时候也将其计入服务价格中，例如对 VISA 卡的余额收取利息保证金。经济资本如同一个缓冲垫，能够弥补那些在一般业务活动过程中发生的超过期望平均水平的非预期损失。

要建立操作风险管理的基础设施。操作风险管理的基础设施是指风险管理的系统和管理工具，主要包括系统、数据、方法、政策和程序。在操作风险管理中，系统是用来支持自我评估、损失数据库、风险指标收集和报告、保险管理和资本模型的工具。数据是目标管理和决策的核心。操作风险发生的可能性以及损失估测，可以为风险管理者提供银行各个部门或某个部门内部各种操作风险分布状况的信息。

业务部门有好几种处理操作风险的方式。第一，向业务部门进行投资（比如说更新技术、追加投资）。第二，可以通过从一项业务活动中转移出来以避免风险（分散化）。第三，接受并管理风险，即通过有效的管理、监管和控制（严格控制）来处理操作风险。第四，将风险转移给其他方，如通过保险或者外包（转移风险）。由于金融机构本身和股东的需要，巴塞尔银行监管委员会确定记分卡为计算操作风险资本的“高级法”之一。采用记分卡法，计算操作风险资本金具有一定的内在弹性，因为它能较好地与金融机构的风险和内控相适应，而无须获得外界对本金融机构面临风险的看法，同时银行能够尽早计算操作风险资本金，而不必等到内部数据库建成或利用与金融机构无关的外部数据，这样能促进银行采用记分卡法获得现存的风险和内控数据，从而获得额外的价值。

记分卡是金融机构对风险与内控的一个自我评估，主要包括风险事件、风险拥有者、风险发生的可能性、风险的影响力、缓释风险的控制措施、控制实施者、控制设计和控制影响等。尽管这些只是进行判断，但是，这些全是基于金融机构未来发生事件的预期，而不是过去发生事件的总结。

记分卡法至少包括风险事件、风险发生的可能性和风险的影响力。但是，仅仅只考虑以上三个因素，金融机构也很难获取更多有用的信息，因为对金融机构而言，风险是一种净风险（或者说是剩余风险），这样，有关控制对风险的缓释作用未能在模型中得到反映，也就不能用以进行资源配置和成本效率检验。记分卡法还包括对行动方案的评注和价值判断，以此来增强控制和降低（或优化）风险。有关风险事件和内控措施（假如也包括在记分卡中的话）的关键性指标有时也会反映在记分卡法中，并被用在构建风险评估的敏感性模型中。

当金融机构开始对损失数据变得日益熟悉（并已确实获得）时，记分卡将会逐笔记录每个风险事件的损失情况。有时损失是由金融机构自身原因引起的，因此，是直接与金融机构相关的。风险事件产生的事实损失是相当有用的，这是基于以下两个理由：首先，损失可以用于教育和培训的目的，对现有记分卡的影响力和可能性分析提出挑战。除此之外，损失数据可以再次用在记分卡中，以此来增强风险评估的敏感性。但是仅仅为了让记分卡法产生对金融机构风险管理和控制有价值的信息（假设损失与记分卡所示风险一致），而让记分卡法与标准风险类型完全相一致（或者说损失结果与记分卡完全一致）是没有必要的。

为了从收集的数据中计算操作风险资本，风险的发生和内控的失灵将被模拟成一个相当长时期的结果分布。这与市场风险模型化分析过程很相似。因此，记分卡有时也被称做风险地图（Risk Map）或风险清单（Risk List）。

为了利用记分卡运行模型以产生资本数据，有必要对记分卡的组成部分予以赋值，比如风险发生概率的百分比、风险影响的货币价值、控制设计和控制失灵（或成功）的百分比等。风险与控制的管理者将被赋予一个介于 -1.0~1.0 的相关系数，在这里，-1.0 表示完全负相关；0.0 表示完全无相关；1.0 表示完全正相关。

7.10.4 操作风险管理的环境

操作风险管理的环境包括企业文化和相关的外部因素。风险文化是风险管理的软件，它表现为风险管理的态度、价值观、目标和行为等。金融机构应该有明确的指引表明谁对操作风险管理负责？对商业银行来说，按照巴塞尔银行监管委员会的建议，银行应有专门的董事负责操作风险；董事会应建立一个委员会（或其他适当的机制）来授权和管理实施操作风险战略每日的决策，保证管理操作风险的流程顺畅，委员会应定期审议操作风险报告，保证满足金融机构操作风险管理的要求。

管理操作风险的部门应该以与管理信用风险和市场风险相同的方式建立，负责评估、监控及汇报整个银行集团的操作风险，而且内部操作风险度量必须和银行每日的风险管理过程紧密结合在一起，在向管理层汇报、内部资本分配、风险分析等方面发挥重要作用。

随着 IT 技术的飞速发展，金融管制的放松以及银行业全球性竞争的日趋激烈，银行操作系统的自动化程度不断提高，金融产品和服务方式的创新日新月异，大规模的并购不断涌现，因而商业银行面临着一个更加复杂多变的经营环境，经营管理过程中所面临的操作风险也变得更加突出，其影响日益严重。这样，传统的定性管理方法的局限性也越来越明显，特别是随着市场风险和信用风险量化模型的不断发展，对金融技术的依赖在一定程度上反而增加了操作风险，这就迫切需要进一步加强操作风险管理以应对日益突出的操作风险问题。在过去相当长的时期内，操作风险被认为是不能度量的，操作风险模型化也面临一些问题。

操作风险模型化面临的第一个问题就是不能将操作风险的度量与操作风险管理有机地结合起来，如果没有对操作风险的含义、操作风险类型与操作风险损失之间内在关系的深刻理解，没有对特定金融机构现阶段及历史性的风险特征进行细致分析，盲目采用量化模型，将会导致量化结果没有针对性，使得银行缺乏加强操作风险管理的相应激励。操作风险模型化面临的第二个问题就是数据收集和分析方面所面临的挑战。判断何种损失数据应归因于操作风险本身比较困难，而且金融机构在这方面的历史数据积累年限也较短，因此既要注意在积累内部数据的同时对之进行较实际的分类，引入行业整体数据做补充，又要为补充性的定性分析建立客观的审计监督标准。再者，操作风险模型必须与相应的风险缓释工具（如保险）结合起来进行分析，才能正确反映这些工具应用的效果。目前，这种结合性研究仍需进一步发展。由于对操作风险的认识尚处于起步阶段，操作风险管理技术与工具也仍在探索之中。基本指标法、标准化方法、内部衡量法、损失分布法以及极值理论方法作为操作性风险度量模型都能够给金融机构操作风险管理过程提供一种可以参照的标准，但这些方法又各有其自身的特点，金融机构可以根据自身的情况选用。

8 从农副产品市场发展入手实现对西部市场发展的金融支持

8.1 农副产品市场的资源优势与开发潜力

8.1.1 面向市场发展特色农牧业

农牧业产业化经营的基础是把食品原料生产逐步转向基地化生产，用基地建设规范农牧户生产行为。基地使种养殖有指导、生产有服务、销售有门路、价格有保护、品质有保证。根据资源优势分析，在青海发展特色农牧业要以牛羊肉食品工业为龙头，大力发展农副产品深加工。高原特色农牧业产业化发展和特色产品生产基地建设必须依托资源优势。青海省地处青藏高原，具有高海拔、无污染的生长环境，农牧产品有机含量高，发展食品工业和农畜产品深加工、繁荣城乡市场，是经济发展、人民富裕的可持续发展之路。可以重点发展以牛羊肉为主的畜产品加工，以奶制品加工为主的高原绿色保健奶业，以油菜子、薯类、豆类深加工为重点的特色种植加工业，以红景天、沙棘汁、矿泉水等为主的天然保健饮料业，以青稞酒为主的高原特色酒业，以无公害、绿色、有机蔬菜为主的蔬菜加工业，以牛皮、羊皮，牛羊毛、绒等为主的皮毛加工业。实施西部大开发战略以来，青海调整了农牧区经济结构，面向市场，招商引资，因地制宜，大力开发具有高原地域特色的农牧业产品，使农牧业生产的市场化意识明显增强，高原特色农牧产品品牌不断增加。以市场为导向，立足资源优势，积极发展名特优农畜产品，陆续建设了一批具有本地区资源特点和优势的农牧产品生产基地。例如，以湟水、黄河谷地和脑山地区以及青南牧区优质蚕豆、杂果、马铃薯、蔬菜、油料五大农产品生产基地；以柴达木盆地为主的绒山羊和以环湖地区为主的细毛、半细毛、优质羊肉生产基地；以青南地区为主的牦牛肉、牦牛绒、藏羊毛、藏羊肉生产基地。青海地处江河源头，排污工业相对较少，生态环境及资源的污染与破坏程度比较轻，牧区基本上是无污染区，被联合国教科文组织确定为世界四大无公害超净区之一。在这种环境下，农作物、牲畜受到的污染也相对较少，农畜产品便是最好的天然绿色食品。藏系羊肉具有低脂肪、高蛋白、天然野味的特点，被誉为“虫草牛羊肉”，是天然的绿色食品和保健品。牛羊全身都是宝，肉、毛、皮、奶、骨、蹄、筋、角、肠、肚、胎、肾、血、鞭等均可以深加工，具有广阔的市场前景。这里的关键是资源的整合和对龙头企业的扶持。优势资源的开发和生产加工不能遍地开花，必须依靠科技研发，进行有规模的标准化生产加工。随着青海东部地区“西繁东育”工程项目的实施，以民和、互助、大通、祁连等地为主的优质肥牛肉生产基地，以互助、湟中、海北等地为主的优质肥羊肉生产基地已初具规模。问题是要结合实际，不断完善产业化龙头企业与农牧户利益的联结机制，提高农牧民的组织化程度，包括农牧业保险和金融机构支持龙头企业和种养殖户的贷款担保机制、财政资金对金融资金的引导机制。引导龙头企业和农牧户之间的利益联结机制，使它们走向市场、走向紧密型的合作关系。例如，完善龙头企业与农牧民的订单关系，推行并规范产销合同制，建立风险基金、最低价、收购保护价，按农牧户出售产品的数量适当返还利润等多种形式，与农牧户建立比较紧密的利益共享、风险共担、信誉共建的组织形式和经营机制。全面推进“食品安全综合监管网和现代流通网”建设和“万村千乡”农村食品安全现代流通网络工程建设，完善“一会两站”建设，切实发挥农村食品安全信息员作用，使食品安全综合监管网络和现代流通网络覆盖到全市每一个行政村，切实维护农民的合法权益。

8.1.2 品牌农牧产品的打造

对农产品种养殖环节加强监督检查和指导，从源头上防止农产品污染。积极开展无公害农产品的产地认定和产品认证工作，对农药残留、禽畜产品违禁药物滥用和动物屠宰检疫专项整治，规范农牧民的种植、养殖行为。同时，在市场上加强对生产、流通、消费各个环节的监管力度，在西宁市场全面实施食品质量安全市场准入制度，强化食品生产加工环节管理，继续推进28类食品的市场准入工作。严厉查处滥用食品添加剂和使用非食品原料的违法行为。加强食品流通环节管理，全面规范食品经营企业的行为。对集贸市场、超市、社区、城乡结合部、加工作坊和农村食品市场加强监管责任的落实，严格实行不合格食品的退市、召回、销毁、公布制度，定期开展农产品、水产品、畜产品安全专项执法检查。发现薄弱环节，继续抓好餐饮业和食堂等消费环节的监管，全面实施食品卫生监督量化分级管理制度，将量化分级信息向社会公示，让消费者及时、方便了解食品卫生监督量化分级情况。推进食品安全诚信体系建设，在总结诚信体系试点工作经验的基础上，在食品生产加工、经营、消费等环节推广诚信建设经验，促使食品生产经营企业守法、诚信生产经营。采取各种形式，广泛深入持久地开展食品安全宣传活动，通过制作食品安全教育专题片、编印食品安全科普读物和举办食品安全培训班等形式，开展食品安全和科学饮食知识教育，不断提高食品安全综合监管效能。

8.1.3　农副产品价格上涨的市场与非市场因素

从西部来看，真正使西部农民得到实惠的还是国家实施西部大开发战略。一方面，随着国家财力的强大，中央加大了对西部地区的财政转移支付力度；另一方面，给了西部发展的许多优惠政策，解放了生产力，只要地方有足够的创造性思维，西部的创新型经济就会有较大的发展。中央提出，“十一五”期间新农村建设的主要原则就是“多予、少取、放活”，在全国取消农业税，并着手解决农村教育和医疗问题，让农民基本实现“种粮不纳税、上学不交费、看病不太贵”的愿望。可以预见，随着西部地区新农村建设的推进，农民在教育、医疗、养老等方面的问题将逐步得到解决，农民的消费能力将逐步增强；随着农村水、电、气、路等基础设施建设的推进，消费条件将得到极大的改善；随着农村人口向城市转移和城市商业机构向农村延伸，农村的消费观念也将发生很大的变化。要实施以上战略目标，就必须缩小农产品价格与工业产品价格的“剪刀差”，从农产品价格上让利于农民，使真正的农业生产者得到实惠，并通过农牧业产业化发展提高优质农产品在市场上的竞争力。公共选择理论证明了政治决策是由个人行为决定的，利益集团理论则证明了个人行为是受集团影响的。这就是城里人的声音为什么比农村人大的原因。从2007年食品价格上涨来看，以肉食品和禽蛋为主的农副产品价格上涨引起了全国性的CPI上涨，农产品价格立即表现得特别敏感。本来，农产品涨价有利于农牧民致富，有利于保护耕地，有利于社会和谐，有利于缩小城乡差别等，但农业生产组织方式的单一与分散性使农产品涨价的理由没有得到充分的表达。由于农副产品涨价是由于生产不足形成的，因此在社会商品大流通的情况下，是很难做到囤积居奇的。但是，由于受CPI指数因素的影响，由于涉及城镇居民的一日三餐，国家不得不抑制农产品涨价。以千家万户分散生产经营的小农经济模式使农牧民对市场的感受弱化，农民无法判断市场的中长期走势，周期性的致命亏损就成了一种必然。

要组织农民参加各类经济组织协会。农民只有组织起来，参加互助合作的农民合作经济组织，或者参与农牧业产业化的种养殖活动，成为产业链上的一个有机组成部分，或者成立农民组织的、按农产品分类的行业协会，这个时候，农民就会在产品分析、行业分析、市场分析方面不再盲目。与此同时，以合作经济形式组织起来的农民或者农牧业产业化链条上的农民对龙头企业和政府的决策行为也会产生影响。建设社会主义新农村，使农民能够享受到中国金融改革开发的成果，享受良好的金融服务设施，得到普遍金融服务，满足农民的金融服务需求，这是大方向、大趋势。

8.2　主要农副产品的市场供求分析

从消费物价及农副产品市场动态来看，2007 年，全国 CPI 上涨幅度较大。以西宁为例，西宁 2007 年上半年 CPI 上涨 4.9，在全国省会城市里排列第二，7 月上升为全国第一。主要原因是肉类价格大幅上涨所致。2007 年 7 月，西宁市农副产品价格与 2006 年同期相比，成品粮累计上升 6.7%（其中，大米上升 12.6%，面粉上升 1.8%）；猪肉价格累计上升 28.63%，牛肉价格累计上升 14.5%，羊肉价格累计上升 16.8%，鸡肉价格累计上升 20.6%；鲜蛋价格累计上升 41.4%，食用植物油价格累计上升 18.5%，鲜菜价格累计下降 6.8%。西宁作为青藏高原商贸中心，现已建成海湖路农副产品综合批发市场、小桥农副产品市场、西宁仁杰粮油批发市场等 15 个农副产品市场（其中综合市场 12 个，专业市场 3 个）。农副产品市场和超市遍及西宁市主要社区。农副产品市场建设步伐不断加快，档次不断提升，辐射能力不断增强，初步形成了以西宁市为中心，辐射全省各州、地、市及周边地区的农副产品销售网络。2007 年上半年，各大超市农副产品销售额和去年同期相比上升 10%，货源充足，供应平稳。西宁已经建立起了多渠道竞争、多种经济成分共同发展、生产与流通良性循环的较为完善的农副产品市场体系。

青海与全国一样，随着人民生活水平的提高，居民的肉蛋奶菜及其他副食品的摄入量逐步增加，使口粮的消费发生了一定的变化。在人们日常生活中，随着食用植物油在消费中比重的提高，人均消费食用植物油也在不断增加。随着青藏高原旅游的大发展，从每年 5 月开始，旅游人数逐年大幅增加，青藏高原绿色保健无污染农副产品深得旅游者的偏爱。青海是牛羊肉的主产区，2/3 牛羊肉供全国各地消费，而猪肉、禽蛋等 50% 左右从外地购买，全国性的农副产品周期性涨价必然深刻地影响青海的市场，而青海的远距离运输成本及其农产品的在途消耗增加了购进成本，肉食品及禽蛋消费量的增加无疑增加了西宁市场农副产品价格上涨以致 CPI 上涨过快的因素。

粮油及蔬菜瓜果市场。由于西宁市场粮油不能自给，消费量和需求量之间存在较大缺口，只能通过市场从其他省份购买，因此成为依赖其他省区供应的粮油主销区。西宁都市粮油供应渠道主要是通过粮油批发市场及超市供应，超市相当一部分粮油是从批发市场购进的。目前，已形成以西宁仁杰粮油批发市场为主的、覆盖全省及邻近周边地区的粮油购销网络。海湖路蔬菜瓜果综合批发市场是西宁市也是青海省交易规模最大的以蔬菜、果品批发为主的综合性农副产品批发市场，经营户 2 500 余家，日客流量 10 万多人，高峰期日吞吐蔬菜果品 500 万公斤。年蔬菜交易量已达到 149 万吨（其中，青海地产菜 40 多万吨，省外调入近40万吨)，辐射全省各州、地、县区以及西藏地区。蔬菜、果品两大项的供应量已占到全省需求量的近80%。

8.3 猪肉涨价对高原农副产品市场的影响

1. 猪肉及其他农副产品价格上涨分析。与全国一样，2007年上半年以来，西宁市以猪肉为主的农副产品价格高位运行。主要原因之一是饲料价格上涨过快。2006年年底以来，受国际玉米生物能源技术利用等因素影响，世界范围内玉米紧缺，玉米的价格猛涨。2006年下半年以来，玉米价格从1.1元/公斤上涨到1.6元/公斤，由于饲料成本占养猪总成本的70%~82%，从而使养猪成本大幅增加。青海生猪主要来源之一的河西走廊地区也办起了用玉米加工乙醇的企业，与养猪企业和农户争夺原料，无须多说，工业品的价格与农产品价格的“剪刀差”，当企业和农户养猪利润很低或者没有利润的时候，谁还会去养猪?青海全省养猪主要在东部农业区13个县，年养猪大约200万头，每年出栏40万~45万头，每年市场需求约75万头，大约50%的缺口要从外地收购。按照国家有关法规，生猪、牛羊实行定点屠宰制度。从猪肉市场来看，西宁市现有生猪屠宰企业3户，每日屠宰生猪约800~1 000头。2007年5~9月，各屠宰厂生猪平均批发价为17元/公斤，市场零售价为22元/公斤左右，肉价一直居高不下。

生猪养殖没有建立起抵御市场价格风险的防范机制是猪肉价格上涨的原因之二。“猪多价贱，猪贱伤农”的2~4年周期规律仍然存在，农民养猪的积极性受挫。2005年仔猪价格跌入谷底，导致大量母猪被淘汰屠宰，到2007年仔猪开始紧缺，价格迅速上涨，从而严重地影响了生猪的补栏率。养猪企业减少了生猪养殖，农户也同样减少了商品猪的饲养。

导致猪肉价格上涨的原因之三是2006年以来，南方部分省份暴发猪高致病性蓝耳病，北方发生流行猪高温热，导致生猪因疫病死亡，生猪存栏萎缩。同时，农业企业和农民养猪户抵御这种疫病灾害的能力十分有限，如果从市场供给的角度看，防疫成本增加，疫情导致供给减少，加速了猪肉价格上涨。在2007年8月以后，国家相关稳定农副产品的措施实施以后，特别是相关免费防疫制度的实施和生猪饲养补贴政策的落实，使这种涨价趋势有所缓和。

2. 对以猪肉为主的农副产品价格上涨现象的基本判断。我国对“三农”问题十分重视，采取了多项支农、惠农政策措施，如免征农业税、实行粮食直补、良种补贴等。但是，由于农副产品价格持续低迷，农民收入增长缓慢的问题仍十分突出。2007年以来，食品价格的大幅上扬可以说是“三农”问题长期积累的释放，对于增加农民收入、调动农民种粮积极性是有利的。猪肉价格上涨还带动了粮食以及鸡肉、鸡蛋等农产品价格回升，农民可以直接增加收入。第一，肉价上涨可以刺激养殖业。猪肉价格上涨，有利于养殖业的产业化发展：生猪养殖龙头企业+养殖基地+农户。猪肉价格上涨不是单一农产品的价格问题，是农产品多种价格矛盾的集中体现。种植、养殖成本随着生产资料价格的上涨而增加。而农副产品价格上涨，可适当增加农民收入，刺激农民种粮和养殖的积极性，有利于从根本上促进农牧业生产发展，保障市场供应。龙头企业在国家相关政策和资金扶持下，加大科技生产投入，为基地农民提供技术培训和种苗，鼓励农户养殖，生产的恢复应该是很快的。关键问题是，在中央政府确定了农业发展的方针后，各级地方政府要持之以恒地稳定相关政策措施，使农民得到实实在在的好处。第二，猪肉价格上涨空间有限，长期看，不会对 CPI 产生更大的上涨压力。就西宁都市猪肉价格上涨的态势看，随着猪肉价格上涨，居民消费意愿有所减弱，整体需求趋于下降，对猪肉消费有一定替代作用的牛羊肉的供给和价格波动相对较小，一定程度上会制约猪肉价格的上涨空间。第三，从国际市场粮食价格来看，粮食价格趋稳，养猪成本再上涨的动能不足。第四，食品价格上涨对价格水平和居民生活水平的影响是有限的、暂时的，如果控制措施有力，不再出台新的涨价项目，市场会逐步走向平稳。第五，主要农副产品价格上涨对居民生活的影响主要是低收入群体，对中等以上收入居民影响不大。从西宁市居民消费统计来分析，2007 年上半年，西宁城镇居民人均消费性支出中食品消费额累计 1 437.12元，比 2006 年同期上升 14.67%；其中，月人均食品类支出比 2006 年同期增加 35.14 元，这个变化对低收入群体影响较大，对中等以上收入居民影响不大。这里，解决问题的关键是 CPI 上涨不能影响低收入群体的基本生活水平。

8.4 对物价上涨，特别是猪肉价格上涨的应对措施

针对 CPI 上升、农副产品特别是猪肉价格上涨情况，从中央到地方，各级政府高度重视，研究对策，要求相关部门加强农副产品市场管理，跟踪重点商品（肉蛋、粮油、蔬菜）市场价格走向，增加市场供应。西宁市商务局、工商局、农牧局分别于 2007 年 5 月、6 月、7 月、8 月对市场进行了联合调研，研究对策；市食品安全协调委员会加强了对肉食品、农村食品市场的专项整治；市发展改革委、统计局根据全国和西宁都市 CPI 上升的态势进行了监测分析。省政府领导召集省市商务、农牧、工商和生猪定点屠宰企业负责人召开猪肉市场专题分析联席会，研究市场动态，提出了增加市场供应、稳定猪肉价格的四项措施，收到了良好的效果。

积极组织货源，增加市场猪肉供应。督促三家定点屠宰企业要考虑长远发展，树立大局意识，配合政府行动，积极组织货源，增加市场猪肉供应，每天市场供应量不低于上半年平均水平。组织市发展改革委、商务局、工商局、农牧局

和三家定点屠宰企业专题研究猪肉市场供应和价格控制问题，政府和企业联动，从生猪收购、运输、屠宰、批发、零售各环节稳定市场价格，加强对市场的监管力度。按照市政府要求，商务和工商部门要密切关注市场供需情况，及时了解和掌握市场动态，严厉打击私屠滥宰现象，严把猪肉及其制品入市关，严防未检疫和不合格猪肉进入市场。规范市场经营行为，重点查处价格欺诈、哄抬物价、扰乱市场秩序的不法行为。结合“食品安全专项整治”活动，对经营猪肉、牛羊肉的业户建立健全监管工作记录，深入开展“放心门店”、“诚信经营户”、“诚信市场”创建活动，教育广大肉类经营者，诚实经商、明码标价、守法经营。

扶持养殖企业和养殖大户，发展标准化规模养殖。继续完善养殖业优惠政策，鼓励扶持养殖业的发展，加大建立标准化生猪养殖基地和养殖龙头企业，按照国家相关政策，加大对养殖户，尤其是养殖龙头企业在疫病防治方面的支持。必须改进和完善现有的农业生产模式，培育具有新理念、掌握新技能的新型农民；综合运用财税、投资、信贷、价格等政策措施，调节和影响农业投资主体的经营行为，提高农产品质量安全水平、市场供应能力和高原农牧产品的市场竞争力。

应对农副产品涨价有宏观和微观两种措施。从微观的层面来看，第一要解决困难群众的基本生活问题，给低收入群众临时发放肉食品补贴是一个两全其美的办法。猪肉价格上涨是市场机制形成的，短期很难解决，生猪的供应增加受全国大环境的制约，增加的幅度不会很大，从市场发展和产业扶持的角度来看，以猪肉为主的肉食品价格上涨有利于生猪养殖和农民增收。临时补贴能够解决低收入群众生活水平下降的问题，又有利于生猪养殖、贩运、屠宰、批发、零售、消费各环节多种矛盾的解决。第二要对生猪贩运、防疫、母猪养殖、屠宰、猪肉零售出台临时优惠政策。为增加肉食品货源，交通管理部门对生猪贩运建立了绿色通道，包括发放由商务部、农业部、交通部联合出台的绿色通行证，交通部门放宽了对生猪、牛羊贩运车辆改型审批等政府限制措施。防疫部门在半年内实施生猪和牛羊免费注射疫苗，对养殖企业和大户给予防疫补贴，减少生猪贩运企业在途费用，增加从外地收购生猪的力度，增加市场供给。第三要从长远考虑，大力发展生猪养殖业，争取国家支持，建立青海生猪国家储备。重点建设几个绿色养殖基地，包括奶源基地、肉牛羊基地和生猪养殖基地；对农畜产品骨干企业、龙头企业给予政策扶持。省发展改革委、商务厅向国家有关部门申请，建立青海生猪国家储备，保障市场有效供给。以建设现代农业为主导，发展特色农业，推进农业结构的进一步调整，转变农业和农村经济增长方式，培植壮大主导产业，培育特色产业，提高土地产出率，推进农业科技进步。城郊及条件好的川水地，仍然把建设日光节能温室、塑料大棚等农业设施作为突破口，引进新品种，搞集约化经营。引导农牧民在远郊及浅山地区发展养殖业，引进改良品种，实现规模化、标准化生产，重点建设基地农业，满足市场对绿色无污染保健农产品的消费需求。

从宏观的层面来看，农业生产资料的涨价，如农机具、化肥种子、医药品等与农民生产生活密切相关的商品涨价增加了农民的支出，这几年，相对于农民的CPI涨得多，生产养殖成本投入大，在家务农不如进城打工，这是全国农村普遍的经济现象。从这个意义上说，肉食品的涨价是市场规律的体现，也是长期以来农产品价值的回归，唯一的办法是提高价格，用价格杠杆鼓励农业生产和养殖业的发展。农副产品涨价主要是成本推动和供求结构失衡造成的。多年来，我国主要农产品价格一直低位运行，粮食、油菜子、生猪等主要农产品价格水平与10年前相差无几。但农牧民的种植养殖成本随着农业生产资料价格和农村劳动力价格的上涨而大幅上升。从市场成本价格因素来分析，农副产品涨价符合市场规律，是农产品价值的市场体现，是对农产品生产成本上升的补偿，可以缩小城乡价格的剪刀差，有利于农牧民增加收入，调动农民种粮和养殖的积极性，促进农牧业生产发展。稳定物价首先需要认真落实“米袋子”省长负责制和“菜篮子”市长负责制，及时解决粮食和农副产品生产和市场问题。同时，为保证农副产品生产和价格的稳定性，政府有关部门应对市场价格和相关生产要素价格有一个宏观政策指导价，例如，对化肥、种子和其他农业生产资料价格的最高限价和对农副产品的最低保护价等。用好用活中央银行的支农再贷款，运用再贷款的政策机制，吸引商业性贷款对“三农”的投入，通过贷款支持调控农资和农产品市场，调动农牧民种植和养殖的积极性，增加地方农产品的供给。

8.5 青海的牛羊肉市场建设

8.5.1 西宁的牛羊肉市场

目前，西宁市牛羊屠宰定点加工企业有2户。一家科技含量高，采用机械屠宰的现代化加工企业，主要以精深加工为主，着力朝着外向型、出口型方向发展，其部分产品已出口创汇。该公司从法国引进的机械化牛羊屠宰线各一条，年屠宰能力为羊100万只，牛10万头，4条分割线年生产能力3万吨。引进国外先进的速冻生产线和包装线，拥有冷藏能力达2万吨的冷藏库3栋。配套牛羊待宰圈5 880平方米，日处理能力2 000吨的污水处理站一座，达到国家一级排放标准，并通过了环评。2006年屠宰羊10余万只，牛3.6万头。另一家是畜产品交易及加工园区，采用传统的分户式人工屠宰，是一个集交易、屠宰、加工为一体的劳动密集型企业。年屠宰能力为羊400多万只，牛100多万头。西宁市区牛羊屠宰1/3供应本地市场，1/3外销，1/3供应本地牛羊肉加工企业。旺季时屠宰牛3 000~4 000头，羊2万~3万只。以牛羊为主的畜产品除满足供应本地市场外，大部分销往外地。由于加工能力不足，特别是高技术含量加工龙头企业不足，很大程度上制约和影响了西宁都市畜牧业的快速发展，特别是牛羊肉精深加工技术落后、规模小、没有品牌，好东西不能卖好价钱。畜牧业只有在有实力的龙头企业的带动下，按照产业化发展（农牧户 + 养殖基地 + 龙头企业）思路，才能有良好的前景。

8.5.2 牛羊肉市场开拓的困惑

一是由于青海牛羊肉在全国品质最好，吸引了外地 20 多个省市在牛羊出栏旺季到青海六州一地大批量收购牛羊，牛羊资源流失严重。在许多大中城市，追求田园、自然、健康的生活方式，消费绿色无污染农副产品的理念已成时尚。许多消费者宁可多花几元钱，也要买绿色的放心食品。在 2006 年全国省会城市食品放心工程综合评价检测中，青海的牛羊肉被评为最安全食品，这使得青海的高原绿色无污染农牧产品有了更广阔的市场。这是从 2007 年 8 月青海牛羊大量出栏以来，内蒙古、北京、河南等二十几个省（区）市的客商到西宁市抬高价格收购牛羊肉的主要原因。与 2006 年同期相比，2007 年牛羊肉收购价格每吨上涨 2 200 元。羊肉批发价每 500 克上涨 2.30 ~ 2.50 元，牛肉批发价每 500 克上涨 1.50 ~ 1.80 元。二是牛羊肉加工龙头企业带不动牛羊肉市场的发展。现有的 2 家定点屠宰企业过度依赖政府，其他相关加工企业水平低，生产加工技术落后，没有品牌，牛羊产品附加值低，市场竞争力不强，作为龙头企业带不动牛羊肉市场的发展。三是农牧业产业化发展链条部分脱节，没有形成具有紧密关系的产业链。牛羊肉产品加工龙头企业没有真正参与到牛羊养殖基地的建设当中，养殖户和养殖基地的牛羊没有流到牛羊加工企业；加工市场散乱、规模小，缺乏实力。企业和养殖户抵御市场风险的能力弱。企业、基地、养殖户间的产业链脆弱，有的地方完全脱节，在遇到市场变化时很容易引起产业链脱节，从而引起市场波动，资源流失。四是本地牛羊收购加工企业压低收购价格，与农牧民争蝇头小利，致使很多养殖户不愿意卖给本地企业。由于产业化发展部分脱节，养殖与加工缺乏联动，外地来青海收购牛羊的企业抬高价格给养殖户实惠，在市场经济条件下造成牛羊资源的大量流失是必然的事。

牛羊市场发展必须走农牧业产业化发展之路。一是扶优扶强，培育骨干企业。继续推动畜产品向精深加工、高附加值的方向发展，大力推广新技术、新工艺，淘汰落后畜产品加工模式。二是改善西宁市目前畜产品加工结构，逐步减少分户式和手工屠宰方式，解决现有屠宰流水线的技术缺陷；提高肉食品质量，为市民提供干净卫生、安全绿色的放心肉。改变以往单纯以屠宰、“卖肉”为主的畜产品加工销售的模式，再加上以肉、皮、毛、肠及生化、有机肥料制品的综合生产和精深加工，有效提升西宁市畜产品加工能力和水平。三是完善农牧业产业化链条（龙头企业 + 养殖基地 + 养殖户）。通过扶持 1 ~ 2 家龙头企业，提升青海牛羊肉产品在国内外市场的竞争力；龙头企业参与养殖基地建设，政府通过鼓励和支持养殖基地的发展，形成规模化养殖；通过政策鼓励和产业链的完善，给农牧民提供一定的利润空间，有效调动农牧民的养殖积极性。四是树立品牌意识，提高产品价值。一方面，本地加工企业货源不足，而另一方面，从省内大量牛羊却被外省收购的情况来看，牛羊肉市场的利益平衡机制还未建立。企业没有品牌使得企业产品利润有限，无法在市场竞争中及时平衡市场利益关系，压价收购与外地企业的抬高价格收购形成反差，导致自身货源紧张却无力阻止货源外流。对此，政府应引导企业树立品牌意识，进行科研攻关，做牛羊肉精深加工，提高产品品质，提升产品价值。五是为抑制大量牛羊资源流失，要建立牛羊活体储备和冻肉储备国家库（或省库）。在牛羊出栏旺季，政府利用地方储备基金，组织六州一地牛羊资源，建立牛羊活体储备和冻肉储备国家库（或省库），可以采取与龙头企业合作方式，建立国家冷库，减少牛羊资源流失，为精深加工创造条件。依托西宁市场优势，大力发展规模化养殖，扩大养殖规模，引导、支持牛羊的品种改良；进一步加大金融对农牧业的支持力度，提高青海牛羊的品质，扩大农区养殖数量，确保牛羊市场的繁荣与发展。

绿色食品、绿色消费、绿色环境是当今农产品出口的时尚和潮流，发展绿色农业能够最大限度地满足城乡居民生活需求，提高我国农产品在国际市场的竞争力，保持农业的可持续发展。青海的牛羊肉是品质最好的，但是，由于青海本地居民的消费水平较低，市场价格低，生产加工技术较弱，缺品牌，没有名牌，好东西卖不了好价钱。打造青海牛羊肉高原绿色品牌，就要重点开拓大城市和国外的高端市场，把青海的牛羊肉在这些地方当成野味卖。

从牛羊肉市场来看，每年7～10月是牛羊收购屠宰旺季，羊的屠宰量从6月份平均每天屠宰4 000只逐渐增加到每天屠宰10 000多只，鲜羊肉批发价格为14～19元/公斤；牛的屠宰量从6月份平均每天屠宰400头增加到每天屠宰3 500余头，鲜牛肉的批发价格为17～21元/公斤，牛羊肉价格稳定。西宁市实行了食品安全白皮书制度，每季公布一次全市食品安全总体评价情况。定期向社会发布农副产品质量安全监测信息，对例行监测不合格率较高的区域和农副产品进行跟踪检查和专项整治。在2006年全国食品放心工程综合活动中，西宁位居全国中位，其中，牛、羊肉被评为最安全食品。

根据国外的经验，如果进行资源整合、技术创新、市场开拓，按照农牧业产业化发展思路，就能创造新的附加值。要达到这个目标，就必须依托自己的资源基地优势，形成拳头产品和品牌产品，改变以本地市场为主的经营局面，围绕龙头企业实现市场的飞跃。龙头企业在政府扶持下，进行市场定位和市场开拓，实行产品的分级开发与管理，创造条件形成基地——→龙头企业——→品牌——→市场链条。

8.6 西部市场中的民营企业

8.6.1 民营企业发展的金融支持

农牧业产业化发展中的龙头企业大多数是民营企业。民营企业发展的动力是管理体制、运行机制、科技开发与应用的不断创新。经济落后、竞争力水平不高与民营企业的不发达有关。青海省民营企业已成为推动经济增长的重要力量，在青海省经济社会发展和全面建设小康社会中的地位和作用日益显著。民营企业在一般竞争性行业中逐步发展壮大，使更多的国有资本可以从这些行业中退出来，集中力量投向基础设施、基础产业、支柱产业和高新技术产业，促进了国有经济战略性调整和产业升级。

民营企业的资金需求主要由城乡信用社、城市商业银行提供，而城乡信用社、城市商业银行由于规模小、资金实力有限，加之单户贷款比例的限制，能够给民营企业提供的贷款也十分有限。民营企业向银行融资的最主要用途是满足流动资金需求。由于其规模和影响小、生产的计划性不强、生产经营受市场影响波动较大、企业财务基础工作比较薄弱、与金融机构联系不密切、取得贷款的过程比较漫长，而其资金需求又具有期限短、次数多、用款急的特征，因此，银行融资很难满足民营企业的生产要求。某些民营企业的经营者诚信度不高，悬空或恶意逃废债务的现象时有发生，贷款违约率高，这就使得银行对民营企业贷款愈发谨慎。

2006 年年底，青海省民间投资达 140.91 亿元，占全省固定资产投资的 33.58%，其中集体投资 20.12 亿元，增长 38.8%。规模以上非公有制工业企业实现增加值 16.71 亿元，同比增长 34.3%。规模以下工业企业中，个体、民营企业占总户数的 98.86%，产值占规模以下工业的 50% 以上。在这些民营企业中，90% 是中小企业，且大部分集中在第三产业上。规模化龙头企业少、融资难、人才吸纳和培育能力差等诸多因素，对民营经济的发展十分不利。如何为全省民营经济创造一个良好的发展环境，这是应加以高度重视的问题。落实有关非公有制经济发展的政策措施，实施中小企业成长工程，重点扶持一批技术含量高、产品附加值高、特色鲜明的项目，发展一批劳动密集型、资源综合利用型、农副产品加工型、科技型企业。引导中小企业联合协作，做专做精产品，做强做大产业。推进省州县三级信用担保体系建设，着力解决非公有制企业融资难问题。加快企业家队伍建设，引导企业规范管理，提高企业的整体素质和竞争力。从青海实际来看，只有少数县（市）设立了信用担保机构，但规模较小，资金来源渠道单一，担保比重很低，难以满足民营企业的贷款担保需求。民营企业贷款分类、贷款拨备和核销制度还没有建立，用大中型企业的不良资产考核办法和问责制度监管民营企业贷款，不利于银行对民营企业贷款实施风险定价。

一些中小民营企业先天不足，资信等级低，难以达到银行贷款要求。它们往往从事传统产业，市场准入门槛相对较低，产品工艺落后，产品可替代性不强，企业抗风险能力差。大部分民营企业没有真正建立起现代企业制度，缺乏明确的经营目标，经营上存在较强的随意性和投机性，且信用意识薄弱。实行家族式管理，多数经营者受教育程度普遍偏低，不懂得企业管理、技术和金融，一旦企业出现决策上的失误，往往以关停倒闭而告终。相当部分企业达不到银行的信用等级要求，即使银行有意贷款，也难以找到符合贷款条件的企业。民营企业财务制度不健全，银企双方信息不对称。企业的财务信息是银行决策的主要依据之一，财务资料不齐全，财务信息不真实，银行无法掌握企业真实的生产经营和资金运用状况，难以判断其经营、财务状况，也难以评估其市场风险，多数银行便产生“恐贷”心理，限制了对其信贷支持力度。中小民营企业难以提供银行要求的合法、有效担保和足值抵押物。目前，青海银行业金融机构在办理小额贷款中的最大障碍就是抵押担保难。民营企业自有资金少，自身积累不足，从而导致内源融资数量较少，且缺乏可供抵押的资产。社会担保服务体系不完善，民营企业不易找到有信誉、有实力的担保单位。担保资产重新估价成本高昂，企业只能望而却步。总之，由于抵押担保措施不到位，往往使贷款难以落实。

中小民营企业产品的市场竞争力弱，偿还贷款的能力相对较弱，融资的社会环境不佳，交易成本过高。民营企业融资的社会化服务体系不健全，缺乏权威的社会信用评价机制，银行对企业的贷款抵押率较低，企业通过抵押实际得到的贷款数额相对较小，部分企业因费用问题而无力申请银行贷款。民营企业诚信度差，挫伤了银行贷款的积极性。一些民营企业信用意识较差，多头开户、多头融资、将贷款作为自有资金使用、短贷长用现象普遍。一些民营企业从银行贷款后，不研究产品开发、市场营销和企业管理，而是研究如何规避银行监督，借改制之名逃废银行债务的行为屡屡发生。

民营企业必须树立科学发展意识，全面提升自身素质，提高经营管理水平和理性决策水平，增加资本积累，增强自身实力和还款能力，为获得银行信贷支持创造条件。健全财务管理制度，提高信息透明度，为银行提供真实的财务信息。严格履行贷款契约，树立良好的信用形象，赢得银行的信赖，创造良好的融资能力。提高资金使用效率，实现多渠道融资，避免对银行贷款的过度依赖。加快产品技术革新，选择科技含量高、市场潜力大的产品作为主营对象，提高产品质量和生产水平，从根本上解决由于产业结构不合理而导致的融资困难问题。

为支持民营企业发展，政府应建立完善的社会化服务体系，为民营企业融资提供保障，包括建立民营企业服务中心、咨询公司、会计师事务所、律师事务所、资产评估公司、工商及税务代理公司，以及贷款评估、信息咨询、管理咨询、技术合作等为主要内容的企业社会化服务体系。行业主管部门要加强管理和监督，规范贷款抵押物的评估登记程序和操作规程，简化手续，提高办事效率，取消不合理的收费，减轻企业负担，为民营企业办理贷款提供一个高效率、低成本的社会中介环境。鼓励和支持各级政府、社会团体、行业协会、企业等出资组建多层次、不同类型的信用担保机构，逐步形成以政府出资组建的担保机构为主体，商业性担保机构和企业互助担保机构为补充的担保体系。由政府牵头、多方募集的方式建立担保公司，增拨一定的启动资金，大力引入社会资金，扩大担保覆盖率，简化操作程序，减轻担保机构税费负担，增加风险补偿来源，并给予一定的税收优惠政策，为企业提供短期、小额的贷款担保。民营企业本着自愿互助的原则，以会员企业出资为主，以会员企业为服务对象，通过入股的形式，组建民营企业互助性质的会员制担保机构。这类机构由民营企业出资建立信用担保基金，从而有效缓解微型企业融资难、担保难的局面。按照商业化运作原则，加快建立民营性质的信用担保机构。这类机构由民间出资，对其业务范围可不作过多限制，允许其从事贷款担保以外的其他投资业务。建议设立政策性担保机构，这类担保机构应以公益性和政策性为目标，因而不宜采用有限责任公司制度。建议参照国外特殊法人制度对政策性担保机构进行规范。特殊法人可以盈利但不能分红，故对其应执行特定的财务和税收政策。建立和完善类似再保险体系的再担保公司，为担保机构提供再担保和强制性担保服务。建立政、银、企互动协调机制。政府部门牵头，建立由国家发展改革委、财政、工商、税务、金融监督管理部门、经委、行业协会以及司法部门参加的微型企业多边联席会议制度，经常性地交流民营企业投资、生产经营、信用等各方面的信息。此外，非国有经济与国有企业的“嫁接”和渗透，使闲散的社会劳动力、资金、技术、设备、原材料等生产要素按照市场运行规律得以重新组合，形成新的生产力。一是要完善对非国有经济的金融服务体系，商业银行应完善对非国有经济的金融服务职能，积极引进全国性股份制商业银行以及外资银行在青海省设立分支机构。在加强金融监管的同时，采取倾斜政策，放宽金融业的准入条件，允许青海省有选择地放开地方金融，允许非国有经济投资经营某些金融业务，组织民间股份制和合作制金融机构，探索全面建设小康社会基金的可能性。二是确立投资重点，进行有效资本动员，调整信贷投向，增加对非国有经济的信贷投入。三是改革金融机构贷款管理制度，简化手续，努力提高办事效率。四是充分发挥资本市场的作用，扩大非国有经济的直接融资渠道，包括加强利用中长期国家建设债券、产业投资基金、证券投资、创业投资、固定资产融资租赁等投资品种吸引民间闲散资金。加快发展民间金融服务体系，包括在二板上市以及发行企业债券方面对民营企业放宽条件。进一步加大青海省的资本市场筹资规模和提高青海省上市公司数量在全国总数中的比重；培植青海省投资银行，通过兼并重组等方式扩大券商规模，提高其市场的竞争能力。五是强化金融服务功能，积极开创咨询、理财等综合金融中介服务。六是要发展各类担保机构，切实解决非国有中小企业在融资过程中担保难、贷款难的问题。

建设农村生产合作社、种养殖协会组织、农牧业产业化生产基地，使农民以组织成员的身份参与社会主义新农村建设的计划、决策、组织实施全过程，提高农民对新农村建设的参与程度，真正实现社会主义新农村中的民主管理。民营企业在西部市场建设中功不可没，在建设社会主义新农村中要发挥民营企业的作用。根据青海实际，现阶段民营企业参与社会主义新农村建设的重点应放在发展生产上。近年来，青海民营企业积极参与农牧区经济社会建设事业，一批以民营企业为主的农牧业产业化龙头企业迅速崛起。这批民营企业广泛吸纳农牧区富余劳动力，促进了农牧区富余劳动力的转移。积极参与整村推进扶贫工程项目，发展农村社会服务事业，充分发扬中华民族“扶危济困”的传统美德，积极参与农牧区的公益事业、扶贫工程和慈善事业等。青海的许多民营企业家根植于农村，发展于农村，与农民朋友血缘相亲，经过多年的市场闯荡，具有敏锐的市场意识和丰富的管理经验，掌握了许多经济发展的信息。现阶段民营企业参与社会主义新农村建设的重点应放在发展生产上，可以做的事情很多，可以充分利用自身的优势，依托青海的优势资源，积极参与特色农畜产品的生产、加工和流通，推进农牧业生产方式的转变，发挥在农牧业产业化方面的领军作用，巩固和促进农牧区主导产业的发展。青海正在实施“退耕还草”工程，一方面是生态环境保护的需要，另一方面也有利于增加农牧民收入。据青海《西海都市报》2006年11月3日的测算，青海适合放牧的地区粮食亩产200公斤，每亩收益约210元，在“退耕还草”以后，每亩草地可以养2.8只羊，每只羊按平均销售价格300元计算，每亩收入可达840元。这无论对青海生态环境保护还是帮助农牧民脱贫致富，建设和谐青海都是千秋功业。

8.6.2 民营企业发展与培养新一代农牧民

培养新一代农牧民是西部新农村建设的根本任务。在青海实施三江源生态资源保护工程中，退牧还草任务十分艰巨，实现根本上的人口转移，必须提高农牧民的自我生存能力。在“整村推进”、“调庄移民”、“借羊生羔”、“借牛生犊”、“希望工程”等系列计划中，应当充分考虑中青年农牧民的实用技术、技能培训问题，大力发展农牧民的职业技术教育，发动民营企业家参与这项工程，向青年农民提供实习培训基地。培训青年农牧民，这是一个伟大的战略。民营企业参与新农村建设首先要有典型带动，要大力宣传新农村建设中涌现出来的优秀民营企业家的先进事迹，展示现代企业家良好的社会形象。其次要加快建立针对民营资本参与新农村建设的投融资渠道，建立和完善以政府资金为引导，民间资金、社会资金投入为重要来源的新农村建设资金投入机制。新农村建设改造需要大量投入，农民缺乏资金，企业发展需要土地，企业与新农村建设融为一体，农民出土地，企业出资金联手开发。企业可因地制宜，帮助农民兴办与企业相配套的零部件加工、原材料生产基地，成为企业上、下游的产业环节。这样既可以“就地取材”，降低成本，有利于企业发展，又能带动农村工业化，促进农村经济社会发展。西宁市委、市政府已经制定了一些新农村建设的措施和政策。新农村建设需要大量资金，全由国家财政拨款是不现实的。有效的方式是形成国家、政府、企业及农民共同投入多元化机制，例如，在西宁周边，建设以浅脑山地区为主的杂交油菜、浅山地区为主的马铃薯种植、川水地区优质蚕豆为主的三大种植带，杂交油菜、优质蚕豆、脱毒马铃薯等特色优势农产品。以奶源基地和肉牛羊基地建设为突破口，发展农区畜牧业。扩大“西繁东育”工程规模，加大良种畜禽引进力度，推动畜牧业向规模化、基地化、园区化、安全健康型方向发展。建立现代农业示范基地。在西宁近郊及条件好的地区，加快设施农业建设步伐，搞产业化经营，引进新品种，发展新的农牧业产业化项目，提高农业生产能力和农产品深加工技术水平。民营企业家可以利用自身资金、信息、技术优势，整合现有农牧业资源，扩大经营规模，打造拳头产品品牌。利用自己相对比较灵活的经营机制，与农户形成有效的生产加工与市场联结机制，引领和带动广大农民进一步拓展市场，增收致富。首先要更新观念。对政府机关的扶贫济困工作来说，要根据市场需求对农牧民加强实用农业技术培训，使青年农牧民提高文化素质，掌握新型农牧业科学技术，坚持从各地实际出发，坚持群众路线，将政府服务功能与农牧民自身需求结合起来，尊重农牧民意愿，让农牧民成为社会主义新农村的建设者和受益者，引导农牧民积极参与包括编织卡垫、农机修理、科学种田、科学养畜和唐卡绘画等在内的技能课。把推进素质教育和使农牧民脱贫致富结合起来，举办各类科技、实用技术培训，培训青年农牧民，培养各级青年星火带头人，利用青年中心和县中学职教基地开展科技、法制、医疗卫生、种植和养殖等培训班。逐步把农牧民培训纳入公共财政投入范畴，尽可能免费让农牧民学农牧业科技知识和其他实用技能。

社会主义新农村建设是政治、经济、文化和社会发展四位一体的综合概念，涉及方方面面的工作，与农业、土地、水利、交通、文化、卫生、财政、税收等各个部门有密切的关系。让农牧民在民营企业中成长，政府要制定相关措施，引导民营企业到农村投资创业，鼓励一些农产品种植和加工龙头企业进行基础设施建设、科研开发、质量标准和信息网络体系的建设，并聘请一部分专家，帮助民营企业打造农牧产品品牌，推动企业实施名牌产品的发展战略，改变青海农畜产品一流质量、二流品牌、三流包装、四流价格的局面。过去，一些民营企业为“三农”问题的解决作出很多贡献，特别是通过光彩事业参与到农村贫困地区的社会经济活动中，帮助农民脱贫致富，改善农业生产条件和解决就业问题等。今后，民营企业要用市场化的手段更广泛地参与新农村的产业开发与社会事业建设；要通过项目投资、开发资源、兴办企业、培训人才、发展贸易等多种方式来促进农牧区的经济社会发展。

民营企业家要树立品牌意识、质量标准意识、战略发展意识。西宁市作为青海的省会城市，是青海省乃至青藏高原及其周边地区的商品集散地和商贸中心。历史上，西宁一直是青藏高原与中原的交通中转站、东西商贸大都会。如今，西宁作为内陆开放城市、青藏高原唯一一座人口超过百万的中心城市、移民城市、多民族聚居、多宗教并存的省会城市、旅游城市、园林绿化先进城市，其地位更加突出。根据西宁市的区位优势，实施名牌发展战略，要通过多种途径支持企业建立质量标准体系、推出自己的品牌产品，通过专家指导、消费者评价、市场推广等多种途径树立品牌意识、名牌意识。自主品牌产品能反映一个国家、一个地区、一个企业的综合实力以及经济发展的质量和水平，集中体现一个企业的素质和综合优势，标志着企业的信用和形象，是企业最重要的无形资产。自主品牌要成为名牌，企业就要有品牌意识，加大对产品的宣传力度，通过市场营销让更多消费者认识高原特色品牌、消费高原特色产品，从而提高产品的消费者认可度。

8.6.3 西部市场建设中的城镇化问题

从西方发达国家走向现代化的过程看，随着人均收入水平的提高，农业产值的比重会下降，农业劳动力的比重也会下降，而城市化的水平相应提高。中国的农村劳动力占总人口的比例仍然很高。提倡中国的城市化可能会遇到问题，城市化片面地强调农村人口向城市的转移，这在东南沿海可能是一条出路，但在西部可能要画一个问号。已经颇显拥挤的大中城市到底能容纳多少人口，城市的扩大会带来许多意想不到的问题现在已经显现。要知道，城市化不等于城镇化，农村人口向大中城市转移，不如加强农村基础设施建设，为农村提供更多的基础性公共服务设施和产品，让农民也能享受城市的多种便利，这样的话，大中城市的压力会小一些。因此，在新农村建设中，提倡农村人口城市化不如提倡城镇化。在新农村建设中，虽然银行业金融机构支持了许多项目并取得一定的经济和社会效益，但由于农业是弱质产业，受自然影响大，产品科技含量不高、利润低、风险大，加之一些企业和农民信用意识不强，因此造成农村金融所有制结构单一、供给渠道狭窄、农村金融发展滞后、信贷投入不足、农村金融服务功能弱化、市场金融工具单一、农村资本大量流向城市和企业等问题，这些问题的存在制约了社会主义新农村建设的快速发展。

9 西部市场中的社会信用环境建设与金融发展

9.1 西部金融生态环境

9.1.1 提高社会守信意识，改善金融生态环境

西部发展需要外部资金的支持，无论是财政资金的引导还是政策性金融资金的引导，都需要建设好本地区的信用环境，讲诚信才能获得更多的资金支持，讲信用才能“共赢”并得到发展。对西部地区来讲，必须建立和完善社会信用体系。在青海，推进“信用青海”建设对优化投资环境，吸引外部投资，降低社会交易成本，促进开放、竞争、有序市场体系的形成具有十分重要的意义。整顿和规范市场经济秩序，在全社会营造诚实守信的良好氛围，才能更好地推动经济的健康发展和社会的文明进步。社会信用状况是衡量一个地区经济发展水平、投资环境、对外开放形象和社会和谐程度的重要标志，必须以完善信贷、税收、合同履约、商贸流通、产品质量的信用记录为重点，以信贷征信系统建设为基础，按照政府推动、市场引导，突出重点、分步实施，加强宣传、完善法规，促进发展、严格监管的原则，增强市场经济主体的信用意识，有效整合和利用信用信息资源，健全信用法规制度、失信惩戒和守信激励机制。

9.1.2 金融要积极支持特色优势产业发展

近几年来，受贷款权限上收、信贷责任追究和通过国债投资拉动经济增长政策的影响，中长期贷款比重在青海呈现逐年上升的趋势。2006 年 12 月末，金融机构各项贷款余额 730 亿元，比上年增长 13.8%；中长期人民币贷款余额为 499.13 亿元，占各项贷款余额总量的 68%。中长期贷款占比过高，影响了信贷资金的周转速度，贷款期限长期化趋势进一步加剧。从贷款的投放结构来看，中长期贷款中的基本建设贷款余额 345 亿元，同比略有增加；技术改造贷款余额 4.5 亿元，同比减少 4 亿元，其他中长期贷款余额 150 亿元，同比增加 4.8 亿元。短期贷款余额 206 亿元，同比增长 9.3%，其中，工业贷款余额同比增加 15 亿元，商业贷款余额同比增加 4.9 亿元，农业贷款余额同比增加 0.8 亿元，其他短期贷款余额同比减少 4.2 亿元。从总量和贷款结构看，短期贷款和农业贷款相对

较少。由于一些企业规模小、信用记录不全、财务手续不规范，与商业银行贷款的规范要求有差距，很难获得金融支持。

从中国人民银行西宁中心支行和青海银监局有关报表资料分析，金融机构信贷投向主要集中在中心城市，行业集中在电力、交通运输业、水利、环境和公共设施、制造业等，新增贷款的行业集中度较高，行业风险增大。由于农业贷款成本高、风险大、效益偏低，而社会效益较高，有一定的政策性，但又未全部划入政策性金融的业务范围，因此，一些农村信用联社集中基层信用社的资金投向城市建设项目，与国有商业银行竞争客户，以求利润，从而加剧了农村信贷资金的供需矛盾，制约了农村经济的发展。

西部大开发战略实施以来，金融机构把全力支持农业产业化龙头企业健康发展作为帮助广大农牧民群众增产增收的切入点，千方百计地筹集资金，不断加大信贷投入，积极引导全省农业产业化龙头企业的健康发展。通过金融生态环境建设，突出支持种养殖业、“西繁东育”工程、“菜篮子”工程、农业产业化“龙头”企业、草原“四配套”建设，从而改进了农村金融服务，促进了农业结构调整和农畜产品品质的提高，适应了市场需求，促进了农牧区畜牧业发展，增加了农牧民收入。例如，支持社会主义新农村建设，重点扶持省内 34 806 户农牧民从事“西繁东育”、“自繁自育”、育肥贩运，为农业增产、农民增收打下了基础。农业银行充分发挥信贷支农作用，发放扶贫贴息贷款和政策性扶贫贷款 22. 53 亿元，支持解决了 72 027 户贫困人口的温饱问题。农村信用社积极推行小额信用贷款和农户联保贷款，建立农户经济档案 24. 16 万户，评定信用村 141 个，受益农牧户 12. 19 万户。

社会信用环境的改善，增加了信贷有效供给，满足了以水电、盐化工、石油天然气、有色金属四大支柱产业为主的特色优势产业资金的合理需求。截至 2006 年年末，国有商业银行贷款余额占比达 63. 92%，政策性银行占比达 16. 13%，西宁城市商业银行发放贷款占比为 9. 13%，农村信用社发放贷款占比为 8. 6%。从贷款投向看，国家开发银行结合青海实际，积极与有关部门合作，开办特色优势产业贷款业务。累计发放 188. 5 亿元中长期贷款，支持了青海能源、交通、原材料加工等基础行业的资金需求；四家国有商业银行紧紧围绕国家及全省经济发展和经济结构调整的重点，积极支持资产优良、经营业绩突出、发展前景好的资源型开发企业，60% 以上的贷款支持了盐化工、石油天然气、有色金属等资源开发型企业的资金需求。作为地方银行业金融机构，西宁市商业银行和农村信用社重点支持了基础设施建设、商业服务、农副产品加工及“菜篮子”工程等一批项目。应该说，青海金融业对有特色产业的支持，在信用环境改善的情况下会有一个良好的发展前景。

借助发达的资讯系统，提供“一站式”的服务，给客户提供更多的产品和服务、更多的利益，这是金融创新不断发展对金融服务机构的基本要求。发展西部地区的金融服务业，在金融创新中，金融机构必须积极跟进，不断地创新金融产品，并使西部的企业和客户了解这些金融产品，应用新的金融产品，使创新金融产品能够为大众所用。更为重要的是金融机构要能够结合当地的需求，进行金融服务产品的创新。例如，针对农村金融机构难发展与农村金融服务不足的问题、“贷款难”与“难贷款”的问题、资金的流动性过剩与支农资金短缺的问题、农村金融需求日益增多与金融服务产品不足的问题等，金融机构要明确定位，按照国家相关政策要求，大胆开发新的金融产品。

9.2　金融机构的风险管理

9.2.1　资本在风险管理中的地位

20 世纪 90 年代以来金融业放松管制，银行业务多元化。资本在银行风险控制中占有十分重要的地位。资本不足、呆账准备金不足，就无法核销银行经营中的呆坏账，银行营运就只能用存款人的资金，一旦宏观经济波动或风险失控，危机就是必然的事。《巴塞尔新资本协议》对我们认识和探索现代银行风险管理具有重要的启发意义。放松管制极大地拓宽了金融机构所提供的产品和服务的范围，许多信用机构由单一化经营走向多元化经营，金融市场上新的金融产品层出不穷，银行在金融中介职能以外其他服务领域的拓展，咨询、资产购置、杠杆收购、项目融资、信用卡和住房抵押贷款的证券化、衍生工具和表外交易等各种中间业务服务都得到了突飞猛进的发展。银行进入了一个全新的业务领域，同时也带来了新的业务风险。

从国际主流银行业务发展的新动向来看，业务的多元化为其业绩增长提供了新的生存空间，多元化的业务发展使零售银行业务不断上升，为中小企业提供金融服务已经成为银行业务发展战略的重要组成部分。银行有选择地发展核心业务，通过分解、并购、代理、合资等形式来经营非核心业务，核心存款和主动负债成为银行资金的主要来源。主流银行业务的发展变化使银行金融机构之间的相互依存关系进一步加深。

在新的科技条件下，规模收益递减的规律在许多产业中已经失效。为了降低成本、提高竞争力，金融产业的集中程度和规模越来越大。通过合并与兼并，超巨型商业银行和超巨型投资银行不断涌现。这些超大型金融机构的经营战略完全是全球性的：在全球范围内追求利润最大化，它们既是金融全球化的表现，又进一步推动了全球化的发展。资金的流动将迅速导致同一币种贷款的国内外市场利率趋同。在实际上，银行自成立之日起就要进行风险管理，并不是在监管当局提出管理要求后才开始实施的。银行不希望倒闭，不希望损失自己的资本金，即使在现代的银行业中，职业管理层大都与所有者分离，管理层希望银行继续生存下去的愿望仍然是风险管理的主要动力。

欧元启动以后，欧洲各国银行业务的国际化进程加速。欧洲的银行一般为全能银行，因此它们能向客户提供几乎无所不包的金融产品。这些产品的市场具有不同的一体化程度。一些大银行已经在国际化的市场提供某些金融产品并在不同的地区从事业务经营，即使某些银行主要从事国内业务，但它们也必将越来越受到国际市场变化与发展的影响，对其国内业务形成一定程度的冲击。而且，欧元启动后，欧洲资本市场的发展愈来愈趋于统一，许多资产管理与投资银行业务也国际化了。在批发银行业务、资本市场与大额支付系统中，欧洲各国银行间的业务联系日益增多并不断加强，金融体系稳定的因素不再仅仅局限于国内。市场规模的扩大与跨国业务比重的增加对金融稳定产生了一定的影响。如果同业借款过度集中，一家银行的倒闭就很可能严重影响其他金融机构的稳定。从另一个角度看，欧元区货币市场的扩大现在能比以前更易于解决流动性不足的问题，因为银行能比以前更易于向外国金融机构借款。

9.2.2 现代银行的风险管理

从《巴塞尔新资本协议》形成的过程来看，《巴塞尔新资本协议》框架在全面继承以1988年《巴塞尔资本协议》为代表的一系列监管原则成果的基础上，从单一的资本充足协议约束转向依靠最低资本充足比率、外部监管和市场约束三个方面的共同约束。

第一支柱——基于风险的最低资本要求，强化了资本要求的风险敏感性。《巴塞尔新资本协议》把银行机构的风险划分为三类：信用风险、市场风险和其他风险（包括银行账户中的利率风险、操作风险、流动性风险、法律风险和声誉风险等）。对信用风险的衡量及风险资产的计算方法做了重大的修改。明确了风险评级办法及其标准，即标准法和内部评级法，强调对金融机构的信用评级；提出了处理信用风险的方法，即标准法、初级内部评级法、高级内部评级法；提出了处理市场风险的方法，即标准法和内部模型法；提出了处理操作风险的方法。银行资本应该有一个最低充足率标准，资本的计算应该考虑多种因素，最主要的是要扣除呆账损失，银行资产的计算要加进风险要素，即风险加权资产。这是国际金融发展中银行监管当局、银行经营管理者和社会公众形成的基本共识，也是《巴塞尔资本协议》的基础。

第二支柱——监管当局监管检查，重点是确保银行在高于最低监管资本比率的情况下运营，同时监测银行内部风险控制的经验和质量、风险偏好和管理风险的业绩记录、风险管理系统和控制的合规性。《巴塞尔新资本协议》指出：风险变化时，银行资本要求也要发生相应的变化。风险敏感度高的资本管理制度将及时提供有关风险的信息，这样就会及早调整信贷政策，限制贷款行为的极度波动。资本要求的风险敏感性可以抑制贷款供应的波动，即减少贷款过度膨胀和贷款过度萎缩。任何缺乏风险敏感度的资本管理制度都可能导致有关问题长时间不能被发现。结果可能导致问题不能得到及时解决而引发银行危机。根据《巴塞尔新资本协议》，监管当局也应该把压力测试当做评估银行应该持有多少超额资本的一项因素。监管当局应该与银行管理层讨论压力测试的结果，以确保银行认真考虑经济周期内动态资本管理的需要。监管评价是资本标准的核心组成部分和第一支柱不可缺少的补充。监管评价被分配的任务是确保银行在高于最低监管资本比率的情况下运营，保持足够的内部风险控制和资本配置过程。按照《巴塞尔新资本协议》，对银行资本充足性的评价将基于一系列因素，包括银行管理的经验和质量，其风险偏好和管理风险的业绩记录，以及风险管理系统和控制的合规性。监管当局应对银行自身的评估进行检查及采取适当的措施。风险的全面评估包括：对信用风险的评估，主要是评估检查风险评级系统、资产组合分析汇总、资产证券化及复杂的衍生工具、大额风险和风险集中情况；对操作风险的评估，主要是开发操作风险管理框架，识别、评估、监测和控制、缓释风险的方法和政策；对市场风险的评估，主要是进行压力测试和 VaR（Value - at - risk）法；对银行账户和利率风险评估，主要是检查利率头寸、重新定价、金融工具、资产组合、期限、利率可调项目等；对流动性风险评估，主要是评价计量、监测与控制；对其他风险的评估，如声誉风险、战略风险等。

第三支柱——市场约束手段，主要是制定一套信息披露规则，使市场参与者掌握有关银行的风险状况和资本水平的信息。对于采用内部评级法（IRB）的银行，强调信息披露，以此强化市场纪律。市场约束的主要作用是提高透明度、强化监管和银行经营的稳健性。市场约束使经营稳健的银行可以以更为有利的价格和条件从投资者、债权人、存款人及其他交易对手那里获得资金，而风险程度高的银行在市场中则处于不利地位，它们必须支付更高的风险溢价，提供额外的担保或采取其他安全措施。市场的奖惩机制有利于促使银行更有效地分配资金和控制风险。这里，市场的约束作用得以发挥的前提是提高银行信息披露的水平，加大透明度，即要求银行提供及时、可靠、全面和准确的信息，以便市场参与者据此作出判断。银行应及时公开披露的信息主要包括资本结构、风险敞口、资本充足比率、对资本的内部评价机制、风险管理战略等在内的信息。

9.2.3　金融机构风险管理的新思维

从《巴塞尔新资本协议》形成的过程可以清晰地勾勒出国际银行业风险管理的新思维。银行操作风险受到国际银行业的高度重视。2003 年 2 月巴塞尔银行监管委员会发布了《操作风险管理和监管的稳健做法指引》，要求对风险暴露进行量化，对各类银行业务因操作问题而造成损失的历史资料进行统计分析，以建立风险指标体系，用来表现某类事件或某类业务的操作风险的大小。对于经常发生而后果轻微的事件，一家大银行可以根据自己的资料预测其在一定时间内造成的损失数额。但是，对于偶尔发生但后果严重的事件，就必须同时参照其他银行的数据。

由于银行机构越来越庞大，银行服务产品越来越多样化和复杂化。计算机技术在银行业务中的广泛应用，使现代银行服务对计算机技术高度依赖；同时，金融全球化的趋势，使得一些“操作”上的失误可能带来很大的甚至是极其严重的后果。银行选用何种具体办法管理操作风险，基于多种因素，包括自身的规模大小、组织复杂性、业务的性质和范围等。然而，明晰的战略、董事会及高管人员的监督、对操作风险和内部控制的认真程度、完备的内部报告制度和应变计划，都是任何规模和范围的银行有效管理操作风险的关键因素。有效管理操作风险的原则要求银行建立适当的风险管理环境，银行董事会要对操作风险作出相应规定，定期检查操作风险管理制度，确保银行的操作风险管理制度受到有效的、全面的内部审计。整个银行组织，各级机构和人员都应该了解自己在操作风险管理上的责任。监管当局应对银行操作风险管理的政策、程序和做法实施系统的独立评价，并充分了解情况的变化，掌握风险计量的主要指标①。

市场风险管理是银行风险控制的基础性工作。市场风险是指在一段时期内由汇率和利率的变化所造成金融工具的市场价格下降的风险。20 世纪 90 年代以后，在金融创新的推动下，金融衍生工具及其交易迅猛增长，银行业越来越深地介入到这些衍生交易之中，因而金融市场的波动对于银行的影响越来越显著。随着以金融衍生产品为代表的表外业务的蓬勃发展，表外业务操作的复杂程度和投资组合的速度均与传统银行业务不可同日而语，表外业务的快速发展必然与不完善的规定发生冲突，出现逃避管制的行为。外部监管措施既不能时时包容任何新出现的金融产品，又无助于激励银行改善自身的风险管理系统，在外部监管尚不完善的情况下，银行的内部管理控制正越来越引起人们的重视。

1993 年，巴塞尔银行监管委员会发表了《市场风险的资本标准建议》。这个建议对市场风险的资本要求，包括对债务衍生产品、股权衍生产品和外汇衍生产品市场风险的资本要求。市场风险资本监管的指导思想是运用金融工程技术，把股权、利率和汇率三大类衍生产品转化成相应的基础工具即股票、债券和货币，然后根据这三类基础工具分别具体规定三套计算规则，规则中还分别考虑了股权和债券的一般市场风险和特殊风险。一个理想的资本金监管标准应具有以下特点：（1）简单易懂，即使较小的银行也易于操作；（2）与银行的内部风险管理系统尽可能相一致；（3）尽可能避免扭曲银行的交易行为；（4）以银行的所有

① 风险计量的主要指标包括违约风险资产（Exposure at Default，EAD）、违约概率（Probability Default，PD）、违约损失率（Loss Given Default，LGD）、风险资产期限（Maturity，M）。

资产组合为基础，考虑各项目间的相关性和抵补性；（5）易于扩展，能包容新产品与新市场；（6）能适应规模不同及主要业务不同的银行；（7）所具有的结构有助于鼓励银行改进其内部风险管理。

强调全面风险管理的思路与方法。从强调统一的外部监管标准转向多样化的外部监管与内部风险模型相结合。这一点在巴塞尔银行监管委员会关于市场风险的补充规定中已经有了相当明显的突破，在这个补充规定中，不仅坚持了一些统一监管的基本原则，如资本金充足水平，还进一步给金融机构采取不同的风险管理方法留下了相当大的灵活性。从强调定量指标转向定量指标和定性指标相结合。这一点在《关于市场风险补充规定》和《有效银行监管的核心原则》中都有明显的体现，在《有效银行监管的核心原则》中表现得更为突出。《巴塞尔新资本协议》把新的银行风险管理技术的概念应用到对银行的监管中去，鼓励复杂程度极高的大型国际活跃银行在更深的层次和更广的范围内应用这些概念。贯穿《巴塞尔新资本协议》的思想来自银行内部，但是并非所有银行都使用这些概念，而且各银行之间的发展也不平衡。贯穿于三大支柱的核心是鼓励银行投资和改善风险管理系统。先进的信用风险方法要求大银行正规化、系统地分析信用风险暴露，确定风险暴露的违约概率和损失率。

从合规性监管思路转向风险导向的监管思路，强调资本要求的风险敏感性。风险监管思路转变的直接推动力量就是金融业的全球化。金融业的全球化使国际金融市场上迅速涌现出大量跨境经营的金融集团及一些主要的国际性金融机构，例如，汇丰银行和花旗银行等，其海外业务收入已接近甚至超过其总收入的一半。这就必然推动国际合作监管的形成和发展，促使不同国家的监管机构通过合作，将一家国际性银行的境内外机构、境内外业务进行并表监管。根据巴塞尔有关文件规定，对一家跨境银行的监管须在母国监管当局和东道国监管当局之间进行合理的分工合作。长期以来，监管机构习惯于设定一系列管理规定，据此检查金融机构的合规性，而风险导向的监管则更为强调动态性的监管，强调对商业银行的资本充足程度、资产质量、流动性、盈利性和管理水平实施监管。随着银行业的创新和变革，合规性监管的市场敏感度明显降低，促使监管转向风险导向型。在这一思路的推动下，国际银行监管组织和一些国家的监管当局相继推出了一系列以风险监管为基础的审慎规则，例如，巴塞尔银行监管委员会发布的《大额信用风险的衡量和管理》、《银行国际信贷的管理》、《银行外汇头寸的监管》、《利率风险管理原则》、《计量与管理流动性的框架》、《计算机和电讯系统中的风险》、《有效银行监管的核心原则》等。把评估资本充足率的工作与银行面对的主要风险更紧密地联系在一起，将操作风险纳入资本监管范围；推行一套系统的、全面的风险管理方法和新的风险管理技术，为银行提高风险计量与管理水平提供激励；充分强调银行自己的内部风险评估体系；强调压力测试信用风险计量体系的重要性。

强化信息披露，引入市场约束机制，把全面的风险评价与灵活的风险管理方法相结合。《巴塞尔新资本协议》中有关风险的定义扩大为信用风险、市场风险和操作风险等各种因素，基本涵盖了现阶段银行业经营所面临的风险。在风险计量方面，除标准法外，允许银行运用内部评级法来衡量和测算信用风险和操作风险，使新的监管规则有一定的灵活性，有利于吸收现代大型银行风险管理的各种先进经验。

《巴塞尔新资本协议》提出的信息披露要求在应用范围、资本构成、风险评估和管理过程及资本充足性方面提出了定性和定量的信息披露要求，强调了有关风险和资本关系的综合信息披露，监管机构要对银行的披露体系进行评估。信息披露包括核心信息和附加信息披露两种情况。那些活跃的大型银行每季度要进行一次信息披露，而对于市场风险，在每次重大事件发生后都要进行披露。一般银行则每半年进行一次信息披露。强调银行的信用评级在风险管理中的重要作用。为了测算银行的风险资产状况，银行必须对资产进行评级，并相应确定风险权重。巴塞尔银行监管委员会在设计方案的初期曾试图要求银行主要依靠外部中介机构的评级。《巴塞尔新资本协议》除了继续保留外部评级这一方式外，更多地强调银行要建立内部的风险评估体系，并提供了三个可供选择的方案，即标准化方案、基础的内部评级法方案和高级的内部评级法方案，强调用以内部评级为基础的方法来衡量风险资产和配置资本。

内部评级法对每一类风险都考虑了三方面因素：一是风险构成因素，各银行可以使用自己的估计数或标准的监管参数；二是风险权重函数，该函数将风险构成因素转化成为银行计算风险权重资产的风险权重；三是最低资本要求，银行采取内部评级方法时需要满足的法定资本量。银行对信用风险的内部评价是根据借贷者和交易对手过去交易记录，对借贷者、交易对手的违约情况进行评定，并给予相应的评级。银行对其内部评级的每一等级估计违约概率、既定违约下的损失和违约时的风险量，内部评级方法风险权重是由这三个因素的函数决定的，这个函数将三个因素转化成监管风险权重。在标准方法中，风险权重资产是根据风险权重和风险量计量出来的，而在内部评级方法中，风险量被定义为违约时风险量。在使用内部评级方法时，最低资本要求要考虑信用风险的划分类别、评级体系、估计违约概率、数据收集和IT系统、内部评级等。

总之，《巴塞尔新资本协议》扎根于现代金融之中，并且努力寻求大银行开发、评估各种风险的全面、系统的方法。它提高了监管当局和市场对银行提高风险管理水平的期望，强化了银行风险管理的理念，突现了现代银行风险管理的新思维。西部银行业金融机构必须逐步树立这样的风险管理新思维，在风险可控的情况下，顺应国家政策的引导，加大对农牧业产业化龙头企业、养殖基地和养殖户的金融支持。要建立良好的银企关系，为金融机构的稳健运行创造良好的社会信用环境。

9.3 加快推进社会信用体系建设

9.3.1 推进行业信用建设，树立社会诚信意识

加强政府信用建设是基础。政府信用是最大的信用，整个社会信用都是基于政府信用来推动和发展的。各级政府领导应深刻认识到创造良好的社会信用环境与经济可持续发展的关系。事实证明，各级政府领导只有重视信用环境的打造，才能得到公众的支持和拥护，金融资金在支持地方经济发展中才能得到充分的利用，社会财富才能增长。政府要从教育入手，大力推进诚实信用的道德教育，营造"守信用者光荣，不守信用者可耻"的社会氛围，为提高社会公众信用、企业信用水准奠定基础。结合青海实际，要大力加强信用约束机制建设。依法加大对不讲信用、破坏信用行为的惩治力度，建立健全法律法规，以堵塞个别企业利用不规范的改制行为逃废银行债务的漏洞，最大限度地保护债权人的利益。强化违约追究制度，不仅对逃废债企业要处罚，而且对该企业高级管理人员和直接责任人也要追究法律责任。金融部门要在金融联席会议上对其进行联合制裁，并通过新闻媒体对其进行公开曝光，使失信者付出代价。

信用体系建设要做好基础工作，完善市场交易的信用记录，包括依托"金税"、"金关"等管理系统，完善纳税人信用数据库，建立健全企业、个人偷逃骗税记录。进一步完善执法机制，加大执法力度，打击虚开、伪造、倒卖发票以及骗取出口退税等犯罪活动，严厉查处开"假票"、做"假账"、搞"假申报"的行为。完善纳税人信用评级分类管理办法，开展形式多样的税收宣传活动，促进企业和个人诚信纳税、按章交费。健全税务信用等级评定制度，努力营造诚信纳税光荣，偷税漏税可耻的舆论氛围。实行合同履约备案和重大合同鉴证制度，探索建立合同履约信用记录，依法打击合同欺诈行为。加强工商企业经营信用监管，深入开展"守合同、重信用"活动，健全市场准入、退出机制，严格公正地对企业进行年检等级评定。集中开展打击市场商品假冒伪劣、虚假违法广告、无照经营、不正当竞争和非法中介经营等专项执法整治，严厉查处经营信用失范行为，做好全市商品专业市场整治工作，切实保护消费者的合法权益。

依托"金质"管理系统，推动企业产品质量记录电子化，定期发布产品质量信息，加强产品质量信用分类管理。健全社会产品质量监督与管理，引导企业加强质量信用建设，努力提高企业和产品质量诚信度。继续开展名牌产品的评比、认定工作，加大名牌和免检产品的宣传和保护力度。构建产品质量预警机制，深入开展产品质量问题整治及打假治劣工作。加大标准化工作力度，特别是

国家标准、国际标准的推广和普及，积极推进企业质量认证和强制性产品认证。

规范企业与个人信贷行为，依法严厉打击失信行为。加强金融同业配合和部门相互协作，完善管理和防范机制，严厉打击逃废金融债务行为和银行卡犯罪行为。对恶意逃废金融债务的企业和个人进行同业制裁，并在新闻媒体上公开曝光，加大对守信企业的金融支持。广泛开展“诚信企业”评比活动和信用村（镇）创建活动，营造社会信用氛围，提升诚信观念，改善金融生态环境。对金融管理部门来说，人民银行要加快信贷征信系统建设，扩大企业和个人征信系统的覆盖面，充分利用征信系统资源，为银行加强信贷管理提供服务，为建立企业、个人信用评估体系提供支撑。政府要扶持中介机构发展，建立多种形式的抵押担保机制，结合青海农牧业实际，积极发展农牧业保险。要在现有农业政策性保险试点经验的基础上，稳步推进农业政策性保险试点工作，加快发展多种形式、多种渠道的农业保险。通过建立担保基金或担保机构等办法来解决农户和农村小企业贷款担保难问题，通过政策性金融引导商业金融来为青海经济社会发展服务。

9.3.2　提高社会信用管理水平，培育社会信用服务市场

企业在不同银行贷款需要重复评级，这客观上加重了企业负担，造成人力、物力浪费。内部评级难以把握的是大型企业集团的资信状况，这是由于大集团存在跨地区跨银行开展融资业务行为，内部资金调动频繁，资金在集团内部往往跨行流动，而且在其经营管理过程中内外的关联度高，关联企业互相出资、互相担保、互相兼职，加之信用信息在商业银行行际间相互封锁，在这种情况下，单独依靠一家银行难以把握其全面的资信状况。

由于受到主客观因素的影响，国内对信贷信用产品的有效需求不足。以企业信用评级为例，市场化的专业评级活动存在明显的“负反馈”效应。一方面，申请评级的企业比较少，导致市场化的专业评级机构业务量小，扩大信用交易方面的规模效应尚未显现。另一方面，由于信用评级结果用途不明确，评级实用性弱，企业更没有申请评级的积极性。金融机构通常也只相信和援用本部门内部评级结果，对外部评级的公信力和独立性也存在疑虑。

围绕履行信贷征信管理职责，西宁市应积极推进企业和个人信用信息基础数据库建设，形成覆盖全市的基础信用信息服务网络；积极采集企业和个人信用信息，促进地区非银行信用信息实现共享；加大信用体系建设力度，实现信息资源共享，推动金融业统一征信平台的建立。相关部门要进一步建立健全信用管理系统，完善信用管理制度，提高信用信息质量，支持配合人民银行信贷征信系统建设，积极推进金融业信用体系建设，努力提高金融业的信用管理水平。银行、保险同业（行业）协会要积极开展打击逃废银行债务、打击骗保及骗赔等保险欺诈行为的活动，建立健全逃废债、骗保骗赔企业信息披露制度，防止新的逃废债

及骗保骗赔行为的发生，保护存款人、投保人及被保险人的合法权益。

政府有关部门和人民银行要按照“特许经营、市场运作、专业服务”的思路，建立规范的信用中介机构准入与退出机制。积极引进、培育和发展信用调查、信用认证、信用评估、信用担保等种类齐全、功能互补、依法经营、有市场公信力的信用服务机构，促进信用服务业的快速发展。要根据经济社会发展的需要，加强信用产品的研发，形成并推广应用包括信用管理咨询、信用保险、信用担保、商账追收、保理、市场调查等在内的，能够满足各类市场需求的系列化信用产品，引导社会公众自主参加信用活动，培育信用服务市场。各有关部门要加强市场监管，依法制定和严格执行信用中介服务从业标准和资格，坚决打击虚假信用中介行为。加强对信用中介机构的监督管理，监督、检查信用中介机构执行有关政策和业务法规的情况，强化征信机构从业人员的资质管理等。

9.3.3 建立完备的法律制度，保障社会信用体系健康发展

完备的法律法规是社会信用体系健康运行的基础和保障。按照《国务院办公厅关于社会信用体系建设的若干意见》明确的立法原则和要求，在国家相关法律法规尚未出台的情况下，为保障青海社会信用体系建设顺利进行，应抓紧制定和完善政务信息公开的行政法规，制定信用信息共享标准，依法披露信息，明确界定企业的商业秘密和个人的隐私，为信用信息的采集和使用提供必要的法制环境。制定和实施涉及信息征集、信息安全、信用服务等领域的法律法规，并注意衔接配套，确保社会信用体系建设有法可依。加强法制宣传，在法律、公证和基层法律服务业中建立诚信制度。

培育信用市场，倡导使用信用产品。打破公共机构的信用信息垄断，建立统一的公共信贷数据库、完善的商业银行内部评级、私营机构征信、征信机构的评级评分增值服务、专业评级评分机构等多个征信、评级主体之间有序竞争的市场格局。建立多层次的信贷市场信用机制，积极发展西宁区域性的征信机构，成立西宁征信服务公司或信用评级公司，将人民银行西宁中心支行的中央数据库的数据作为重要征信信息来源，开展地区性、个性化信用服务，使其在信用评级、评估等信用增值服务环节中各具特色、平等竞争，既充分利用各项资源，又发挥规模效益。《巴塞尔新资本协议》提出了合格的外部评级机构必须满足六项标准，包括客观性（严格系统的评级方法，包括严格的回归检验、违约率统计以及等级转移矩阵）、独立性（评级机构必须独立于被评级的银行及其债务人）、国际通用性和透明度（公平对待具有合理要求的国内被评对象，评级方法应公开）、信息披露（需披露违约定义、信用等级含义、等级有效期限、违约率矩阵和等级转移矩阵）、资源（与被评对象经常联系，评级方法需定性与定量结合）、可信度（独立主体对评级结果的信赖程度、被评对象对评级公司保守商业秘密的信赖程度），并规定由各国监管当局负责认定外部评级机构的资格。这是一个可

供参考的国际标准，可以依托人民银行已经建成的企业和个人信用信息基础数据库，整合各部门、各行业的企业和个人的信用信息资源，统筹规划，统一标准，在全社会信用体系建设规划的基础上，注意使用信用信息采集技术标准和信用报告标准文本，逐步实现信用建设的专业化、标准化，为实现部门、地区和企业的信用信息互联互通创造条件。结合青海经济社会运行特点，在政府倡导下，建立西宁信用评级公司，从公司治理结构、评级人员、评级办法上保证其具有中立性和公正性，实施标准化信用评级服务；逐步培育市场化信用中介市场；淡化中小商业银行征信和信用评级功能，企业和个人主要信用信息资料从市场化征信机构提取，以降低交易成本；发挥西宁各类协会、商会、合作社等独立的非营利行业自律组织的作用，推动“信用青海”建设。在确保国家安全、商业秘密和个人隐私的原则下，加大信用信息的开放力度，扩大信用评级、信用报告等信用信息的使用范围。行政管理部门、公共服务机构和行业组织可在登记注册、行政审批、日常监督、资质管理、评级评优等过程中使用信用产品。金融和商业机构在与客户发生信用交易时，要按照授权和规范流程查询当事人的信用报告或要求当事人提供信用报告。在与企业或个人发生信贷业务时，在开展工程项目招投标、大宗交易、签订经济合同、进行合资合作等商业活动中，提倡企业和个人主动提供信用报告，授权他人查询自身的信用报告。人才中介机构和用人单位要逐步把查询个人信用报告作为选拔、聘用人才的必备手续之一。加快社会信用基础设施建设，鼓励银行和商业机构降低信用消费门槛，开发信用交易产品，扩大信用卡发放、个人支票账户的开设和使用规模，制定优惠政策和有效措施，引导公民和企业用支票或刷卡消费。

规范信用中介机构的业务行为，提高社会信用服务水平。引导和鼓励信用服务企业适应市场需求的变化，建立完整科学的信用调查和评价体系，增强技术创新、产品创新和市场创新能力，对信用信息进行深度开发，努力提供有特色、多样化、高质量的信用产品；鼓励和动员规模以上企业积极参加资信评级，聘请具有一定资质的中介机构进行资信评级，统一和规范企业信用评级行为，提高企业资信评级的质量。按照自愿参加的原则，支持信用服务中介机构成立信用服务行业协会，制订行业服务标准和工作规范，设计信用服务指标体系，做好行业统计及数据发布工作。行业协会要积极提供中介咨询服务在行业自律和维护权益等方面发挥积极作用，引导企业和个人对信用服务中介及信用产品的认同，提高信用服务行业的公信力和社会影响力。

9.4 以信用村镇建设为基础，完善农村信用约束机制

要加大金融对县域经济的支持力度，特别是支持科技含量高、产品有市场、

能够带动县域经济发展的中小企业。积极培育竞争性的农村金融市场，探索建立由自然人或企业发起的小额信贷组织，扩大农业政策性保险的试点范围，鼓励商业性保险机构开展农业保险业务。不断推进信用村、信用镇建设，完善农户联保制度，解决农民小额贷款担保问题和农村消费信贷等贷款担保问题。建立公开的社会信息披露制度，解决投资人与被投资人信息不对称的问题。

引导农民增强信用意识，优化农村信用社环境，在乡村形成“有借有还，再借不难”、“讲信用光荣，不讲信用可耻”的社会氛围，为农户小额信用贷款的安全运行创造良好的信用环境。充分考虑农户的信贷需求、生产特点和生产周期等因素，在授信额度、执行利率和期限管理等方面，做到因地制宜、因人而异、因时而变。加强农户小额信用贷款科学化管理，创建信用村镇建设，细致做好对农户的评级、授信、发证、放贷、收贷、收息等工作，推动农牧业龙头企业、农户和农村信用社为主的金融机构三方成为利益共同体，完善“多户、大户信用联保”的信贷模式，解决种养大户资金需要。农村信用体系建设需要广大农民的参与，要做好对农民信用知识的宣传普及工作，培育良好的诚实守信社会风尚，通过定期组织金融机构、财政、税务、工商、商务、公安以及司法等有关部门，共同研究本地农村信用法制建设，打击逃废债务的违法犯罪活动。人民银行要加强与政府部门、金融机构、司法部门的联系和沟通，解决农村金融生态环境建设中的现实问题，加快农村信用体系建设，为农村金融机构增加投入提供及时、全面的信用信息，促进农村金融机构与农户间建立长期的信用关系。农村信用社要以创建信用村、信用户为基础，发挥信用村、信用户在信用体系建设中的示范作用，进一步扩大信用村、信用户的覆盖面，以小额信用贷款为手段，培养和宣传诚实守信法规，营造农村良好的信用氛围。目前，农村信用社给农户的贷款主要采用“多户联保”机制，通过信用户的评定以及当地乡村政府的参与来控制信贷风险，扩大金融服务规模。在此基础上，应进一步发挥当地人民银行信用管理的作用，放松信用担保机构的市场准入，为金融支持社会主义新农村建设营造良好的社会信用环境，有效维护金融秩序和金融安全。一方面，结合广大农村地区创建文明村镇活动，进一步完善农村中小企业、农户信用体系建设，规范农户信用等级评审和贷款证使用制度，从而增强农村金融机构抵御信用风险的能力。另一方面，工商、税收、金融、司法、新闻媒体等有关部门要联手打击逃废债务行为，运用行政、经济、法律等多种手段对失信者进行严厉惩罚，为农村信用体系建设创造良好的外部环境。一是中央政府和省级政府要按不同比例运用贴补政策，增强农村经济自身的发展动力和对金融资源的吸引力。建立健全财政补偿农村金融机制，通过税收优惠、直接对农村金融补贴等方式，改善融资环境，增强农村金融抵抗风险的能力和信用创造功能，发挥对农村经济的亲和力和推动力，以及对经济资源的组织和调节能力；把扶持农业经济发展的补贴和保护政策，更多地由农村金融机构通过降低利率、改善贷款条件、增加信贷额度、扩大贷款范围等措施，以市场的方式，间接地扶植和补贴需要扶植的农村经济部门，从而使农村经济主体由对国家政策的被动依赖，转变为能够清醒地判断和把握市场规律，自主作出经济决策，主动进行投资选择，达到有效促进农村经济发展的目的。二是为加快市场化进程，建立政府协调机制，加快农牧业产业化发展。三是在政府主导下，推动信用中介机构和贷款担保机构建设，建立农业担保基金和风险补偿机制，减少由于自然灾害风险和市场风险造成的贷款损失，推动信用服务“三农”。创新贷款担保方式，对于较大额度的农业贷款，采取担保基金担保、动产抵押、大户联保、龙头企业担保等担保方式，解决大额农业贷款担保难的问题。

9.5 营造良好的社会信用环境

建立社会信用体系建设的工作协调机制，开展诚实守信教育。政府法制部门负责社会信用体系建设过程中相关规章制度的起草、宣传与实施工作。人民银行负责制定企业和个人信贷征信及个人信用体系建设工作方案与开展个人信用信息系统建设工作。行业信用管理由税务、工商、质检等各职能部门共同负责，通过建立健全企业及个人偷逃骗税记录、合同履约信用记录、产品质量记录等，制定完善负面信息披露制度和守信激励制度，提高公共服务和市场监管水平。同时，做好社会信用体系建设宣传教育工作，指导新闻媒体开展信用宣传教育，动员社会各界参与信用体系建设。把弘扬信用文化纳入文化强市建设，必须从社区教育入手，普及信用教育；从基础教育到职业教育，信用道德宣传和教育要贯穿始终；以信用理念培育为切入点，推进企业文化建设。充分利用电视、广播、报刊等新闻媒体及课堂和各种文化场所开展宣传教育工作，开辟信用专栏，邀请专家学者、机关干部、市民代表讨论信用体系建设的有关问题，提出建设性的意见和建议，增强政府部门、企业和广大市民的信用意识和遵纪守法的观念，了解有关信用体系建设方面的知识，形成关心支持信用建设的浓厚社会氛围，使信用观念、信用意识、信用道德深入人心，树立“以诚实守信为荣，以见利忘义为耻”的社会风气，共同营造良好的社会信用环境，促进青海信用体系建设顺利进行。

信用体系建设应该奖惩并举，运用激励和惩戒手段，对企业和个人信用行为进行引导和规范。加大失信行为的披露和惩戒力度，提高失信成本。通过行政性惩戒、司法性惩戒、市场性惩戒以及通过信用信息的广泛传播形成社会性惩戒，真正使失信者“一处失信，寸步难行”，形成失信行为联合惩戒机制。完善守信受益机制，对于信用记录良好的企业或个人，政府有关部门在市场监管、政府采购、税费缴纳等方面给予政策性鼓励，金融、商业和社会服务机构可在授信额度、付款方式等金融服务和有关社会服务方面给予优惠或便利。对于信用记录出现瑕疵的企业和个人，允许其在有关行业协会和中介组织的帮助下，通过实施主动纠正失信行为等措施来恢复其信用，在通过规定的考核和评价后，可以获准提前解除失信行为公示和市场禁入等限制。

社会主义新农村建设的金融支持需要，不断完善农村金融服务体系，因此，要以更加开放的举措放松金融管制，使农村金融机构多样化。把农村信用社逐步办成由农民、农村工商户和各类经济组织入股，为农民、农业和农村经济发展服务，实行自主经营、自我发展、自我约束、自担风险的社区性农村地方金融机构。建立和完善政策性银行、商业银行、农村合作金融以及民办金融功能互补的农村金融服务网络。进一步加强民间借贷的监测分析，引导民间资金发挥对农村融资的补充作用，争取更多的邮政储蓄资金回流地方，用以支持农牧业发展。建立政策性补贴的商业保险机构，促进农村保险服务体系的发展。积极开拓农村信贷市场，创新农村金融服务方式、产品、手段，培育扩展优良客户。改变贷款申报烦琐、时间过长、审批权过度集中的现状。要根据农牧业经济发展特点和产业结构调整方向，在政策允许的范围和风险控制能力内，积极开发新金融产品，适应农村多元化的金融服务要求。对资信高、有发展潜力的农村中小企业，办理银行承兑汇票，多途径满足企业融资需求。进一步完善对重点龙头企业的结算服务，节省在途资金占用，加快资金周转，提高资金使用效率。为企业提供经济金融信息、投资咨询和公司理财等综合服务，提高金融服务水平。探索和引导政策性银行开发性金融融资平台，引导商业银行的贷款投入。积极推动信用村（镇）建设，在同等条件下实行贷款优先、手续简便、额度放宽、服务优先等便利优惠措施，改善信用环境，扩大农牧户贷款面，增加农牧户小额信用贷款投放量。农村信用社要因地制宜确定贷款额度，按照农牧业生产周期确定贷款期限，以适应农牧区经济发展需要。扩大信贷支持范围，满足“三农”发展的多种需要。资金较为充裕的农村信用社，除满足农户的一般性生产资金需求外，对农牧民的消费贷款、子女上学、建房等多种资金需求要适当满足。对扩大生产的农牧区专业大户、从事农牧产品加工业及其他相关行业的中小民营企业和农副产品加工企业的合理资金需求予以积极支持，方便农牧户贷款，适当简化支农信贷业务手续，提高支农金融服务效率。进一步深化青海农村金融改革，完善农村金融组织体系，继续加强农村信用社改革试点工作，促进农村信用社健康发展。进一步拓展政策性金融机构的业务领域，鼓励政策性金融机构加大金融产品创新力度，发挥其在资源开发、基础设施建设、支持社会主义新农村建设和农业产业化，以及支持中小企业、自主创新的科技企业方面的作用。扶持西宁市商业银行进一步深化经营机制改革，完善法人治理结构，探索城市商业银行发展战略和方向。加快保险业发展，扩大保险对全省经济建设、企业生产经营和农牧区的覆盖面、影响力。稳健规范发展证券业，培育市场投资主体，提高上市公司质量，提高直接融资比重。加快金融产品、金融工具、金融市场和金融服务创新，满足经济社会不断发展的金融需求，鼓励支持银行、证券、保险监管合作和银行、保险、证券、邮政储蓄、农村信用社之间的合作和业务代理，支持政策金融与商业金融之间的业务合作，为新农村建设提供良好的金融服务。与此同时，要建立和完善科学有效的信贷投入机制。继续拓展基础设施和重点基础产业领域。按照西宁城市经济圈的发展规划，不断开拓市政建设和社会事业发展、高新技术产业、上市公司、民营企业等优质客户信贷市场。在个人消费需求升级的情况下，积极拓展住房贷款、装修贷款、汽车消费贷款、个人创业贷款、助学贷款等。在信贷资金的区域分配上，改革按资产负债比例分配的管理办法，对贷款投向、投量实行按产业和客户划分不同的类型，向经济环境、客户环境好的领域倾斜，向金融资源丰富、投资回报率高的金融安全区倾斜，改善信贷结构。加强信贷资产多元化匹配的研究，在保证流动性要求的情况下，使固定资产贷款与流动资产贷款、短期贷款和中长期贷款、表内资产经营与表外资产经营并举，优化贷款品种组合。建立和完善信贷风险预警机制，适当分散信贷投放，避免贷款过于集中在某行业或企业上，根据市场风险状况，灵活进退市场。充分利用企业风险预测系统，对客户经营情况进行全方位的监测和动态分析，及时发现风险信号，有针对性地采取措施控制和规避风险，科学测评客户信用等级，运用信贷组合管理原理，分散贷款风险，坚持审贷分离、分级审批原则，严格按章操作。要适当给县支行以信贷审批权，实行贷款报备制度，减少贷款审批环节，增强基层行的经营活力，促进业务发展。完善信贷员个人所得与其所作贡献相联系的利益机制，充分激发信贷人员开拓市场的潜能。积极利用现代化网络开办“金融超市”，在超市内设立公证、保险、房管等权证部门的办公席，使借款户在一个地方便可办妥全部贷款手续。

10　服务业发展彰显高原城市魅力

10.1　西宁都市服务业对青海经济发展的支撑

西宁作为青海的省会城市，改革和发展城市服务业对青海经济的发展具有十分突出的意义。为了进一步提升西宁市服务业发展水平，发挥西宁区位优势和龙头带动作用，促进青藏高原区域性现代化中心城市建设，必须以科学发展观为统领，做大做强西宁，服务全省，使青藏高原区域性现代化中心城市的地位更加突出、辐射带动作用更加明显。要实现这个目标，就必须寻找能够带动西宁服务业发展的“火车头”。根据青海资源优势和西宁经济发展特色，应以旅游业为龙头，带动商贸、餐饮 、高原文化娱乐业发展，重点扶持龙头企业，打造以名牌和特色产品品牌为支撑的特色商业街，以地方特色名吃、小吃为支撑的餐饮街，以高原文化和开放城市理念为支撑的休闲娱乐城；发挥西宁区位、资源和文化优势，以市场化、产业化、社会化、现代化为方向，提升西宁服务业发展整体水平，增强城市综合服务功能，使西宁都市服务业特色优势更加明显、功能更加完善、布局更加合理、环境更加优良、青藏高原区域性现代化服务中心城市的地位更加突出，为特色资源产业发展提供优良的市场环境。

西宁都市服务业应该确定什么样的目标？从历史和现状的角度看，从比较优势和产业发展的基础看，西宁应以旅游业和商贸流通业为重点，推动服务业创新发展，促进经济繁荣和社会和谐进步。西宁服务业发展应该坚持市场化、产业化、社会化原则，发挥政府的主导作用、企业的主体作用、市场配置资源的基础性作用，形成加快服务业发展的整体推动力；坚持依托优势资源，突出高原特色的原则，根据青海富集的自然资源、独特的生态环境、多元的民族文化资源，适应市场要求，发挥比较优势，突出特色，选择并优先发展特色明显、市场前景广阔、竞争力强的优势服务产业，实行规模化经营、产业化发展；坚持创新发展、以开放促发展的原则，以招商引资为重点，加大对外开放与合作，改善投资环境，落实优惠政策，积极扶持几家龙头企业，开发特色优势产业，以特色优势产业带动高原都市服务业的全面发展。

10.2　旅游业是西宁现代都市服务业的龙头

2005年，青海省委、省政府召开了第一次旅游发展大会，提出了“抓旅游就是兴产业、抓就业、调结构、促开放、抓文化”的理念。近几年，青海省内各旅游资源较为富集、自然风光较为优美的地方，都在利用地方旅游资源举办地方旅游文化节庆活动，建立了地方旅游发展基金。2007年，第二次青海旅游大会进一步提出在2 000万元的基础上适度增加旅游发展专项基金。一些地方财政正在努力建立旅游发展基金，确保每年有一定的资金投入旅游发展。这是一个发展的良好开端，问题是如何保护旅游区的自然生态环境，集中央、地方政府和民营资本形成合力，打造地方旅游品牌。这里有两个资源需要整合，一是旅游资源的整合，二是旅游投入资金的整合。从管理的角度来思考，对县级及县以下政府牵头的旅游资源开发应在限制之列。旅游事业的发展不是兴办一个企业获得税收那么简单，它会带来一系列的连锁反应，必须统筹规划，整体推进。全民搞旅游开发会导致一系列不良后果，最典型的是资源破坏、环境污染、低层次重复、缺乏文化内涵、急功近利、劳民伤财、低俗建筑、垃圾成堆。

雄心勃勃的西宁旅游首先要形成规模联动的旅游产业体系，使旅游业成为联结全省各地旅游景点的中心。定位于这个目标，对西宁的龙头地位就会有更高的要求。把旅游作为西宁都市服务业中的主导产业和支柱产业，必须精心培育和建成一批体现“中国夏都”品牌影响力的旅游资源中心项目，建成以市区为中心、集自然与人文为一体的两小时通达的高品质观光、休闲旅游圈，使“中国夏都——西宁”成为吸引国内外游客的重要集散地和旅游目的地，从西宁走向青藏高原的圣地，以旅游业带动商贸流通、物流、高原文化娱乐行业发展。在此方面，西宁有很好的旅游市场基础。作为旅游中心城市和旅游资源中心，旅游业发展的重点是资源与市场的开拓，本地市场与外部市场联结，在西宁构建旅游品牌中心和旅游指导中心。进一步挖掘青海湖、日月山、塔尔寺的自然和高原文化内涵，构筑多层次旅游产品体系，坚持以资源为依托，以市场为导向，以文化为内涵，以特色为根本，打造精品旅游线路。积极开发以互助土族、循化撒拉族以及大通回族、土族民族特色为代表的地方民俗风情旅游、本地居民的城郊生态度假旅游。重点包装设计，形成以西宁为中心200公里范围内、自然与人文为一体两小时通达的黄金旅游圈；深度开发和打造塔尔寺和日月山这两个旅游景区新形象；完善西宁—塔尔寺—日月山—青海湖—鸟岛—金银滩草原—原子城—互助土族民族风情—西宁城区、西宁—日月山—青海湖—天峻草原—茶卡盐湖—格尔木—万丈盐桥—昆仑山—瑶池—可可西里—三江源—格拉丹东—唐古拉山口—羌塘高原—布达拉宫和西宁—同仁热贡艺术—循化民族风情—孟达天池—西宁这三条主打、精品及民族风情旅游线路；发展西宁—城南新区—塔尔寺—群加森林公园、西宁—多巴—日月山、西宁—大通和西宁市区四条旅游精品线路。每个旅游线路打造至少一个名牌景点，形成国内外旅游者不得不游览的旅游区。例如：塔尔寺—贵德、循化民族风情—孟达天池、日月山—青海湖—金银滩草原、互助土族民族风情—西宁、多巴—日月山等。

擦亮多巴体育旅游品牌，完善扩展体育健身、体育休闲、体育娱乐等服务设施，依托多巴国家高原训练基地，以政府支持、企业管理的模式，打造体育旅游和休闲娱乐胜地。挖掘和整理具有民族特色的传统体育项目，结合高原文化、民族文化，推出高原特有体育项目体验服务。在多巴地区整体规划，按照体育旅游的思路开发建设，形成配套协调的体育旅游健身基地。

10.3 开发多层次旅游产品，建设统一的西宁旅游市场

热贡艺术是藏传佛教艺术的一个重要流派，距今已有700多年的历史，被称为“我国民族艺术宝库中的一颗瑰丽明珠”。乡土文化中的湟中农民画色彩艳丽，构图饱满，造型夸张，乡土气息浓郁，很受国内外收藏家欢迎。青海的刺绣艺术地域特色浓郁、品种丰富、花样繁多，土族、回族、撒拉族、藏族等民族妇女都擅长刺绣，青海民间刺绣艺术还被称赞为东方艺术珍品。依托青海各种资源优势，积极发展旅游商品和纪念品的生产。青海藏毯是以本省得天独厚的西宁毛为原料，植物染色，手工捻线，经艺人的精心编织而成的。它柔软、耐用、美观、大方，具有浓厚的民族特色。藏毯种类很多，有地毯、炕毯、坐毯等。它是在藏族传统艺术的基础上，吸收、融合了各族艺人的经验，形成了具有自己独特的藏族艺术风格的工艺美术品。西宁街头的土特产品店，也渐渐成了国内外游客

插图 10-1 独具特色的藏毯加工

光顾的旅游商品店。虫草和虫草加工品、人参果、红景天、羊胎素、枸杞、牦牛肉干等是极佳的旅游商品。

依据西宁的都市特点，城东区重点规划和建设民族文化风情园、民族饮食及工艺品特色步行街等，打造民族风情游览项目；城中区重点抓好商务旅游、休闲购物、特色品牌街区，特别是中心商务区内核心地段的商业步行街等项目，打造全省旅游综合服务区；城西区要重点抓好高档餐饮、住宿、文化中心、娱乐场所规划建设项目；城北区要重点围绕物流园区做文章，依托特色种植业发达优势，抓好立体生态农业观光、田园休闲旅游项目；城南新区要依托藏毯企业、藏毯博物馆、藏毯展览中心和优质地下热水等生态城区优势，重点抓好会展、藏毯特种旅游、温泉保健养生等项目；海湖新区通过建设高档星级宾馆、特色餐饮、购物、娱乐等服务设施，打造一流旅游服务环境，大力发展高端旅游服务，支撑西宁作为高原旅游目的地的服务功能；湟中县要依托藏传佛教圣地塔尔寺、河湟文化，全力打造藏传佛教观光旅游县；湟源县要依托海藏咽喉、丝绸南路和唐蕃古道的地理条件，重点抓好境内日月山风景区和县城明清老街、城隍庙等景区点的提升改造工作，打造历史文化观光旅游县；大通县要依托良好的水源、森林、草原等生态优势，打造休闲生态观光旅游县。不断开拓西宁旅游市场，提高旅游服务水平，首先把西宁旅游圈内青海湖、塔尔寺、日月山、坎布拉丹霞地貌、“门源万亩油菜花海”、“大通老爷山、娘娘山”、“同仁热贡艺术”、“循化孟达天池”等自然景观、特色宗教文化、民族民间艺术介绍到全国乃至世界。同时，要以客源地市场和国内外潜在市场为目标，及时调整宣传促销策略和手段，创新营销思路、内容、方式和手段，通过各种媒体宣传青海旅游，加大旅游促销力度，形成联通全国主要旅游中心城市和重点旅游线路站点。为让世界了解青海，开拓国际旅游市场，要通过旅游部门组织国际旅行社及景区参与，有计划、有针对性地开展海外、境外客源市场促销活动；加强与中央驻青媒体和省内各新闻媒体合作，借助各新闻媒体的宣传优势，提升西宁知名度和影响力；加强与民航、铁路等部门的合作，争取开通国内更多城市的航班和包机，在旅游旺季，能够增加西宁至拉萨列车开行车次以及西宁至全国各主要旅游中心城市航班，为旅客提供良好的交通便利。建设好全市旅游咨询中心，办好西宁旅游门户网站，加强链接和互动，形成多渠道、全方位、立体式的宣传攻势，塑造西宁旅游目的地新形象；加强与周边省区和旅游经济发达地区的区域旅游合作，共同开发跨省区旅游产品，联合宣传促销，推动资源互补、客源互换和优势互补，促进共同发展。

三江源区的生态环境保护主要作用是净化空气、涵养水源、防风固沙、保护生物多样性、减少水土流失、降低自然灾害等，其公益性不仅使青海受益，而且使黄河、长江和澜沧江流域共同受益，因此，国家应成立“三江源生态保护基金”，形成上中下游、全社会利益共享、责任共担的补偿机制，形成稳定的资金来源渠道和长期稳定的生态补偿机制，从而在资金上确保各种生态功能的正常发挥。

插图 10－2 玉树地区乡间的寺庙

“花石峡不吃饭，玛多不住店”，意思是人到花石峡和玛多非常不舒服，最好不要停留。黄河从玉树曲麻莱县麻多乡发源，最初是三个很小的泉眼，一路集水成河、不择细流，到玛多已经十分可观。玛多的黄河河面铺陈平展，河流从容宁静，有些不像是水而像是青稞酒，清亮中带着一层温润绵长的柔韧。从玛多往前，路边旷野上相继出现连缀成片的湖泊、沼泽和滩地，这里被称为“星星海”。星星海原本是一个巨大的高原湖泊，就在214国道边不远的地方，现在用它作为附近整个湿地区域的总称。青海是中国仅次于西藏的第二大湿地省份。在世界范围内，湿地与森林和海洋并称为地球“三大生态系统”，湿地生态系统在水源涵养、减缓径流、蓄洪防旱、降解污染、调节气候、维持生物多样性方面，有着其他生态系统无法替代的作用，被誉为“地球之肾”。以青海玉树为中心的三江源地区，有河流、湖泊、沼泽、雪山、冰川等多种湿地类型，是名副其实的“中华水塔”。星星海之后的两个地方，依次叫野马滩和野牛沟。单听这些名字，你不难想象这块土地上曾经有着怎样的动物欢腾的景象。青藏高原长久以来远离人类，保存着许多珍稀的高原野生动物资源。这里有世界上生活在海拔最高处的动物——野牦牛，它被称为青藏高原的活化石，还有白唇鹿、藏羚羊、岩羚、野驴、雪豹、梅花鹿、麝、猞猁、天鹅、黑颈鹤等。这里野生植物也十分丰富，远远望去，青藏高原仿佛一望无际，但你只要仔细观察每一块冻土，便会惊喜地发现顽强而蓬勃的生命。可充分利用三江源区内丰富的旅游资源，大力组织藏民族风情游、高原猎奇探险、民族歌舞演出、民族服饰展览、野外界定地区狩猎等活动发展特色旅游业。青藏铁路穿越三江源、可可西里、羌塘草原三个国家级自然保护区，穿过沙漠戈壁地带和常年冻土地带。这里有世界闻名的雅鲁藏布大峡谷，大面积的雪山冰川，星罗棋布的高原湖泊，占全国总数35%的各种珍稀野生保护动物。充分利用这些旅游资源，整合沿线景区、景点资源，推出精品旅游线路，打造特色旅游项目，开辟青藏铁路沿线旅游带，对于促进全面、协调、可持续发展具有重要作用。昆仑神话（昆仑山——中华道教的发祥地、西王母神话传说的摇篮）、唐蕃古道（文成公主进藏与吐蕃松赞干布和亲路线的大体走向）、西藏文化，以及与上述文化资源紧密关联的茶马古道、马可波罗探险旅游线、南丝绸之路和香格里拉文化等。这里是长江、黄河和澜沧江的发源地，素有“中华水塔”的美誉，“长江源”将成为举世闻名的旅游品牌；有“聚宝盆”之称的柴达木盆地内，拥有亚洲第一大盐湖——察尔汗盐湖，湖上有世界第一盐桥——万丈盐桥；动物王国可可西里是世界珍稀动物藏羚羊等高原动物的乐土；玉珠峰是目前我国最适宜大众登山的基地等。发源于唐古拉山各拉丹冬的长江源头自然景观十分奇特，这里有冰笋、冰桥、冰斗、冰湖、冰舌等冰川地貌，山上银装素裹，分外妖娆。翻越唐古拉山，进入藏北羌塘草原，这里有鸟类的王国——申扎和野生动物的乐园——双湖，有圣湖拉姆纳措和羊八井地热景观。有海拔5 072米的世界铁路海拔最高点、海拔最高的唐古拉隧道和车站、最长的清水河特大桥，以及长江源头第一桥、拉萨河特大桥、昆仑山隧道、羊八井隧道群等独具高原特色的铁路工程景观。藏族信徒为了纪念嘉那活佛大师，积累福德，在三百年间持续不断地刻凿玛尼石，形成了嘉那玛尼城。解放初期，嘉那玛尼城形成东西长450米、南北宽100米、高3米的巨大规模，有六字真言石刻23亿块，以及石刻的几百种经文，共约25亿块玛尼石。这些石刻经文出自不同年代和不同僧侣信众之手，经文字体和佛像神态风格各异，是一座举世无双的佛经石刻艺术图书馆，堪称“世界第一大玛尼城”。“唵嘛呢叭咪哄”，有藏族人的地方就有六字真言。六字真言是藏族人最常诵念的陀罗尼。“陀罗尼”是梵语，意为“咒”，指佛或菩萨从禅定中所发的种子密言，又称“秘咒”。在藏族人心目中，嘉那玛尼城是一个无上圣地，每天都有从藏区各地来的朝圣者。特别是每年的12月8日，据说，这一天转玛尼城攒的功德是平时的20倍。藏族人相信，这些历经了千万磨难的玛尼石是最有灵性的。现在的玛尼城由于在“文化大革命”中遭到破坏，后来经过多年的积累，嘉那玛尼城又成为一座东西长300米、南北宽80米、高2.5米的巨大玛尼城池。这些独具特色的旅游资源给我们展示了青海旅游业广阔的发展前景。

插图 10－3　富有历史传统的湟源排灯

10.4　金融要重点支持优势龙头旅游企业的发展

龙头旅游企业和龙头旅游产品是旅游产业发展的核心。实施“扶优、扶强”战略，围绕龙头旅游企业和龙头旅游产品做文章是旅游发展的必由之路。因此，必须加强旅游市场调研和规范引导工作，通过实施旅行社诚信等级评定、业绩排名公示、考核奖励等手段，引导旅行社向规范、诚信、创优等方向发展。同时，严格旅游执法，整顿和规范旅游市场秩序，制定旅行社和导游行为准则，对旅游业界比较突出的抢客、拉客、零团费、负团费等不正当竞争行为实行严厉的制裁，推动旅行社行业规范健康发展，改变目前部分旅行社行为不规范、弱小杂乱的状况。加强区域联合，充分发挥西宁市场、人才、信息、交通优势，努力形成覆盖全省、辐射国内外的放射状旅游主干线路，促进旅游产品之间信息互通、共享客源、强强合作、优势互补，形成跨地区旅游联合，不断强化西宁在全省旅游发展中的集散功能和龙头带动作用。

积极引导有实力、有远见的大企业参与到西宁都市旅游餐饮歌舞文化项目投资与经营中，按照专业化、现代化、超前化和时尚化的原则，抓好旅游娱乐场所建设装潢设计和节目编排工作，把青海汉、藏、回、蒙、土、撒拉等民族的歌舞

插图 10－4　贵德 4 月梨花节繁茂的梨花

插图 10－5　青海 7 月的油菜花

文化和民族风情充分展现出来，立足当地民族风情，整合现有资源，优胜劣汰，发展高原特色娱乐文化，既服务于外地旅游团队，又服务于本省、本市广大群众；旅游和文化部门要积极主动地为投资方和演出单位牵线搭桥，将旅游餐饮与歌舞演出很好地结合在一起，充分发挥各自优势，集中力量打造 1～2 个高原旅游娱乐品牌。做好旅游商品开发，挖掘特色民俗文化。做好土特产、藏药、保健品、宗教用品、民族工艺品、湟源排灯、农民画、土族刺绣、古玩、旅游出版物等特色旅游商品开发，利用少数民族特有节日和一些民族风俗活动，吸引游客感受民俗、民风。

旅游服务是完整的体系，必须统一协调发展。因此，必须建立健全旅游咨询网络体系，建立西宁旅游门户网站、导游服务中心、旅游车辆服务中心和旅游电子商务平台，为中外游客提供旅游信息咨询、票务订购等公共服务平台，提高旅游交通、餐饮住宿、导游服务等的信息化服务水平和旅游精品路线的宣传水平。建设和打造富有特色的旅游商品购物场所，引导和扶持本省和外地旅游商品生产与销售企业在西宁建设和打造富有特色的旅游商品购物场所，方便游客放心购物与消费。加强旅游车辆监管，严格运营资质审核，确保游客出行安全，重点发展豪华、舒适型客运车辆，形成大巴、中巴、轿车相配套，燃油和燃气相结合的旅游车型结构。加强旅游汽车租赁公司建设，规范汽车租赁市场，为旅游业快速发展提供交通安全保障。

加强对旅游工作的领导，建立以政府为主导、企业为主体、市场化运作、社会参与的旅游发展机制。为使旅游业能够统一规划、协调发展，有必要成立旅游事业管理委员会，采取有效措施，制定投资、财政、金融、土地、建设等方面的优惠政策。建立健全旅游执法机构、导游服务中心、西宁市旅游培训中心、旅行社协会、旅游饭店协会、旅游景区和休闲购物企业协会、导游协会、旅游网络信息中心等服务机构，全方位做好对旅游业的管理服务。加大对旅游业的资金扶持力度，确保旅游事业健康发展。加快培育高素质旅游从业人员队伍，加强旅游、教育、人事、劳动保障、科技等部门和行业的合作，充分发挥省内外高等院校以及旅游培训基地作用，采取灵活多样方式，培养各类适用人才。抓好旅游企业经营者和从业人员岗前培训、在职培训、转岗培训和职业技能鉴定工作。强化职业道德教育，推进旅游行业精神文明建设，全面提升旅游服务质量。拓宽旅游服务项目融资渠道。在统一规划前提下，坚持“谁投资、谁开发、谁经营、谁受益”原则，积极引导国有和私营企业及个体经营者以多种形式参与西宁都市旅游项目建设，形成多元化旅游开发新机制。以突出高原民族特色文化为重点，开发一批独具青海特色的民族风情演艺场所，丰富游客文化娱乐活动内容。对人民影视中心或人民剧院实施改造建设，重点建成集大型演艺、餐饮、文化娱乐设施为一体的青藏高原艺术展示中心；兴建集娱乐、演艺等为一体的 2～3 处大型综合娱乐场所；通过联合兼并、重组整合城西区万通休闲娱乐中心、省民族歌舞剧院大型历史剧《唐蕃古道》、雪莲演艺厅的原生态藏民族歌舞，以及太阳部落、苏姬尼玛、格桑朗玛等歌舞餐饮场所，形成歌舞演艺娱乐的整体优势，打造优秀的、雅俗共赏的民族风情歌舞品牌；规范和引导市区的文化酒廊、咖啡茶座、酒吧等场所，让游客充分领略高原都市西宁的城市风情。

插图 10－6　西宁春节的社火表演

10.5　商贸流通业是西宁都市服务业的基础

10.5.1　现代都市商贸体系

现代大都市商贸体系建设是西宁区位优势和龙头带动作用的重要内容。2007 年青海消费品零售总额 180.11 亿元，比上年增长 12.2%。按城乡划分：城市的消费品零售额 122.78 亿元，增长 16.3%；县及县以下的消费品零售额 57.33 亿元，增长 4.4%。按行业划分：批发零售贸易业 145.96 亿元，增长 10.5%；住宿餐饮业 30.29 亿元，增长 24.1%；其他行业 3.86 亿元，下降 2.8%。西宁市占有 2/3 的市场份额。因此，必须充分发挥西宁青藏高原区域性现代化中心城市的优势，进一步挖掘“丝绸之路”、“唐蕃古道”、“欧亚大陆桥”和“天路起点”的商业内涵，改造、提升商贸流通业。建设一批具有高原特色的商贸市场和商业街区，扶持一批商业龙头企业，打造一批具有高原地域特色的商贸产品，不断增强西宁在青藏高原地区的商贸辐射能力。以建设青藏高原商贸中心为目标，繁荣城市生活，引领现代消费新理念，完善服务功能，提升服务能力，形成特色明显、管理理念和管理手段先进的现代大都市商贸体系。按照西宁市城市总体规划和《西宁市商业网点规划》，重点抓好现代商业区 、商贸中心、特色街和专业市场建设。充分发挥西宁作为青藏高原地区生产资料和生活资料物流重要集散地的区位优势，进一步加强交通基础设施建设。建立以铁路、高速公路为骨架，以干线公路为依托的多功能、多层次、全方位发展的综合运输产业体系，加快旅游景区的道路建设，开发应用高速重载、大型专业化运载和新一代航行系统等高新技术，推广集装箱多式联运和快递服务。以综合性运输枢纽建设为重点，加强桥梁及物流中心建设，加强城市主要客运枢纽和配套的大型公交停车场、加气站、停车泊位、候车亭等具备综合服务功能的基础设施建设，增加城市交通控制管理系统的投入，初步形成智能化的交通管理与引导系统。要充分发挥西宁作为青藏高原地区生产资料和生活资料物流重要集散地的区位优势，大力整合现有物流资源，依托城北朝阳地区良好的交通条件、物流基础设施及已形成的生产资料市场，有效整合物流资源，引入现代物流经营理念和技术，建设集现代物流、园内货物代理、城际快递、商品批发销售、物流商务配套、电子商务等多功能于一体，立足西宁、服务青海和西藏、辐射西北地区的大型现代综合物流园区。

在城南新区围绕打造“世界藏毯之都”、高原温泉保健娱乐中心具有深远的意义。一方面，可以更好地发挥青海特色资源优势，做大做强藏毯和高原温泉保健产业；另一方面，通过“世界藏毯之都”和高原温泉保健娱乐中心的建设可以激活城南新区人气，繁荣新建城区的建设，包括配套建设综合超市、餐饮、宾馆商贸服务设施，促进购物、休闲、娱乐业的有机结合，形成吃、住、行、藏医药保健、娱乐、商务交流为一体的综合娱乐商业服务区等，这是高原大都市品质生活和高原旅游建设的重要基础。

以特色商业街建设为基础，加强青海品牌推广力度，加快培育和发展商贸龙头企业。在城市建设中，要把特色商业街和品牌推广结合起来，以十大重点商贸企业为龙头，引导当地流通企业通过大力发展特色化、专业化、品牌化经营，发展老字号流通企业，实施品牌战略，积极培育一批经济实力强、运营规范、发展潜力大、有知名品牌和自主知识产权、业绩突出、核心竞争力强的大型流通企业。打破产业、地域和所有制界限，支持和鼓励优势企业通过兼并联合、资产重组、参股、控股、上市等方式实现规模扩张。加快建设城南新区青海国际藏毯展览中心和保税仓储区，将城南新区建成集加工、交易、出口贸易为一体的“世界藏毯之都”。充分发挥西宁市在青藏高原的区位优势和青藏铁路建成后的交通优势，积极引进省外知名物流企业进入西宁，培育大型物流企业，推动全市物流业发展。鼓励本地物流企业采取“走出去”等方式，在省外积极开拓市场。

突出发展连锁经营。一是在对综合超市、百货、便利店等新型业态进行规范和完善的基础上，积极发展专业性较强的家电、食品、建材连锁超市。二是以传统零售、餐饮服务业为基础，积极引导连锁经营向图书、报刊、石化产品、烟草、医药等专营专卖和广告、电脑、家具、装饰材料、汽车销售、房地产中介、旅游、家政、租赁、典当等行业发展。三是积极发展连锁社区商业，整合改造传统夫妻店、食杂店，在城市社区设立连锁超市、便利店、标准化菜店、餐饮店等便民、利民服务网点，并逐步搭载洗浴、洗涤、美容、美发、修配、摄影等便民服务功能，以满足社区居民多样化、个性化的消费需求。四是按照连锁经营标准化、专业化要求，加强连锁企业质量和信息管理体系建设，建立连锁经营企业规范标准，全面提升大型连锁企业经营的现代化水平。积极推进电子商务发展，加强流通企业信息网络化基础设施建设，加快现代流通企业计算机技术应用，以信息化带动传统商业的改造。改革传统交易方式，建设完善信息技术服务平台，推行网络信息技术在重点领域、重点企业的应用，积极稳妥地开展电子商务交易，针对不同消费群体发展差别化经营，做强做精百货业；建设大型购物中心，适度发展大型综合超市；积极发展品牌专业店和专卖店，突出特色经营；逐步发展仓储式超市、折扣店等新型业态，实行商业业态多样化，以满足消费者多层次与多样性的需求。

优化商贸流通发展环境，加强对商业网点的规划引导和宏观调控，建立统一、开放、竞争、有序的大市场。理顺商贸流通行政管理体制，充分发挥好各级商务部门职能，加强同城建、财政、公安、劳动和社会保障、工商、质监、税务等部门的沟通与协作，形成合力，充分发挥商贸流通企业的积极性，形成互联互动、协调配合的机制。政府执法部门要增强服务意识，坚持依法行政，在保护消费者合法权益的同时，要切实维护市场主体地位，为现代流通企业发展创造良好的外部环境。建立商贸发展基金，保护商业资源；充分挖掘“丝绸之路”、“唐蕃古道”、“欧亚大陆桥”、青藏铁路的商业内涵，在城市规划建设中加强对具有地方特色的传统商业带和著名商业“老字号”的保护，严厉打击假冒伪劣产品在市场上销售；加强品牌建设，对新确认的国家免检产品、国家驰名商标、中国名牌产品、青海省著名商标、青海省名牌产品和名牌服务企业要重点保护、表彰或奖励。

10.5.2 努力营造良好的服务业发展环境

加强文化西宁建设，深入挖掘和开发西宁都市丰厚的文化资源，打造能够体现西宁风土人情和高原地域特色的精品剧目，丰富市民和游客的文化生活，充实“文化西宁”的内涵。把广播电视和文艺宣传工作作为推进“文化西宁”的重点，精心策划，全面推进西宁都市广播电视数字化进程，增加现有节目套数，开设介绍西宁都市民风民俗、人文景观、自然风光等地方特色栏目，丰富节目内容，提高节目质量。弘扬民族传统文化，培育和扶持一批具有市场竞争力和发展前景的文化企业和文化品牌。突出河湟历史底蕴，发挥西宁消夏避暑的地理气候优势，全方位、多形式地挖掘“中国夏都”的文化内涵。组织本地民间艺术家创作能够突出多民族文化的、雅俗共赏的娱乐节目。独特的历史文化、浓郁的民族风情、奇特的地势地貌、丰富的高原生态等资源优势，具有独特魅力，因此，要打造特色文化产业。根据西宁市城市建设总体规划，要做好文化产业发展规划，优化投资环境，打造特色文化产业，争取演出业和文化产品走向国内、国际市场。努力把西宁打造成全国夏季会议中心，结合西宁都市经济和社会发展规划，依托西宁夏季凉爽的气候条件、资源和产业，以会议业为主，大力发展会展业，努力把西宁打造成全国夏季会议中心。整合现有资源，积极培育会展市场和会展企业，努力打造品牌展会，大力发展与西宁都市经济关联度较高的产业和支柱产业的专业展会，稳步扩大全国性、国际性会议在西宁都市举办的比重，使会展业成为西宁都市经济发展新的增长点。

做好旅游中心城市建设要进一步改善旅游中心城市形象，提高公共交通服务水平。提高出租汽车客运市场化程度，走规范化、集团化经营发展之路，规范出租汽车行业行为。一是控制总量，提高服务档次；二是采取积极有效措施提高质量，改善车辆卫生，提高文明服务意识；三是加强对出租汽车公司的管理考评，制订切实可行的考核办法和考核标准。健全各项规章制度，维护行业秩序，优先发展城市公共交通。加大对城市公共交通场站和配套设施建设的监管力度，合理安排停车场、停靠站、首末场站、保养场、换乘枢纽等场站用地，保障公共交通道路优先使用权。

旅游中心城市建设中的餐饮业要有地方特色，必须引导餐饮业向特色文化品牌方向发展。加强餐饮业基础设施建设，运用现代化管理和技术，创新经营方式和手段，实现传统餐饮业结构优化和升级，提升餐饮行业档次和水平。大力开发特色餐饮产品，加快富有民族特色的餐饮街（城）和具有民情民俗的“农家乐”、度假村建设，丰富餐饮业文化内涵。积极推进餐饮业与假日经济、旅游经济及食品加工业相结合，引导餐饮业向地方和民族特色、文化、品牌方向发展。优化以星级宾馆为主的住宿业发展结构，满足国内外游客较高层次的住宿需求，认真调研和分析西宁都市住宿业发展现状和趋势，搞好中高档次酒店布局和建设规划，将各行业、各部门具备条件的公寓、培训中心、疗养基地、度假村等纳入规范管理范围，努力引导有条件的酒店升级改造，推进以星级饭店为主的住宿业的标准化发展。加强大众餐饮基础设施和环境建设，提升中小餐饮企业管理水平，强化饮食卫生管理，规范餐饮业服务，发挥行业自律作用，依法加强监管力度，积极开展餐饮企业等级评定，举办特色餐饮评定会、美食节。优化住宿业布局和网点规划，认真开展星级宾馆、酒店审查评定和评优工作，加强基础设施建设，完善服务业功能，提高接待能力和水平。

提高科技、教育服务水平，鼓励技术创新。青海正处在西部大开发的关键时期，各行各业急需大量高素质、应用型人才，围绕经济又好又快发展，必须加快培养和引进应用型人才，提高农牧区科技、教育、文化、卫生服务水平，培养一批科技带头人、生产能手、能工巧匠、经营管理人才，为经济发展和社会全面进步提供人才保证。根据产业发展要求，积极培育在职培训市场，提高劳动者工作技能和知识水平。建设以科技成果转化为方向，产学研相结合，提高企业科技研发能力，引进新技术和先进适用技术，构建自主创新的技术基础。特别是根据青海经济发展的内在要求，支持龙头企业科研公关，开发具有一定科技含量的新产品。发展科技中介服务机构，加强科技中介人员培训，规范任职资格，充分挖掘和利用科研院所、高校、企业人才和技术资源，壮大科技中介队伍，加强和拓展科技服务功能，提高科技服务水平。坚持以需求为导向，以保障人民健康利益为核心，整合卫生资源，全面推进医疗卫生事业发展。进一步完善公共卫生体系、预防保健体系、基本医疗服务体系、卫生监督执法体系。支持国内外投资者创办、参股国家允许的医疗卫生机构，开展不同档次、具有医疗保健特色的医疗延伸服务。同时，要加快社区服务业产业化和社会化进程，拓展社区服务领域，积极开展面向社区居民的便民服务。加快发展养老托幼、家庭医疗、家庭教育、清洁卫生、保养维护等便民利民的家政服务，提升社区服务水平，培育一批社区服务品牌企业，建设网络化、规范化、专业化、配套化的社区服务体系。

重点做好多巴国家体育训练基地和“环湖赛”相关设施建设，开展丰富多样的体育运动。开拓体育健身服务市场、体育竞赛表演市场，加快培育体育人才、技术、信息市场，扶持体育用品市场，发展体育旅游产业。引导和吸引社会力量投资体育业，实行体育投资多元化；完善咨询、培训、协调、管理、监督等体系，培育和规范体育市场，加大体育社会化力度。以“民族体育、传统体育、高原体育”为特色，以回归大自然、保护生态为宗旨，发挥青海湖流域自然景观壮美、文化底蕴深厚、民族特色浓郁的优势，利用环青海湖自然条件，开展自助游（包括徒步、骑自行车、长跑、接力跑等）、射箭、赛马、帆船、动力伞等项目，扩大青海湖体育旅游的内涵和外延；以青海湖 151 景区、金银滩为中心，延伸到互助土族民俗民间体育项目、尖扎水上运动项目、国际抢渡黄河极限挑战赛、玉珠峰登山基地，寓体育于旅游、休闲、娱乐中，引导体育旅游。

青海湖地区有着丰富的民族、民俗文化，如青海湖祭海活动；世人传唱的王洛宾先生创作的《在那遥远的地方》就是在金银滩草原创作的；国家级原子城爱国主义教育示范基地激发着更多华夏儿女的爱国激情。青海是“山的故乡、江河的源头"，是开展自行车、登山、攀岩、攀冰、滑翔、跳伞、滑雪、江河漂流以及热气球运动等探险活动的绝好地方。这里的大草原、原始森林、戈壁滩、沙滩、壮观的盐湖，也是开展体育旅游条件十分优越的地方。

改善服务消费环境，加快服务业信用体系建设，必须完善服务业行政管理与行业自律相结合的管理模式，加大综合执法力度，把许可审批、市场准入、企业年检等行政手段有机结合起来，简化审批程序，逐步建立健全网上申办、联审等制度，提高办事透明度和办事效率；充分发挥行业协会作用，加强行业组织自律，引导行业规范、健康发展。规范企业和个人信用信息，建立较为完善的企业信用数据库和个人信用数据库，积极搭建公共信用信息平台，实现服务业信息共享。推行行业标准，积极引进和采用国际标准，以客户为中心，以提高服务满意度为原则，广泛推行服务承诺、服务公约、服务规范等制度，提高服务质量，促进服务业优化升级。加快推广高新技术在商贸、物流、金融等领域的应用，建设服务业信息网络，强化服务业统计、监控，广泛运用数据流通标准化、商品销售信息化等技术，大力发展电子商务，建立与电子商务相配套的技术和政策服务体系，逐步实现网上交易、电子支付和现代化管理，提高服务业整体技术水平。实施品牌战略，推进服务业创优建设。广泛开展名牌服务创优活动，支持企业争创中国名牌产品、青海省名牌产品、国家免检产品以及中国驰名商标、青海省著名商标。设立服务业企业和分支机构，或与境内企业联合创办服务业企业，扩大服务业企业利用内外资规模，积极引导内外资向国家鼓励的服务领域投资。

培养西宁都市服务业急需人才，提高服务业管理水平。加强与高校、科研院所的合作，充分利用西宁地区高校、科研院所资源，建立西宁市服务业人才培训基地。通过长期培养与短期培训，培养西宁都市服务业急需人才；制定特别措施，吸引、引进西宁都市服务业急需的各类高级人才，特别是要吸引现代管理、旅游、物流服务等方面的急需人才；改革现行人事管理制度，积极探索多种分配形式，强化对服务业人才的利益激励，培养服务业实用人才。

参考文献

[1] 胡怀邦：《中国西部经济金融发展研究》，北京，经济科学出版社，2004。

[2] 黄毅：《西部大开发与金融发展》，载《经济要参》，2005（60）。

[3] 苑德军、李树生等：《细说中国农村金融改革》，载《银行家》，2006（1）。

[4] 任正晓：《新农村建设中农村金融改革设想》，载《中国经济周刊》，2006（3）。

[5] 王言宇：《青藏铁路深度之旅》，北京，蓝天出版社，2007。

[6] 迈克尔·古杰尔：《信贷担保：现状评估以及新的研究路径》，载《联合国粮农组织农业服务公报》（129号）。

[7] [美] 林·C. 托马斯、戴维·B. 埃德尔曼、乔纳森·N. 克鲁克：《信用评分及其应用》，北京，中国金融出版社，2006。

[8] 武剑：《内部评级理论、方法与实务——巴塞尔新资本协议核心技术》，北京，中国金融出版社，2005。

[9] 应寅锋、赵岩青：《国外的农村金融》，北京，中国社会出版社，2006。

[10] 白立忱：《发展中的农村合作金融》，北京，中国社会出版社，2006。

[11] 邓蓉、张存根、王伟：《中国畜牧业发展研究》，北京，中国农业出版社，2005。

[12] 罗朝阳：《青海经济发展问题研究》，西宁，青海人民出版社，2003（11）。

[13] 陈耀芳、邹亚生：《农村合作银行发展模式研究》，北京，经济科学出版社，2005。

[14] 翟松天等主编：《青海经济蓝皮书：2004年经济形势分析与预测》，西宁，青海人民出版社，2004。

[15] 世界银行：《政府治理、投资环境与和谐社会：中国120个城市竞争力的提升》，北京，中国财政经济出版社，2007。

[16] 孙天琦：《中国西部经济金融发展》，北京，中国金融出版社，2005。

[17] 翟松天、崔永红：《青海经济史》，西宁，青海人民出版社，2004。

［18］唐韵：《一个人的藏地》，西宁，青海人民出版社，2007。

［19］刘新来主编：《信用担保概论与实务》，北京，经济科学出版社，2006。

［20］于海：《中外农业金融制度比较研究》，北京，中国金融出版社，2000。

［21］中国人民银行研究局、世界银行集团外国投资咨询服务局、国际金融公司中国项目开发中心：《中国动产担保物权与信贷市场发展》，北京，中信出版社，2006。

［22］米歇尔·科罗赫、丹·加莱、罗伯特·马克：《风险管理》，北京，中国财政经济出版社，2005。

后　记

作为一种记述性研究，本书主要记录了我在西部都市——西宁市挂职副市长期间在研究青海省省情和西宁市经济社会发展工作中的工作体会和工作研究。这些体会和研究也凝聚了很多领导和同事的智慧，他们给了我许多的支持和帮助。我要感谢的是青海省副省长兼西宁市市长骆玉林，西宁市常务副市长姚琳、主管农业的副市长范国庆，中国人民银行西宁中心支行行长王小平、副行长承列、工会主任贡卫宏，青海银监局局长安宁、副局长孙宗宽和高加宁，他们是我这个副市长的顾问和导师。我还要感谢西宁市委副秘书长朱战坡，市政府副秘书长杨小民、吴密森，青海银监局政策法规处的牛永涛处长，西宁市农牧局局长张惠芳、副局长叶峰林，工商局局长万建英，食品药品监管局局长王水潮，质量技术监督局局长尹吉禄，商务局局长赵艳，烟草专卖局局长崔会民，西宁城北区区长张治军，湟中县副县长杨海云等领导，他们是我在西宁工作期间的好朋友。在我们共同工作的日子里，他们给了我许多政策和研究方面的帮助，或听取研究工作汇报共同调研，或参与相关专题的讨论。我还要感谢我在西宁工作期间的工作助手，西宁市政府办公厅的杨常安、王宏伟同志，人民银行西宁中心支行研究处的巨丽丽，青海银监局政策法规处的武力宁同志，他们帮我收集资料，整理金融支持西部经济发展的案例和金融支持农牧业产业化发展的有关参阅资料。这些无私的帮助使我体会到了青海人的真诚。另外，我还要感谢中国金融出版社王杰华主任和孔德蕴编辑对本书出版所做的努力和贡献。

作为一种记述性的工作研究，我的研究方法是实地调研、实证分析与比较研究、案例分析、专家小组讨论等。参与研究的人员和单位还有：人民银行西宁中心支行货币信贷处、研究处、统计处，青海银监局政策法规处，农业发展银行青海省分行，青海省农村信用联社，西宁市农村信用联社，西宁市农牧局，西宁市城北区、大通县、湟源县、湟中县政府分管农业和金融的县长以及县农村信用联社的主任、副主任。在调研期间，许多单位的领导和企业负责人提出了很多有价值的工作建议和思考，也部分地吸收在本书之中。一些单位，主要有种养殖户 8 家，西宁市城北区、大通县、湟源县的种养殖协会 4 家，天露乳业、小西牛乳业、张氏集团、高原绿色肉食品公司等，对他们的帮助和支持深表谢意。作为工作笔记体的研究是我的一种尝试，一些评论和观点都是在特定的条件和环境下形成的，可能有许多偏颇之处和错误，敬请读者批评指正。

作者
2008 年 3 月 18 日

后 记